严文明文集

（第6卷）

严文明　著

文物出版社

总 目 录

本卷目录

中国农业的起源

中国农业的起源

中国农业和养畜业的起源[*]

两个农业区

根据最新的资料，中国新石器时代可追溯到公元前 9000 年左右。广西柳州大龙潭贝丘遗址下层人骨的碳 – 14 年代分别为 $8560 \pm 150BC$ 和 $9500 \pm 150BC$[1]。该层出土遗物以打制石器为主，也有少量磨制石器和陶片，总体文化特征同广东英德青塘圩洞穴群十分接近，均应属于新石器时代早期[2]。这种新石器时代早期遗存，目前在广东、广西、江西、湖南都有一些发现，以洞穴和贝丘遗址为主，也有少量湖滨平地遗址。经济以狩猎、采集为主，没有明显的农业和养畜业的痕迹。只有广西桂林甑皮岩发现过猪骨[3]，而养猪需要有农业的支持。

如果说中国新石器早期的农业状况还有待研究的话，那么到新石器时代中期则已发现了较发达的农业遗存，而且形成了南北两大农业经济文化区，即华北的旱地农业经济文化区和华中、华南的水田农业经济文化区[4]。以此推测，新石器时代早期也应有农业和养畜业的萌芽，而且南北两区的农业也应有所不同。从那时以后直到商周时期，旱地农业区一直以粟作农业为主而水田农业区则以稻作农业为主。两者不仅作物品种不同，农业工具、耕作制度和家畜种类也有显著差别，从而形成两种不同的农业体系。当然，这两个农业体系并不是彼此孤立的。它们在发展过程中互有影响，形成比较复杂的情况。因此，探讨中国农业和养畜

---

[*]　本文为 1989 年 8 月 1～6 日在美国西雅图举行的环太平洋史前考古会议提交的论文。

[1]　黎兴国、刘光联、许国英等：《[14]C 年代测定报告（PV）Ⅰ》，《第四纪冰川与第四纪地质论文集》（第四集），地质出版社，1987 年。

[2]　柳州市博物馆、广西壮族自治区文物工作队：《柳州市大龙潭鲤鱼嘴新石器时代贝丘遗址》，《考古》1983 年第 9 期。

[3]　李有恒、韩德芬：《广西桂林甑皮岩遗址动物群》，《古脊椎动物与古人类》1978 年第 16 卷第 4 期。

[4]　严文明：《中国史前文化的统一性与多样性》，《文物》1987 年第 3 期。

业的起源，首先要注意两大农业区的划分，进而探讨两大农业体系的起源及其相互关系。

神话和传说

在中国古代的典籍中，有不少关于农业起源的神话和传说。由于中国早期文明主要发生在黄河流域，所以这类传说主要反映华北旱地农业起源的情况。

据说中国的农业是神农发明的。《易·系辞》说：

> "古者包牺氏……作结绳而为网罟，以佃以渔，……包牺氏没，神农氏作。斫木为耜，揉木为耒，耒耨之利，以教天下。"

这段话的意思是说，在包牺即伏牺氏时代，人们还只会狩猎、捕鱼；到神农时代才制作农具从事耕种，农业是从神农时代开始的。神农为什么要发明农业呢？《白虎通》说是当时人口多了，猎取的鸟兽不够吃，而耕种能够增加食物。《逸周书》则提到恰好那时天上降下粟来，神农收集起来进行播种繁殖，农业就这样开始了。按照《逸周书》等古文献的说法，神农不但开始制作农具，播种谷物，而且"作斧斤""作陶"。意思是说他制造了中国最早的石斧和石锛，并且发明了陶器。《易·系辞》说神农之时"日中为市，致天下之民，聚天下之货，交易而退，各得其所。"《庄子·盗跖》说神农之时民知其母而不知其父，"耕而食，织而衣，无有相害之心。"这样的描述在今天看起来很像是后世的人对新石器时代和原始共产制社会的一种追忆。

因此，所谓神农并不一定是指某一个人，而不过是一个时代的象征，是古人塑造出来的一位发明农业的神。后来把神人格化，把神农同炎帝相联系，又把炎帝同烈山氏相联系，说他的儿子名叫柱的首先播种了稷即粟类作物，被后世尊为稷神即农业之神。其详情已经无法考究了。

周人相信农业的发明者是他们的祖先周弃，周族创世纪的史诗《诗·生民》中对这一段历史有生动的描述。诗中说周人的始祖姜嫄偶然踩着了上帝的足迹，腹中有感而生下了弃。人们感到很奇怪，便把弃扔到小巷里，得到牛羊的怜爱；把他抛到树林里，又被伐木人发现；把他弃置寒冰上，鸟儿用羽翼去保护。他经历了这样多的磨难居然活了下来。弃小时爱种大豆、粟、麻、麦和瓜类，并且都长得很好。后来成长为专管农业的官，就是后稷。他不平凡的经历，实际上反映了农业起源的艰难。而他终于成了后稷，以后又被尊为稷神，则反映了人们对发明农业者的景仰和崇敬。

周弃发明农业的事迹在《尚书·尧典》中也有记载："帝曰：弃，黎民阻饥，汝后稷，播时百谷。"这是说尧的时候人民遭受饥饿，要弃做农官教人民播种谷物。这和神农发明农业的原因一样，都是为了解决天然食物的不足，和现代农业起源研究中的所谓人口压力说是相通的。

史前旱地农业的证迹

华北地区新石器时代早期的遗存至今尚未发现。河北徐水南庄头曾发现一处约为公元前 8000 年的新石器时代早期遗址，因资料太少，难以做出适当的评价。但到大约公元前 6500 ~ 前 5000 年，华北地区已出现一系列考古学文化，它们是中原地区的磁山文化，陕西、甘肃地区的老官台文化，山东地区的北辛文化和辽宁西部的兴隆洼文化等。这些文化我过去曾定为新石器时代早期的晚段，后来改定为新石器时代中期[1]。在这些文化的许多遗址中，往往能发现旱地农业的证迹。

属于磁山文化的河北武安磁山遗址是特别引人注目的[2]。那里发现 345 个长方形窖穴，其中 80 个有粮食朽灰。取 H65 的部分标本用灰象法鉴定，知道是粟（*Setaria italica*），估计其他窖穴的粮食朽灰也是粟或粟壳腐烂所致。将这些粮食朽灰换算成新鲜粟米，重量可达 5 万千克。如果将那些没有发现粮食朽灰的窖穴容积也算在一起，其总储量当有数十万千克。即使不是同时使用，也是很惊人的一个数字！

磁山文化的农作物并不是单一的，至少在新郑裴李岗就发现了炭化的黍（*Panicum miliaceum*）。从同遗址中出土农具甚多来看，当时种黍的规模也不会是很小的。

属于老官台文化的甘肃秦安大地湾 374 号房址内有一圆形窖穴，底部发现有炭化的黍和油菜籽。当时种植油菜的目的，可能是获取蔬菜而不是油料。

虽然在北辛文化和兴隆洼文化的遗址中至今还没有发现农作物遗存，但从二者都有农业工具来看，无疑也都有了农业。位于兴隆洼文化东部，年代也接近于兴隆洼文化的辽宁沈阳新乐下层文化 2 号房址里曾发现成片的炭化黍粒。但该遗址除有较多石磨盘和石磨棒外，农业工具并不发达。在北方新石器时代中期的各

---

〔1〕　严文明：《黄河流域新石器时代早期文化的新发现》，《考古》1979 年第 1 期；严文明：《中国新石器时代聚落形态的考察》，《庆祝苏秉琦考古五十五年论文集》，文物出版社，1989 年。

〔2〕　佟伟华：《磁山遗址的农业遗存及相关问题》，《农业考古》1984 年第 1 期。

考古学文化遗存中，新乐下层文化的农业发展水平是较低的。

大约在公元前5000年或稍晚一些，华北地区进入新石器时代晚期。这时中原地区兴起了仰韶文化，黄河下游是大汶口文化，黄河上游有马家窑文化，辽河流域有红山文化等。它们都有较发达的旱地农业，有些地方还已种植水稻。

在仰韶文化遗址中发现的农作物遗存有粟、黍、稻和蔬菜籽等，以粟为最多。至今出土粟的朽灰或炭化粟粒的遗址有陕西西安半坡、宝鸡北首岭、彬县下孟村、华县泉护村，河南洛阳王湾和孙旗屯、临汝大张等处；出土黍的遗址有陕西临潼姜寨。河南郑州林山岩和山西万荣荆村所出谷物遗存是粟是黍还有不同看法。郑州大河村2号房址出土一瓮炭化粮食，有人认为是高粱，但也存在不同看法。河南淅川下王岗和陕西西乡何家湾等处还发现过稻谷的痕迹。河南渑池仰韶村的稻谷痕迹究竟属于仰韶文化还是晚一阶段的中原龙山文化，难以认定。西安半坡出土过芥菜或白菜的种子。

在大汶口文化的遗址中发现粟的有山东广饶傅家和胶县三里河，发现黍的有山东长岛北庄。在红山文化遗址中只有内蒙古赤峰四分地发现了粟。

马家窑文化的年代仅仅相当于仰韶文化的晚期，其中有许多遗址发现了农作物遗存。甘肃秦安大地湾、兰州白道沟坪、临夏马家湾和青海乐都柳湾发现了粟，甘肃兰州青岗岔和青海民和核桃庄发现了黍。甘肃东乡林家则发现了粟、黍和大麻籽。林家的黍出土甚多，在灰层中、窖穴中和房屋内的陶罐中均有发现。19号窖穴中出土的黍有不少是未脱粒的谷穗，若干谷穗捆成小把。显然当时是把黍穗割下来捆成小把，等晒干后直接码在窖穴中储藏起来的。柳湾马厂期的墓葬中有17座是用粗陶瓮或罐盛粟随葬的。

由上可知新石器时代晚期的农作物种类有所增加，但仍以粟和黍为主，而在中原地区粟的种植更为普遍。

新石器时代晚期的农具也有一定的发展，特别是仰韶文化的农具发展比较显著。仰韶文化翻地的石铲有梯形、舌形、心形和有肩长方形等多种，它们很可能是中国古书上记载的耜；在某些遗址的灰坑壁上有长条形的工具挖掘痕迹，这种工具则可能是中国古书上说的耒。翻地工具的增多和复杂化，说明耕作技术有所进步。仰韶文化的收割工具主要是长方形的石刀和陶刀，是专门用来割谷穗的，中国古书上称为铚。在新石器时代晚期，这种铚已传播到华北的所有农业地区，它是特别适应粟作农业的一种工具。

大约公元前3000～前2000年，华北地区已进入铜石并用时代。这时种植的农作物仍然是以前的几种。其中属于龙山文化的山东莱阳于家店发现了粟，栖霞杨家圈发现了粟和稻；属于中原龙山文化的陕西扶风案板遗址发现了粟、黍和稻；

属于齐家文化的甘肃永靖大何庄和广河齐家坪都发现了粟。此外在西藏昌都卡若遗址也发现了粟粒和粟的皮壳，说明粟作农业已传播到了青藏高原地区。

这时期的遗址往往面积较大，灰层丰富，反映农业生产又有了进一步的发展。这时的石铲较前规范化，以梯形和有肩长方形为主，后者的形状已很接近于商周时代的青铜铲了。收割主要用石刀和石镰，二者也是商周时期的主要收割农具。质量较差的陶刀这时已不再使用了。用碳－13方法测定古代食谱，得知仰韶文化时期人们的食物中有近50%的C_4植物，而属于中原龙山文化的山西襄汾陶寺人的食物中，C_4植物的成分已增加到70%[1]，而粟、黍为C_4植物，龙山文化时期人们食谱中C_4植物比例的增加，正好说明华北地区粟作农业的进一步发展。

中国旱地农业的起源

前举神话传说表明，中国的旱地农业是发生在黄河中游或广义的中原地区的，其作物主要是稷即粟；而考古发现的史前农业证迹也表明，至少从公元前6500年以降的新石器时代中期起，华北地区便已逐步形成以种粟和黍为主体的旱作农业体系，其中粟的种植很明显是以中原地区为中心的。这两个事实说明，中原地区在中国旱地农业的起源和早期发展历史上起着特别重要的作用。

中原地区按自然地理区划是属于华北区的一部分，也是黄土高原及华北平原的一部分。这里属暖温带半干旱季风气候，年降水量只有500~800毫米，且多集中于夏季的7~8月份。春、秋、冬三季都很干旱。冬季严寒，气温比地球上同纬度的其他地区低10℃以上。这种气候条件勉强可以发展旱地农业。这个地区普遍存在的黄土的持水能力和保肥能力都比较低。只有在腐殖质丰富、土壤团粒结构比较好的河谷平原地带才比较肥沃。这两个条件事实上制约了农业发生时期选择驯化作物品种的方向。那就是要求选择对肥、水要求不高及在幼苗期特别能耐旱且生长期较短的作物，而不是任何种类的旱地作物。

能够符合上述条件，并且在华北生态环境条件下具有野生祖本的作物，首先是粟和黍。粟的野生祖本是到处都生长的狗尾草，这是大家所公认的。黍的野生祖本虽有不同说法，而华北田野普遍生长的野生黍，农学家已指明它应是黍的野生祖本[2]。这样在中原地区农业发生时首先培育粟和黍就是很自然的了。

---

〔1〕 蔡莲珍、仇士华：《碳十三测定和古代食谱研究》，《考古》1984年第10期。
〔2〕 李璠：《栽培植物的起源》，《生物史》第五分册，科学出版社，1979年；魏仰浩：《试论黍的起源》，《农业考古》1986年第2期。

但农业的发生不仅需要一定的地理环境和生态条件，而且还必须有人类文化一定程度的发展。只有当人们意识到有培植农作物的需要，并且有能力从事种植时，农业才可能从个别的试验发展为社会的行为。在华北地区，早在旧石器时代就普遍有人类的活动，到旧石器时代晚期，已逐渐形成了一些遗址比较集中、文化发展水平较高的区域，河南中西部、山西南部和陕西东部，即大体上相当于中原的地方，就是一个比较突出的地区。其后在这个地区发现的陕西沙苑遗址群和河南许昌灵井遗址可能是属于中石器时代的，但材料零散，难以估计它在同时代诸文化遗存中的地位。再后面的新石器时代早期又是一个缺环。直到新石器时代中期，磁山文化和老官台文化的发展水平相对而言仍然是较高的。这样我们就有理由相信中原地区在新石器时代早期的文化发展水平也是较高的，华北地区以种植粟和黍为特征的旱地农业首先在那里发生的可能性自然也是较大的。我们至少可以说，像磁山文化那样大量的粮食储存和那样发达的农业工具，已远不是农业初期的发展形态，它前面还应该有很长一段农业起源和发展过程。从各种证据来看，这个源头首先应该从当地即中原地区去寻找，而不太可能在别的地方。

自从粟和黍被种植以后，两者的发展和传播并不总是一致的。粟在新石器时代中期还只见于中原地区，新石器时代晚期虽已遍及整个华北地区，但仍以中原地区最为集中。铜石并用时代大体上保持着这一格局，有的则已传播到青藏高原。到青铜时代更传播到中国黑龙江、云南、台湾和朝鲜等遥远的地方。即使到这个时候，中原仍是粟的主要产区。

黍在新石器时代中期不仅见于中原，也见于中国的西北和东北地区。以后的分布同粟比较起来仍然偏重于北方和西方，即更加干燥和寒冷的地方。这和欧洲公元前2000年前后粟的分布在南而黍的分布偏北的情况是相似的[1]。因此黍的起源是否一定在中原，似乎没有粟那么明确。

在华北史前旱作农业的体系中，除粟和黍外，最重要的可能要数大豆了。因为大豆也是有一定耐旱能力，特别是因为有根瘤固氮而能够自肥，从而有良好的适应能力。它的食用价值对史前人类来说可能比谷物更容易认识。所以在中国古代文献中常有记载。周弃首先栽培的农作物就是荏菽即大豆，只是至今还没有得到考古发现的证实。至于大麻、白菜、油菜、芥菜等种子虽都只有个别的发现，但至少可以说明当时已种植这些植物。因而华北史前旱地农业的体系，是以种植粟、黍为主，包括大豆、蔬菜和麻等种类，以求满足人们对粮食、蔬菜和织物纤维的需要。

---

〔1〕　D. Brothwell, P. Brothwell, 1969. *Food in Antiquity*, Baffimore and London.

史前稻作农业的证迹

直到目前，中国史前稻作农业的证迹主要发现于华中的长江中下游地区，只有少部分发现于华南和华北地区。最早的稻谷遗存发现于浙江余姚河姆渡和桐乡罗家角，年代为公元前5000年左右，应属新石器时代中期的最后阶段。

河姆渡的发现同样也是十分引人注目的。那里发现的稻谷遗存非常丰富，如果换算成新鲜的稻谷，总重量有12万千克以上。不但如此，那里还发现了大量骨铲和木质蝶形器等农具。前者是挖泥用的，后者可能是推泥平田用的，都是专门的水田农具。据此可知河姆渡文化时期已经有了比较发达的水田稻作农业。

到新石器时代晚期，长江中下游已普遍发现稻谷遗存。例如在长江下游和太湖周围地区的马家浜文化遗址中，就有浙江宁波八字桥，上海崧泽，江苏吴县草鞋山、常州圩墩、海安青墩等处。稍晚一些的南京庙山和安徽潜山薛家岗也有发现。在长江中游的大溪文化遗址中，有湖北宜都红花套、枝江关庙山、江陵毛家山、秭归龚家大沟、云梦龚寨和胡家岗、监利柳关和福田，湖南澧县丁家岗和华容车轱山等10处。到铜石并用时代，长江中下游发现稻谷的遗址进一步增加。例如分布于长江下游和太湖周围的良渚文化遗址中，就有浙江吴兴钱山漾、杭州水田畈，上海马桥，江苏吴县摇城、苏州越城、句容城头山、丹徒磨盘墩、江浦龙山等8处；长江中游的屈家岭文化遗址中，有湖北京山屈家岭和朱家咀、武昌放鹰台、郧县青龙泉、随州冷皮垭、云梦龚寨、胡家岗、好石桥和斋神堡，河南淅川黄楝树等10处。在稍晚一些的石家河文化遗址中，有湖北天门石家河、云梦好石桥和斋神堡等3处。时代相近的其他文化遗址有湖南平江舵上坪，江西修水跑马岭、萍乡大安里和大宝山以及九江神墩等多处。

近年来，在华北黄淮平原也发现了不少史前稻谷遗存。其中年代最早的是江苏连云港二涧村红烧土中的稻谷壳，年代与马家浜文化相当。稍晚一些则有属于仰韶文化的陕西西乡何家湾、华县泉护村、郑州大河村等处。到龙山时代则有山东栖霞杨家圈、江苏赣榆盐仓城、安徽固镇濠城镇和陕西扶风案板等处。

华南发现的史前稻谷年代较晚。其中稍早的有广东曲江石峡与泥岭，年代约为公元前3000～前2400年。较晚的则有福建福清东张、南安狮子山，台湾台北芝山岩、台中营浦，云南宾川白羊村、元谋大墩子和剑川海门口等处，年代多为公元前2000～前1500年左右。

上述发现稻谷遗存的地点约70处，如果把每一地点不同时期的稻谷遗存分开来统计，则总数已达100多处。其中年代较早，分布又较密集的首推长江下游的太湖平原，其次则是长江中游的两湖平原。当稻作农业在整个长江中下游平原发展起来以后，即往北向黄淮平原推进。从新石器时代晚期到铜石并用时代，黄河中下游和淮河北岸都不断有稻作农业的证迹，其中许多地方现在是无法种稻的。这说明当时黄河流域的气候虽属半干旱性质，但降水量可能比现在稍多一些，在以旱地农业为主的情况下，局部地区也可以发展一些水稻的种植。

华南稻谷遗存发现得少，年代也晚。其所以如此，一个原因是考古工作做得太少，以至有许多遗存至今没有发现。另一个原因可能是因为那里炎热多雨，植物生长茂盛，采集和狩猎容易满足人们的食物需求，因而缺乏发展农业的社会动力。

中国史前的稻谷遗存包含两个基本亚种，一为籼稻或称印度稻（*O. sativa hsien* or *O. sativa indica*），一为粳稻或称日本稻（*O. sativa keng* or *O. sativa japonica*）。现知年代最早的河姆渡稻谷便已有籼稻和粳稻两种，只是以籼稻为主。此后的发展中，长江下游往往仍是籼、粳混杂，长江中游多属粳稻，黄淮流域也多属粳稻，而华南则为籼稻。

史前稻作农业所使用的农具，除河姆渡发现一大批外，其他地方均很少见。从罗家角和圩墩的发现来看，至少在马家浜文化时期仍然用骨铲和木铲等挖泥，而石铲颇为少见，直到良渚文化时期才出现三角形石犁。收割农具仅见少量石刀和石镰。谷物加工用厚胎圜底的陶臼和木杵。湖北宜都红花套的大溪文化遗址中曾发现木杵痕迹。这和粟、黍类谷物用石磨盘和石磨棒加工颇不相同。

稻作农业的起源

一般认为中国稻作农业应起源于华南，近年来又有不少农学家主张起源于云南以及中南半岛北部山地。而大量考古发现的证迹使我们不得不重新考虑这一问题[1]。

我们首先注意到河姆渡的稻谷遗存不但年代早，数量巨大，而且谷粒形态已远离野生祖本而接近于现代栽培稻。众多的挖泥、推泥农具表明当时可能出现了成块的水田。这一切说明河姆渡文化的稻作农业已是比较发展的形态，在它以前还应该有很长的发展时期。换句话说，中国稻作农业的起源时间应该追溯到新石器时代早期。

不过，除江苏溧水神仙洞曾发现过一小片公元前9000多年的陶片外，长江下

---

〔1〕 严文明：《中国稻作农业的起源》，《农业考古》1982年第1、2期。

游及其附近至今没有发现新石器时代早期遗址，无法了解在那样早的年代是否有了农业。这样一来，关于稻作农业起源问题的探讨似乎成了悬案。但我们也注意到以下一些情况。

一是从河姆渡文化本身看不到显著的外来影响，它的发达的农业不像是从外地传播过来的。这说明在当地仍有发现更早的新石器时代文化的可能。

二是在历史文献中多次记载在长江下游有野生稻，近年更在江西东乡发现了普通野生稻。一般认为，普通野生稻乃是栽培稻的直接祖本。新石器时代早期的人们完全有可能利用当地的普通野生稻进行培植。可见长江下游是有条件成为稻作农业起源地的。

人们也许会说，华南有更为集中的普通野生稻，同时也发现了不少新石器时代早期遗址，不是更有条件成为稻作农业的起源地吗？为什么要首先考虑长江下游呢？

我认为华南的确是有可能成为稻作农业起源地的，只是至今在当地新石器时代早期遗存中还没有发现稻作农业的确切证据。另一方面，华南的新石器时代文化开始的年代虽然很早，但发展却很缓慢。在几千年的长时期中，那里都是以洞穴遗址和贝丘遗址为主，即使有农业也只占很小的比重。直到石峡文化时期（约公元前3000～前2400年），才发现明确的稻谷遗存。就是到了这时也没有长江中下游稻作农业那样发达。这里涉及农业起源的机制和初期农业发展的动力问题。

人们之所以选择某些籽实比较丰富的禾本科植物进行培植以获取食物，并不是因为这类食物特别好吃，更不是因为这类食物易于加工，而只是因为它最易储存，可以在非收获季节提供最低限度的食物。所以许多谷类作物都是起源于四季分明、生长季节较短的温带地区。像华南那样全年无冬、降水量丰沛、动植物资源十分丰富的地区，人们随时都可以获取自己所需的食物。即使人们在采集活动中逐渐熟悉了野生稻的生长习性和食用价值，因为到处都可以采集到，不会感到有进行人工培植的迫切需要。偶然种植了也不一定需要尽快扩大生产。这大概是华南稻作农业长期发展缓慢的一个重要原因。

长江流域的情况有很大不同。那里有时间较长而寒冷的冬季，如何将收获旺季的食物储存到冬季食用成为一个非常迫切的问题。加以长江流域的新石器文化一直比较发达，这意味着人口较多，野生稻虽能生长但远不如华南那样丰富。人们一旦发现了它的食用价值和能够长期储存的优点，自然会加以培植并努力扩大生产。这当是长江流域的稻作农业反而比华南发达得多的一个重要原因，也是我们在探讨稻作农业起源时更重视长江中下游的一个理由。

在栽培稻的两个基本亚种中，籼稻喜欢水生开阳、气候炎热的环境，在华南和长江流域都可培植。粳稻则喜欢温凉气候，不可能在华南培育。长江中下游发现过不少与粳稻相近的野生稻如江苏北部的稑稻、安徽巢湖地区的浮稻和江西东乡的普通野生稻等，史前稻谷遗存中又有不少粳稻，说明具有培育粳稻的良好环境。由此可见，长江中下游可能是稻作农业起源最理想的地区。当然，这并不排除华南在稻作农业起源中的作用。

至于云南，那里仅有靠南部边境的个别地方生长普通野生稻，那里的新石器文化甚至还没有华南地区那样发达，至今在云南发现的史前栽培稻遗存年代都不到公元前 2000 年，很难看出具有独自发生稻作农业的条件。云南的地理位置使那里的稻作农业可能受到长江流域和中南半岛两方面的影响。由于那里地形和气候的变化极大，可能在水稻向粳稻演化过程中发挥一定作用。由于云南的新石器时代考古工作还未充分开展，不能排除以后还会发现更早的稻作农业遗存的可能性。即使这样，由于云南的地理位置较为偏僻和相对闭塞，那里的新石器文化又没有发展到对中国广大地区产生强烈影响的程度。而稻作农业的传播本身就是一种文化行为，不能脱离开考古学文化的总体关系来考虑。由此可见，云南在中国稻作农业起源中的地位是远不如长江中下游和华南的。

养畜业的起源和发展

中国养畜业的起源和早期发展，是同农业的起源和早期发展紧密地联系在一起的，几乎所有出土家畜、家禽骨骼的遗址，同时也出土农具或农作物遗存。

中国最早饲养的家畜可能是猪。在广西桂林甑皮岩洞穴遗址中曾出土许多猪骨，年龄偏小，经鉴定为家猪[1]。此后无论在华北旱地农业区还是华中、华南的水田农业区，猪都是最主要的家畜。在华北新石器时代中期（约公元前 6500～前 5000 年）的磁山文化、老官台文化和北辛文化遗址中都有许多猪骨。新石器时代晚期的仰韶文化、大汶口文化、红山文化和马家窑文化等养猪业有了较大发展。大汶口文化的墓葬常用猪头或猪下颌骨随葬，例如山东泰安大汶口 133 座墓葬中就有 43 座随葬猪头，最多的一座有 14 个，另有 3 座随葬猪下颌骨。诸城前寨也有许多墓用猪下颌骨随葬，最多的一座有 25 个。晚一些的齐家文化也常用猪下颌骨随葬，甘肃永靖秦魏家有 46 座墓随葬猪下颌骨，最多的一座有 68 块；大何庄最多的一座也有 36 块。如果不是大规模养猪，这种情况是难以出现的。

---

〔1〕　李有恒、韩德芬：《广西桂林甑皮岩遗址动物群》，《古脊椎动物与古人类》1978 年第 16 卷第 4 期。

华中地区的河姆渡文化已畜养许多家猪，遗址中不仅有许多猪骨出土，还有陶塑的猪和在陶器上刻划的猪在稻田觅食的花纹，形象地说明了养猪和稻作农业的密切关系。此后在马家浜文化、良渚文化、大溪文化和屈家岭文化中也常有猪骨出土，有些地方也用整猪或猪下颌骨随葬。例如江苏南京北阴阳营和湖北郧县青龙泉都有用猪下颌骨随葬的，最多一座有 14 个。看来这种用猪下颌骨随葬（有时是用整猪或猪头）已经成为中国史前时期南北通行的一种习俗。

猪是多型性的动物。现在还无法确定中国南方和北方的猪究竟是同一起源还是有不同的起源。

中国史前时期普遍饲养的另一种家畜是狗。华北从新石器时代中期直到铜石并用时代的各个考古学文化中都有狗骨出土；华中最早的记录是河姆渡文化，那里狗的骨骼与狼明显不同，看来早已是家犬了。此后各时期也都有狗骨出土，只是数量远不如猪。有些地方发现有用狗随葬的习惯，如江苏邳县刘林便有 6 座墓用狗殉葬，墓主人很像是猎人。山东胶县三里河有狗形陶器，湖北天门石家河有许多陶塑的狗，有坐着守卫的、站立和行走的各种姿态，反映了狗在人们生活中的密切关系。

鸡的饲养也比较早，华北的磁山文化和北辛文化的遗址中都有家鸡骨骼出土。此后的仰韶文化、大汶口文化、龙山文化和马家窑文化等也都发现过鸡。南方最早的鸡骨出于江西万年仙人洞，但只鉴定到鸡属（*Gallns*），不能肯定是家鸡。此后一些遗址中常有鸡骨出土，湖北京山屈家岭和天门石家河都发现过陶塑鸡，其中尤以石家河发现最多。显然鸡是中国史前文化中普遍饲养的一种家禽。家鸡是由野生的原鸡驯化而来的，华南至今仍产原鸡，古代华中也产原鸡，而磁山出土的鸡骨是考古记录中最早的，所以鸡可能是在中国本土首先驯化出来的。

除猪、狗、鸡外，其他家畜明显地具有地方性。在华北，可能已被驯养的家畜有黄牛、山羊、绵羊和猫。磁山、北辛和某些仰韶文化的遗址中都有少量黄牛骨出土。仰韶文化的遗址中曾有零星的羊骨出土，但不能肯定是家羊。河南三门峡庙底沟二期曾出土家山羊骨骼（*Capra hircus* L.），山东章丘城子崖出过绵羊骨骼，内蒙古的红山文化、甘肃青海的马家窑文化和齐家文化也都有绵羊骨骼出土，其中尤以齐家文化为多，已成为当时的主要家畜。此外，在大汶口文化和中原龙山文化的遗址中有时发现水牛骨骼，这似乎与当地的水稻栽培有关。

华中和华南的史前遗址中常有许多水牛骨骼，江西万年仙人洞和浙江河姆渡遗址都有水牛骨，尤以河姆渡者为多。此后马家浜文化、良渚文化等也都有大量家水牛骨骼出土。不排除家水牛是在长江下游起源的可能性。良渚文化中曾出土各种丝线、丝带和丝织品，原料是家蚕丝，看来育蚕缫丝也是从长江下游起源的。

总起来看，中国史前时期的养畜业有许多共同点，一是与农业紧密结合，二是以养猪为主，兼有狗和鸡。差别主要在于北方的旱田农业区还有黄牛、绵羊和山羊，南方的稻作农业区还养水牛，并且学会了育蚕。中国在进入历史时期以后的养畜业，大体上就是在史前养畜业的基础上继续发展的。至于以养羊为主的独立的畜牧业的出现，大约不会早于公元前 2000 年。这种畜牧业大概首先是在华北旱地农业区的北部和西部边界上发生的。甘肃、青海青铜时代的四坝文化、沙井文化与卡约文化的遗址中，这一进程反映得比较清楚。这种畜牧业之后向北向西传播，逐步形成了内蒙古、西北地区和青藏高原的广大牧场。

1988 年 12 月燕东园

（原载《辽海文物学刊》1989 年第 2 期。后收录在《史前考古论集》，科学出版社，1998 年）

浅谈中国农业的起源[*]

大家好！这两天正好是清明节，应该是出外踏青祭祖的好时光。大家在这么一个宝贵的时间来听我讲"中国的农业起源"，我不能辜负大家的期望，尽力把问题讲清楚。希望能够反映最新的研究成果，又不要那么学究气。

我先讲第一个问题，为什么选这么一个题目，跟大家来讲"中国农业的起源"。大家知道，中国是一个农业大国，有 13 亿人口，大约占全世界人口的 22%，可是我们的耕地只占全世界耕地的 7%。我们是靠 7% 的耕地养活了 22% 的人口，这是一个奇迹，在农业机械化和现代化水平并不高的情况下做到这一点就更加不容易。为什么会这样？难道不值得好好研究吗？这是现状，历史上怎么样呢？从有人口记载开始，中国的人口大体上都是占全世界的 1/4 或 1/5 左右，也是人多地少。怎么办？只有走精耕细作的道路。就是勤劳和智慧，在同一块土地上精耕细作，以求获得较高的产量。否则我们这么多人口吃什么？我们的国家怎么发展？这个问题一直激励着我，想探讨一个究竟。中国农业是怎么起源的？它怎么会发展到现在这个样子的？除了发挥主观能动性，还有什么更重要的客观条件？今后的发展方向如何？这是我时常思考的问题，是我之所以研究农业起源的一个重要原因，也是我今天要给大家讲这个题目的原因。

我们现在知道，全世界有三个主要的农业起源地，我这里讲的农业主要是谷物农业，不是那个广义的农业，主要是栽培谷类作物的农业，也就是主要生产粮食的农业。全世界主要有三个起源地。

一个在西亚，就是现在的伊拉克和它的周围地区，这个地方是小麦跟大麦的起源地，也是绵羊和山羊的起源地。这种农业叫作有畜农业，有家畜。有两种农业，一种是有畜农业，一种是无畜农业，就是只有栽培作物，不养家畜的。西亚是有畜农业。在这个中心农业起源以后，发展到一定阶段，产生了两河流域的古代文明，就是古苏美尔、阿卡德和后面的巴比伦文明，这个大家都知道。这个农

---

* 本文为 2008 年 4 月 5 日在国家图书馆文津讲座上的发言。

业传到尼罗河流域，发展到一定阶段就产生了古埃及文明。传播到印度河流域后不久又产生了古印度文明。这个印度河大家要知道，现在不是在印度，在巴基斯坦，因为巴基斯坦跟印度原来是一个国家，都叫印度。现在印度的大河是恒河，不是印度河。所以这个以小麦、大麦为基础的农业，传播的范围相当广，在历史上起了非常大的作用。

第二个农业中心就是中国，中国是小米和大米的起源地。小米是指粟、黍，主要在黄河流域起源和发展，后来成为中国北方的主要农作物。北方现在主要的谷物是小麦，是从西亚那边传过来的，不是中国原生的。大米就是水稻，是从南方的长江流域起源的。所以中国是两种农业的起源地，两种农业各有自己的分布区，像个双子星座，相互联系又相互补充，这是它最大的优点。西亚那边的小麦、大麦是在同一个起源地，属于同一个农业系统，面积又小，所以比较脆弱。

第三个农业起源地是在美洲，美洲是玉米的起源地。我们中国现在也大量的种玉米，这个玉米是在明代才通过菲律宾传播过来的，很晚。美洲的这个农业是无畜农业，没有家畜。以玉米为主体，还有南瓜和豆子，在印第安人的传说里面是叫作"农业三姐妹"。

世界上最主要的农业起源中心，就是这么三个。在这三个地区农业发展的基础上都对后来古代文明的产生起了决定性的作用。那美洲也有美洲文明，大家知道现在美洲的印第安人的古代文明，像玛雅文明、安第斯文明，年代也比较早，当然比中国还晚一点。它是在单一农业体系基础上产生的文明，影响范围仅限于美洲。中国的文明代表了东方的文明，也是唯一没有中断的文明，对周围的国家产生了非常大的影响。而西亚的，以两河流域、埃及和印度河流域为代表的文明，后面发展为古希腊、罗马文明，这就是西方人的古代文明。所以全世界呢，或者说是三大文明中心，或者说是两大文明中心，就是东方和西方，中国占了一方，这个与农业的起源和发展有非常大的关系。

第二个问题，我想讲一下考古学在研究农业起源中的特殊作用。我刚才讲的，是现在我们所能得到的一个结论，在若干年以前不完全是这样。比如说，我讲长江流域是稻作农业起源的中心，在几十年以前完全不是这样。几十年以前在考古学没有充分发展起来的时候，讲农业起源主要是农学家。农学家根据栽培种跟野生祖本的关系，根据各种品种的分类，拿现在的话说就是基因库，基因种类多样化的地方，就是农业起源的中心。所以一般都认为印度是稻作农业的起源中心。后来日本的学者提倡山地起源说，有很大的影响。其中有一个很有名的农学家，叫作渡部忠世，他写过一本叫作《稻米之路》的书。他在印度、泰国、缅甸的北部找了一些用土坯盖的寺庙和古老的房屋建筑，发现那个土坯里面有少量稻谷壳甚至稻谷，因为那些土坯是用农田里面的土做的，所以上面有的时候有些残余的稻谷或稻谷壳，他仔细地采集了一些标本，首先分出了所谓日本稻和印度稻，也就是粳稻和籼稻，还进一步从形态上做了排比，分出了几大系列，都是通过大河流域传播的。而这些大河都是发源于中国的云南，还有越南、泰国、缅甸北部的山地，西部到印度的阿萨姆邦一带。其中一条是云南的澜沧江，流出国境就是湄公河，通过泰国、老挝、越南、柬埔寨等国，就叫作湄公河系列。一条中国的长江，从青藏高原出发，经过云南、四川等许多省区流入东海，就叫作长江系列。一条从中国西藏的雅鲁藏布江，流到印度就是布拉马普德河，再到恒河，那就叫恒河系列。好像山地是一个批发部，通过大河向周围传播。我说你采集的那些稻子有多少年？他说那起码有一两百年，有的寺庙盖了两百多年了。我说你只有两百多年，我们发现的稻子可是几千年甚至一万多年，你两百多年排出来有什么用？跟起源有什么关系？比如我们中国的南方种植占稻，那是从越南占城传过来的，时间很晚。占稻是越南占城的地方品种，不等于说稻作农业是越南起源的。我们中国的北京有京西稻，是从你们日本弄来种子栽的，时间更晚，不等于说稻作农业是日本起源的，那完全是两码事。历史上优良种子来回传播的例子多得很，跟起源没有什么关系。我们讲起源就讲最早的，要讲它的老祖宗。老祖宗是什么？唯一的办法就是考古的发现。

所以光是农学家的这种研究是不行的。他们不知道最早的农作物是什么样子，也不知道怎么样一步一步演变到现在。考古学就有这么一个优点，它可以把年代排比得非常清楚，哪个最早，哪个比较晚，然后怎么样一步一步发展下来，发展过程中有没有地区上的变化，把时空关系把握得牢牢的。在这个基础上再来排比稻谷种子，看看它有什么变化，它是怎么变化的，它是一个源头，还是两个源头，还是有多个源头。然后还是要找农学家和遗传学家来进行研究，既要看形态的变化，也要看基因的变化，可以把问题弄得很细。总之考古学研究是基础，没有考古学家的工作，农学家或遗产学家都无能为力。

第三个问题，我想讲一下中国的自然环境和农业起源的温床。中国是一个大国，陆地面积有 960 万平方千米，但是并不是所有的地方都适于农业，更不是所有的地方都可能成为农业的起源地。中国的自然地理大体上是这么一个态势，一是周围有高山、有大海，有天然屏障，自成一个地理单元。二是西高东低，有三个大台阶，像一个大躺椅，背对亚洲腹地而面朝浩瀚的太平洋。打开地形图就可以看到，西南一块是咖啡色，那就是"世界的屋脊"——青藏高原，海拔 4000 多米到 5000 米；世界上最高的山脉喜马拉雅在那里，世界上最高的山峰珠穆朗玛峰也在那里。往东北一大片是黄色的，包括新疆、内蒙古高原、黄土高原、云贵高原和四川盆地等，海拔大概是 1000 多米到 2000 米。然后再往东看，地图上是一片绿色，包括东北平原、华北平原、长江中下游平原和江南丘陵等，海拔一般在 500 米以下，江南丘陵可以达到 1000 多米。三大台阶清清楚楚。三是气候分带和分区。有三个大的气候区，跟地形上的三个台阶很接近。一个是西北干旱区，包括长城以北的新疆、甘肃的一部分、宁夏的一部分和内蒙古等地。这个地区的面积大约占全国的 1/3，现在的人口不到全国的 5%，人口比较稀少，有大量的草原、沙漠和高山。这样的地方是不适于农业起源的。一个是青藏高寒区，包括整个西藏和青海的一部分。这个地方占全国土地面积的 22% 左右，将近 1/4，人口不到全国的 1%，当然也不适于农业的起源。往东面比较大的这一部分叫作东部季风区，是受东南季风影响的地区，也是中国经济最发达、人口最密集的地区。它的面积占全国的 40% 多，人口却占 96%，可以说全国绝大部分的人口都在这儿，经济最发达的地方也在这儿。但是人口更密集的是在黄河流域和长江流域。这个东部又分成四块。最北面的叫东北，气候比较寒冷。农业是在 1 万多年以前起源的，那个时候气候更冷，不可能是农业的起源地。中国的南方有个南岭，在湖南、江西和广东、广西之间，也叫五岭，在南岭以南，包括现在的广东、广西、海南岛、云南的一部分和台湾的一部分，这个地方，我们平常通称为华南。大部分在北回归线以南。因为纬度低，气候的变化对它的影响很小。许多地方是长夏无冬，或者说夏天特别长，冬天特别短，自然的资源非常丰富，可以采集和狩猎得到的资源非常丰富。那里的人没有生活压力，就没有发展农业的动力，因此也难得成为农业起源的地区。

只有两块地方，一个是黄河流域，一个是长江流域。这两个地方历来人口比较多，就说在早期的旧石器时代，发现遗址也比较多，说明人口比较多。自然资源长江流域比较丰富，黄河流域稍微差一点，也还可以。但是这两个地方每年都有一个漫长的冬季。冬季的食物资源比较缺乏，就得想法子来增加这个食物的资源，一是栽培作物，二是畜养动物。这就是农业产生的社会需求，也就是农业起源的社会动力。从客观条件来说，这两个地方恰恰有可以栽培的野生祖本植物。小米的野生祖本，粟的野生祖本，就是狗尾草，那到处都是，黍的野生祖本在华北地区有野生黍。所以这个地方有可以栽养的谷物。那么在长江流域呢，那里有野生稻，到现在还有，江西、湖南都还有，只是很少，是野生稻分布的北部边缘。为什么农学家考虑水稻的起源时总是讲印度的起源，或者考虑山地的起源，还有一些农学家考虑华南和东南亚的起源，因为这些地方野生稻非常多。长江流域野生稻很少，是它自然分布的边缘地带。其实他们就没有想到一个问题，就是因为野生稻多，而且其他的食物也多，人家就用不着栽培了，对不对啊。长江流域呢，它有野生稻，但是不多，这才需要人工栽培嘛！大家知道稻谷作为食物的优势在哪里？它的优势绝对不是好采集，因为树上结的果子，一下子就可以采摘好多，又好吃，干果之类，比如橡子、板栗等你也可以采很多。可是稻子，野生稻不是像现在的栽培稻那么一丘田一丘田的嘛，稀稀拉拉，你要采集到一定的量很难的。而且野生稻黄熟了就掉地，又不是像栽培稻那样一块儿黄熟，它不是，前前后后时间拉得很长，而且一黄熟了就掉地。你要采集相当的量本身就很困难，采集了这些稻子你也不能吃，要去壳。我们现在吃大米饭，假如里面有几粒谷壳，都觉得很难吃对不对。你要把稻壳去得干干净净，不容易啊。你要知道那个时候的人没有舂谷的器具，只能用杵臼，那一点技术效率是很低的。很显然这个比采集什么果子，或者挖块根，或者打猎获取动物都要难，又没有那个好吃，没有那个方便。那么它的优势在哪里呢？主要就是填补冬季食物的匮乏，谷类作物的优势是可以贮藏。别的东西，你怎么摆几个月，放在家里，放几个月？不可能。我们现在有冰箱什么的，那个时候什么都没有，不可能啊。所以它的优势就是可以长期贮藏，解决冬天食物匮乏的困境。谷类作物的另一个优点就是一年生，好栽培，好管理。种了以后没有几个月就可以收获。种子拿到家里以后，等第二年开春来下种，两个多月以后就能够收割。要是别的植物，比如说水果，或者是干果，像栗子、橡子这些树。你把这个种子摘下来种了，多少年以后才结果啊，那个周期太长了，当时的人不好把握。这就是谷类作物，包括水稻、小麦、小米、玉米等的一个共同的优点。所以在这样的自然地理气候条件的背景下，黄河流域跟长江流域，就成了两种农业起源的温床。

这好像都是一些理论性的东西，事实究竟是怎么样呢？我现在就讲第四个问题，讲中国早期农业的发展阶段和双生农业体系的形成。中国农业的起源，究竟是一个怎么样的过程，在什么地方起源，在以前是不很清楚的。以前大体上知道，黄河流域是小米的起源地，那是一种推论，一种假设，没有事实的证据。直到20世纪50年代发掘西安半坡，在那儿的窖穴里面和陶罐里面都发现有粟啊、小米啊。当然是已经朽烂，只有皮壳了，但形态还是完整的。在一个窖穴里面就发现了成百斤的。我说的成百斤是要换算成新鲜的小米啊，那个皮壳都没有多少分量。那是属于仰韶文化的，从此知道在仰韶文化时期，中国北方确实是种小米的。以后在别的仰韶文化遗址里面都发现有小米的遗存，经过分析有两种，一种是粟，一种是黍，以粟为主。仰韶文化的年代大体上是公元前5000～前3000年，这是不是就是农业起源的时候呢？不像。我们觉得那个农业好像已经比较发达了。

到1976年，这是一个很值得注意的年代，当时我们中国发生了非常大的事情。1976年在农业考古里面也是非常辉煌的一年。这一年在河北武安磁山一个遗址里发现了几百个粮食窖穴。其中有八十几个里面还保存有粮食，当然都已经成了皮壳了。有的窖穴装好粮食以后在上面封一层红烧土，让里面保持干燥。当时采集了一部分标本，通过灰象法测定认为是粟。最近通过淀粉研究证明里面还有黍，不仅是粟一种，还有其他的一些植物，但是以粟和黍为主。有人把这些窖穴里面藏的粮食的体积估算了一下，如果换算成新鲜的小米，大约有十几万斤，比过去曾经发现的所有遗址里面的小米遗存加起来还要多，而它的年代是公元前六千二三百年，一下子把种植粟、黍的年代提早了一千多年！你想一想一个遗址里面发现这么多的粮食，同时还有做得非常好的农具。主要是三种，一种是石铲，是翻地的，证明这个时候已经知道翻地了；一种是石镰，磁山的镰刀只有磨得很锋利的刀口；第三种是石磨盘和石磨棒，是加工谷物用的。与磁山几乎属于同一时期的还有河南新郑裴李岗等许多遗址，也有三种石器：石铲、镰刀、石磨盘和石磨棒，只是裴李岗的石镰都有齿，更好用于收割了。裴李岗一类遗址里也发现这种粟和黍的遗存，只是没有磁山那么多，年代跟磁山差不多。差不多的还有甘肃秦安的大地湾，在天水的旁边，也在窖穴里面发现有粟，而且还是整把的穗子，把好多谷穗捆在一起。以后在辽宁沈阳新乐的房址里也发现了小米。这样一来，整个黄河流域，以及再往北一点内蒙古、辽宁这些地方都发现有这两种作物，年代都是公元前六千几百年，最早的差不多接近公元前 7000 年。

最近有一个消息，就是北京大学跟北京市文物考古研究所合作发掘的北京西郊门头沟区的东胡林遗址，不知道大家听说过没有。这个东胡林遗址是新石器时代早期的，年代是 1 万多年。最近在整理资料的时候，发现也有少量小米。发掘的时候虽然没有看到，但是把可能有粮食遗存的土样采了回来。因为同时发现有石磨盘、石磨棒，这是古代加工谷物的工具，猜想当时可能有栽培的谷物。最近果然筛选出来了，但是量非常少。

我们的叙述是从后面一直往前追，从公元前 5000 年一直追溯到 1 万多年以前。实际上这代表了我国北方旱作农业发展的几个阶段。像东胡林这样的，可能是农业的萌芽阶段，它当时主要的食物恐怕还是靠采集和捕猎野生动植物，少量的栽那么一点谷类作物，除了石磨盘、石磨棒以外，我们没有看到石镰，也没有看到翻地的工具。

第二个阶段，也就是公元前 7000～前 5000 年这个阶段，就是相当于磁山文化、裴李岗文化这个阶段，我们把它叫作确立期，农业在人类生活中已经确立为一个非常重要的部门，农业的产品已经成为食物的重要构成部分，我不敢说是主要部分，这个量的问题非常不好解决。但是我们看到像磁山那么多的谷物遗存的时候，应该是食物构成里面的重要来源。而这个时候除了种植谷类作物小米以外，还养猪和鸡，是一种有畜农业，而且跟后代的农业已经有非常明确的联系了。我们东方人是爱吃猪肉的，到现在还这样，西方人爱吃牛羊肉，现在还这样。什么时候开始的？就是公元前 7000～前 5000 年，也就是说距今 9000～7000 年，这么早的时候。

第三阶段是旱地农业的发展期，相当于仰韶文化的时期，即约公元前 5000～前 3000 年，中国整个北方都种植粟、黍这两种谷类作物，有的地方还种植少量水稻。工具有了进一步的发展，变化更大的可能是聚落，就是人们聚居的村落，规模扩大，数量增加，明显是人口增加了。有的地方还出现了比一般聚落更高一级的中心聚落。这种情况，一定是有粮食生产大量增加的基础。可见这个时候旱地农业有了比较大的发展。

第四阶段是旱地农业的扩展期，考古学上叫作龙山时代，年代大概相当于公元前 3000～前 2000 年，也就是夏代以前的这 1000 年。这一阶段的旱地农业不但有了进一步的发展，而且向外传播。传播到哪里？一个通道是往东传到朝鲜半岛，传到现代俄罗斯的远东地区，一部分到了日本的九州半岛；一个通道向西传播到甘肃、新疆；第三个通道是往南，长江流域以南也有一些水利条件不好的地方，也种小米，最远传播到云南和台湾。

稻作农业的遗存也有类似的一个发现过程。史前的稻作农业遗存，最早开始引起注意是在湖北，湖北有一个京山县的屈家岭，和挨着京山县的天门市石家河，这两个地方屈家岭文化的地层中间发现了大量稻谷的遗存。它是把稻谷壳掺在泥里面，叫作谷糠泥，盖房子的时候用来抹墙。以后这个房子失火了，墙壁的土被烧成红色，像红砖似的，在考古上把这种土叫作红烧土。因为这个土变成红烧土了，它里面的稻谷壳的痕迹就留下来了，有的封在泥土里面的稻壳或者瘪谷还能留下来。如果房子自然垮了，没有经过火烧，里面的稻谷壳早就烂得没影了。房子被烧对当时的人是灾难，对我们今天考古却是福音。那两个地方的稻谷经过我国著名的农学家丁颖鉴定是栽培稻，而且是粳稻。大家知道，稻谷有两种，一种叫籼稻，一种叫粳稻。籼稻，北京人喜欢说机米，米粒比较长，缺乏黏性。现在长江流域以南多产籼稻，泰国米也是籼稻。那个粳稻呢，北京人喜欢说是大米，其实籼米粳米都是大米，北京人说的大米实际上是粳米，北京的京西稻，天津的小站稻，还有我们现在吃的东北大米，什么盘锦米等都是粳稻。湖北的这两个地方出现的稻谷是粳稻。当时只知道是处在新石器时代的遗存里面，具体年代不知道。那个时候测年的技术还没出来。现在通过碳－14 测年，知道那是公元前 2000 多年的遗存，也就是说离现在有 4000 多年。这是 1954～1955 年发现的，在那个时候是一个突破。哎呀，中国 4000 多年以前就种稻子了，那个时候把它当作一个很重要的发现。但是后来类似的发现非常非常多，在长江流域，比它早的还有得是。

到了1976年，更大的发现出来了，那就是浙江余姚的河姆渡。河姆渡是非常好的一个遗址，对我们考古学者来讲是非常好的遗址。为什么呢，因为它被海水淹了，海泥遮盖了这个遗址，很多有机物就保留下来了。因为海泥里面还含有一点盐分，又跟空气隔绝，然后又在地下一定的深度，冬夏的气候变化对它很少发生作用，是接近恒温的，隔氧的，还有一点盐分，盐分是可以起保护作用的。这样，那里就发现了很多有机质的东西，在别的遗址里面都很少见。比如说它盖房子的木桩、柱子、地板、地龙骨、窗棂等等，有几千根木头，有的还有榫卯，当时没有想到在那么早的遗存里有那么先进的木构件。这个河姆渡遗址的年代，是公元前5000～前4500年，也就是距今7000～6500年这么早，保护得这么好。这在建筑史上是一个非常大的突破。第二个就是稻子。它那个房子是一种所谓干栏式的房子，就是地上埋桩，上面铺地板，再上面盖房子。在加工谷物的时候，一些皮壳什么的从地板缝掉到下面去了，堆积成上百立方米的稻谷壳和稻叶之类的。也曾经换算过，如果是新鲜稻谷有多少万斤。这个发现也是在1976年。所以我说北方的一个磁山，南方的一个河姆渡，都是了不起的发现。河姆渡除了发现大量的稻谷，还同时发现了翻地的骨耜，南方叫泥锹，就是专门挖泥的。这个是用牛的肩胛骨做的铲子。第一次发掘就发现70多个，以后又发现很多，成百个。有些陶器上还画了那个画，就是稻子黄了以后低着头，一束一束的。说明稻作农业已经是颇有规模，深刻地影响着人们的生活和思想意识，很多人看了都觉得不可思议。河姆渡人怎么吃大米饭？有专门的陶釜来煮。特别有意思的是，竟然在一个陶釜的底部发现了一块锅巴。我们很多人都吃过锅巴嘛。这些情况证明当时确实能够把稻子加工成米，把稻壳都去净了，可以做成大米饭了。

我跟你们讲，我开始研究农业的起源，就是因为这两个地方，一个河北的磁山，一个浙江的河姆渡。这都是1976年的事，都有大量的发现。所以以前外边人说，稻作农业是印度起源的，或者东南亚，或者是什么山地，我就不相信了。我想研究研究到底稻作农业是哪里起源的，这是1976年的事。

你们想，这么发达的农业当然不是起源时候的样子，起源的时间应该更早。到了20世纪80年代，在湖南洞庭湖的西边，有一个澧县，那里有一个遗址叫作彭头山。这个遗址里面也发现很多红烧土，里面有稻谷壳。还有一点，它的陶器的胎土里面，也就是做陶器的泥土里面掺了稻壳。经过农学家的鉴定研究，证明是栽培稻而不是野生稻。而彭头山文化，现在我们把它叫彭头山文化了，已经发现几十个遗址，都有这个稻谷。它的年代是公元前7000～前5000年，又比河姆渡早了一两千年。是不是这个就到顶了呢？不一定。

1993 年，我跟美国的一个农学家叫马尼士，我跟他合作在江西万年仙人洞和吊桶环遗址做考古工作。这个马尼士在美洲做过 40 多年的考古，就是他把美洲玉米的起源弄得清清楚楚。最早的玉米，就两三厘米长，经过人工培养越长越大，才成现在这个样子。以后他又在西亚研究过小麦、大麦的起源。所以他对农业起源研究有非常丰富的考古经验。他知道我对中国农业的起源有一些很重要的看法，所以他要跟我合作，当然还有江西省文物考古研究所的各位先生。我们一块到江西万年仙人洞，旁边还有一个洞，叫作吊桶环，两个洞穴，我们挖了半天，非常遗憾，就是没有找到稻谷。因为那个太早了，那是公元前 1 万多年以前的遗址，而且是洞穴遗址，没有找到稻谷。但是找到了稻谷的植物硅酸体，平常我们叫作植硅石。稻子的叶子上面有种特殊形态的硅酸体，这种硅酸体烂不掉，在土壤里面，肉眼是看不见的，一定要在高倍显微镜下才能分辨得出来。水稻的植物硅酸体的形态像扇子，所以叫扇形体，跟别的植物的硅酸体不同，能够很清楚地分辨出来，所以一发现这个东西，肯定是属于稻属植物。据赵志军先生研究，在地层最底下的也就是年代最早的硅酸体是野生稻的，到上面的地层才出现栽培稻硅酸体。这当然是一个很重要的发现，就是说尽管我们没有找到水稻，但是找到了水稻腐烂掉了以后的这种硅酸体。

就在同时，在湖南南部道县的玉蟾岩，也是一个洞穴，湖南省文物考古研究所的所长袁家荣在那里主持发掘，竟然发现了几粒稻子，同时也有稻属植物硅酸体。年代也是公元前 1 万多年。

后来，跟我们合作的马尼士去世了，非常不幸，江西的工作自然就停了下来。过了不久，美国哈佛大学的另外一位教授，也是多年在西亚研究农业起源的，叫作巴尔·约瑟夫，他又要跟我合作，所以我们俩又跟湖南的袁家荣先生等共同发掘湖南道县玉蟾岩，北京大学参加的还有李水城和吴晓红教授等，我不过是挂一个名。我们的动作也很大，发现的遗物不少，但是也就发现了一粒稻子。不管怎么样，这个玉蟾岩前后发现了五粒稻子，还有几粒层位不太清楚。这几粒稻子呢，有点像野生稻，又有点像栽培稻。这才像刚刚起源时候的东西，年代在公元前 1 万多年，到顶了，不能再早了。

把这些情况联系起来，可以看出我们的考古工作也是从后一直往前追，追到了源头。但是如果从农业的发展来看，就应该倒过来。第一个阶段是萌芽期，像玉蟾岩和仙人洞那样的地方，也许刚刚开始栽培，也许还没有栽培只有管理。我想这个时候的稻子，在人的食物的构成里面不会占重要的地位。

第二个阶段是确立期，就是像彭头山文化那样的一个阶段，公元前 7000 ~ 前

5000 年。那时已经是有大量的稻谷出来了。

第三个阶段是发展期，相当于屈家岭文化、石家河文化这个阶段，也包括河姆渡。这个阶段农田已经出来了。我这里加一句，旱作农业不一定要把地块整平，因为它不一定要浇水。稻作农业比较麻烦，一定要做成田块，里面要整平，因为要装水，那是水稻嘛。水多了不行，不然把稻秧给淹死了；水少了不行，否则把秧苗旱死了。所以它必须有田块，周围有田埂，把水装起来。水多了要排掉，水少了要浇灌，这是稻作农业比旱作农业麻烦的地方。在属于彭头山文化的八十垱遗址已经发现有田块的萌芽。稍微晚一点，就有好几个地方发现了田块。例如江苏吴县的草鞋山、湖南澧县的城头山等处都有。最近在河姆渡旁边又有一个遗址，叫作田螺山，现在还在继续发掘。据探测在它的周围发现有大片的稻田，只是确切的年代还没有测出来。

第四个阶段是扩展期，扩展到哪里去？三个方向，东北、东南和西南。东北最后传到了朝鲜和日本。现在朝鲜半岛和日本的农业还是以种植水稻为主。关键是怎么传过去的，什么时候传过去的。根据稻作农业出现的早晚可以清楚地画出一条路线，那就是从长江流域到华北，到山东半岛，通过长岛到辽东半岛，过鸭绿江到朝鲜半岛，再到日本的九州，从九州到日本的本州，这条路线非常清楚。但是在学术界有不同看法，特别在日本的学术界是如此。日本我去过十几次了，差不多大部分是因为要讲稻作农业的起源、发展和传播的问题，跟日本一些学者讨论。刚才我讲的那个渡部忠世先生，他是主张山地起源说的，在那么多考古发现面前，日本学者现在大都认为是长江起源了。但是有个传播路线的问题，怎么传播啊，大部分日本学者主张从长江口过去，因为这是最近的一条路，也最接近稻作农业起源的中心。还有所谓南线说，就是从华南通过台湾、琉球群岛到日本的九州和本州，这一说与事实相差太远，已经没有多少人相信了。我提出来的路线他们觉得有道理，但是说不一定要通过辽东半岛，可不可以从山东半岛渡海到朝鲜半岛或直接到日本。我说我之所以提出那么一条路线，首先是根据稻作农业最早出现的年代来排比的。山东半岛的一些遗址是我亲自主持发掘的，在栖霞县杨家圈的红烧土中发现了稻谷遗存，属于龙山文化，大约是公元前 2000 多年。在辽东半岛的大连，也发现陶罐里有稻子，是公元前 1000 多年，朝鲜半岛跟日本九州都没有超过公元前 1000 年的稻谷。这条路线很顺嘛，避免了海上的大风大浪。后来日本的遣唐使，或者中国派到日本去的人物，基本上也走的是这条路。因为这都是在陆路或者岸边上走，比较方便。从山东半岛到辽东半岛中间有一个长岛，过去叫庙岛群岛。我们北京大学的考古队在那里也做过考古工作。在辽东半岛可以发现山东半岛的东西，山东半岛没有辽东半岛的东西，这就是说当时文化传播的路线是从南往北而不是相反。辽东半岛跟鸭绿江口，有很多文化遗物相像，可是鸭绿江口的文化跟山东半岛的很不相同。从鸭绿江口到朝鲜半岛，也是一个跟一个相像。但是把朝鲜的跟辽东半岛比又不像了。根据这种情况，我提出一个叫接力棒式的传播路线。为什么要采取接力棒的方式？因为农业不是某种器物，器物可以传很远，直接或间接都可以。稻作农业它是一个文化，不是大米，不是稻谷。农业文化需要有农业知识，要知道怎么样育种，怎么样栽培，怎么样管理和收割，怎么样加工，有一系列的问题。这是个文化，这种文化不可能直接传到一个自己根本不知道的人群那里。你比如说当时在长江口的人即使有驾驭海船的能力，怎么会想到茫茫大海的东边有一个日本？就说有那么几个人因为风浪漂流到了日本，已经是九死一生，哪里还有能力传播农业那一套技术？再说语言又不通，日本的原住民会觉得那是哪来的怪物，不把他打死就算侥幸，怎么能让他来传授稻作农业呢。这个接力棒就好办，我跟你是邻居，我怎么种的稻谷，种稻谷有什么好处你都知道嘛，那就一站一站地传过去。这是最有可能的一种方式。

第二条路线是东南，首先扩展到华南，从华南传播到东南亚，有些问题还不太清楚，我就不详细讲了。

第三条路线是西南，从四川到云南。有些农学家说云南是起源地，恰恰相反，稻作农业是从长江传播到云南的。当然到了云南还可以接着传到缅甸等地，这部分现在也还缺乏研究。

在中国的这两种农业，到公元前四五千年这个阶段便已经形成南北两个农业体系了。我讲的农业体系不是单讲某种作物，还有相关的一些方面。北方就是以种植两种小米为主，还种植大豆和少量的水稻，后来又从西方引进了小麦、大麦，还有桑、麻等经济作物。现在中国北方主要种麦，在史前和先秦时期主要种粟和黍两种小米。大家可能读过《诗经》，里面就有很多地方讲黍、稷，黍就是现在的黍；稷，有人说是另外一种黍，有人说就是粟。《诗经》里面也有别的作物的名称，但是不占主要的地位。直到汉代以后，小麦才在中国的北方大量繁殖起来。

农业体系不但包括不同的作物，还包括家畜，华北的农业体系就是以猪为主的家畜，稍晚有牛和羊。作为体系还包括耕作制度、农业工具等，这样总体构成一个农业体系。所以我们就提出来在黄河流域，或者说是中国的北方地区出现了一个以种植粟和黍为主要农作物的旱地农业体系。在中国的南方，也就是长江流域呢，差不多同时也形成了以稻作农业为主的一个农业体系。这个农业体系的家畜也是以猪为主，但是同时有水牛，当然耕作制度和农业工具等也不太一样。这两个农业体系的形成对中国来讲极为重要。为什么？它们不像西亚的小麦、大麦，都种在一块，我们完全是两块地方。两块地方又紧挨着，北方歉收了，旱地农业歉收了，可以有南方的水田农业作补充，水田农业歉收了旱地农业可以作补充。而且它们这两个农业体系涵盖的地方非常大，你们翻一下地图就知道了。比两河流域的伊拉克不知道要大多少倍，比埃及的尼罗河流域也大好多倍，比古印度那块地方也大好多倍。一个是地盘大，一个是两种农业相互补充，这样会起什么作用呢？地盘大就有一个宽广的基础，而中国周围都还是采集狩猎经济，没有强势的文化，这个核心地区就稳稳当当。西方的那个农业体系发展出来的几个文明中心，尽管发展到了很高的水平，因为地盘小，经济单一，就比较脆弱。一遇到外族入侵，很容易就把它打垮了。所以不管是两河流域的文明也好，古埃及文明或古印度文明也好，都中断了，没有继续发展下来。现在的埃及人不是古埃及人的后裔，现在的印度人也不是古印度人的后裔，两河流域也一样。只有中国的古文明没有中断，这是中国文明的一大特点。我们现在看甲骨文，即使没有学过，只要有人稍微指点一下，就可以认识若干字，可以按照现在汉字的发音来读，念给你听的时候，你会大体知道它是什么意思。如果是古埃及文或者两河流域的楔形文字就完全不行，要想别的办法，还不一定很准确。这是中华文明的一大特色，这个特色的形成就与她所在的环境，和在这种环境下产生的有广大基础的两个农业体系有关。这两个体系像双子星座似的，拧在一起，有非常大的能量。

最后我要强调的是，农业起源是个大问题，我们现在还在研究，以后也要继续研究。现在仍有很多问题，还有很多地方不太清楚。

第一个是新石器时代早期的遗存至今发现很少，北方更少，你要把农业的起源，把最初的根弄清楚，这一部分工作还得做。你想一想，我挖仙人洞挖了半天，一个稻子都没找到，找到个硅酸体，玉蟾岩也只发现几粒稻子。这都是世界顶尖的农业考古学家跟我们合作做的，不容易啊。可见要把农业起源问题真正说清楚，还有很多工作要做。

第二个是从事考古发掘的人员，很多缺乏农业知识，有很多的农业遗存不认识，把它当作一般土扔掉了。这是一个大问题，所以在考古工作中，要大力推广农业考古的知识。现在全国基本建设的规模非常大，涉及许多考古遗址，到处都像抢救似的发掘，工作粗糙得很，大量信息都给丢掉了，非常可惜。所以我一再呼吁，重要的考古遗址要坚决保护，跟基本建设相关的考古工作，也要仔细做，否则这个损失没法弥补。

第三个是我们对农具的研究不够，常常是根据形状说话，看遗物像现在的铲子，就说是铲子，像现在的镰刀就说是镰刀。实际上农具的研究，应该根据它的使用痕迹来做实验研究。比如说镰刀，割过谷物的，谷物里面有硅酸体，在镰刀上就会留下硅质光泽，可以判定它是割了谷物，还是没割谷物。又比如石铲，一般都认为是翻地的农具，其实并不尽然。铲子当然是可以翻地，不是也可以挖坑、挖沟、挖别的东西嘛，一定是翻地的吗？那么翻地有什么特点，什么时候开始翻地，需要研究。翻过的地跟没翻过的地，在土壤的结构上是不一样的。这个工作，我们也没怎么做。

还有一个就是有些农学家对野生祖本的研究不够，比如说稻属植物一共有20种，只有一种野生稻，叫作普通野生稻，是栽培稻的野生祖本。但是对这个普通野生稻的研究非常不够。我们知道栽培稻有粳稻、籼稻两大类。过去的农学家认为粳稻是籼稻变来的，只有周拾禄先生持不同观点。现在的研究认为野生稻就分粳性和籼性，还有偏粳和偏籼的，现在又引进了基因的研究，DNA 的研究，越来越深入。考古发现的栽培稻就有一点麻烦，基因一般都保留不了。只有像河姆渡那种特殊的情况下才可能保留，那里有些稻谷挖出来好像新鲜的样子，这种情况极少见到。以后找到这样的遗址的时候，要加以保护，否则这一项研究就无法进行。

以上只是粗略地反映了我们现在的研究成果，还有许多需要继续努力的方面，但是基本的轮廓已经画出来了。中国的农业，从它的起源起，就已经在世界上占有重要的地位。现在中国的农业，仍然在全世界占有极为重要的地位。很有意思的是，现在我们的"水稻之父"袁隆平，也是在农业起源地湖南成长起来的著名农学家，他把水稻的研究推进到了一个高峰，为千百万人民造福！

（原载《耕耘记——流水年华》，文物出版社，2021 年）

中国农业起源的考古研究

中国是世界少有的农业大国，农业的历史非常悠久。在中国古代典籍中就保存有不少关于农业起源的神话和传说，把发明农业的人尊为神农或稷神。流传于民间的关于农业起源的神话内容更为丰富[1]。不论是古代的还是流传至今的各种神话和传说，都认为农业是本地起源的，没有从外界传入的说法，说明中国有可能是农业起源的重要地区。农学家们也很早就注意到这一点。例如瑞士植物学家德康多尔在 1882 年发表的《栽培作物的起源》一书中，就提出中国是栽培稻的起源中心，而苏联植物学家和农学家瓦维洛夫根据植物分类学和遗传进化的理论，认为凡是集中分布一个物种的大量显性基因的地区，就可能是它的起源中心。全世界有八个起源中心，中国被排在第一位。据他统计，在全世界 666 种栽培植物中，起源于中国的就有 136 种之多。他说："人们认为这是世界栽培植物最早和最大的独立起源中心，它包括中国中部和西部山岭地区及其毗邻的草原。"[2]不过在主要的谷类作物中，他虽然正确地判断中国是粟的起源中心，却认为栽培稻起源于印度，中国稻是从印度传入的。中国著名农学家丁颖不同意这种说法，他根据普通野生稻的分布情况及其与栽培稻的亲缘关系，认为中国南部是稻作农业的起源中心[3]。类似的说法还有一些。传说固然可能反映一定的历史内容，但毕竟不是确实的历史记载；而农学家的假说也需要有考古发现的古代遗存的证实。因此，探寻最古的农业遗存以阐明中国农业起源的重任，就历史地落在了考古学家的肩上。

早在 1921 年，由当时北洋政府聘请的瑞典地质学家安特生率领的地质调查所的工作人员发掘河南省渑池县仰韶村遗址时，就曾经发现在一块粗陶片上印有稻

〔1〕 姜彬：《稻作文化与江南民俗》，上海文艺出版社，1996 年。

〔2〕 N. I. Vavilov, 1949 – 1950. The Origin, Variation, Immunity and Breedings of Cultivated Plants. *Chronica Botanica*, 13（1 – 6）.

〔3〕 丁颖：《中国栽培稻种的起源及其演变》，《农业学报》1957 年第 3 期。

壳的痕迹，有人据此以为仰韶文化时期的黄河流域就已经有了稻作农业[1]。由于仰韶村的文化遗存并不单纯，那块陶片的年代难以确定，所以不少人怀疑那个稻壳痕迹是不是属于仰韶文化。不过我们细检仰韶村的发掘资料，虽然可以细分为几个文化期，但除了两块西周陶鬲的碎片以外，其余所有的文化遗存仍然不出仰韶文化和中原龙山文化的年代范围[2]。所以那个稻壳痕迹仍可视为史前稻作农业的一个证据。更何况在同一遗址中还发现有大量收割谷物的石刀和陶刀，证明那时确实已经有了比较发达的农业。在此之后，在一些新石器时代的遗址中也发现了类似的证迹，例如1933年董光忠在山西万荣县荆村仰韶文化遗址中发现了粟的皮壳，据说在内蒙古赤峰蜘蛛山也发现过粟的痕迹，安志敏曾经据以对中国史前的农业进行了初步的探讨[3]。

从20世纪50年代起，在中国境内陆续发现了更多的史前农作物遗存。在长江流域，江苏省文物管理委员会于1954年在无锡仙蠡墩下层相当于崧泽文化的地层中发现了成堆的稻壳。1955年，在湖北省京山屈家岭、天门石家河和武昌洪山放鹰台发现了属于屈家岭—石家河文化的稻谷遗存，经过鉴定属于粳稻[4]，从而引起了学术界的极大注意。此后在湖北京山朱家咀、郧县青龙泉，江西修水跑马岭，安徽肥东大陈墩，江苏南京庙山，浙江吴兴钱山漾、杭州水田畈和上海青浦崧泽等处都陆续发现了稻谷或稻谷壳遗存，证明史前时期在长江流域曾经广泛地种植水稻。

在黄河流域，中国科学院考古研究所1954～1957年对西安半坡仰韶文化遗址进行大规模发掘时，在属于早期的152号墓葬中，有两个陶钵盛放着粟粒，在38号房址东北角的小窖穴中发现有粟粒腐灰堆积，在同一座房子内的一个小陶罐中盛放着白菜或芥菜籽；在属于晚期的115号窖穴中则盛放了大量粮食腐朽后形成的壳灰，厚达18厘米，经鉴定为粟[5]。这是一项重要的发现，因为年代清楚，地层确切，数量又多，从而引起了学术界的普遍关注。此后在陕西宝鸡北首岭、彬县下孟村、临潼姜寨，河南洛阳王湾、临汝大张、郑州林山砦和甘肃临夏马家湾等地又陆续发现了许多粟或黍的遗存，证明史前时期的黄河流域确实已经比较普遍地种植粟、黍等旱地作物。

〔1〕 J. G. Andersson, 1934. *Children of the Yellow Earth*, London, p. 335.
〔2〕 严文明：《从王湾看仰韶村》，《仰韶文化研究》，文物出版社，1989年。
〔3〕 安志敏：《中国史前时期之农业》，《燕京社会科学》1949年第2期。
〔4〕 丁颖：《江汉平原新石器时代红烧土中的稻谷壳考查》，《考古学报》1959年第4期。
〔5〕 中国科学院考古研究所、陕西省西安半坡博物馆：《西安半坡》，文物出版社，1963年。

　　上述发现说明在史前时期，中国就已经存在着两大农业区，分别代表了两个农业体系。即以黄河流域为主的旱地农业区，初步形成了以种植粟、黍为主的农业体系；以长江流域为主的水田农业区也初步形成了以种植水稻为主的农业体系。这个情况事实上已经相当清楚地预示两个农业区可能就是两种农业的起源地区。

　　进入 20 世纪 70 年代以后，关于中国农业起源的考古学探索有了突破性的进展。1976～1978 年发掘河北省武安县一处早于仰韶文化的磁山遗址时，发现了舌形石铲、石镰、有足石磨盘和石磨棒等极富特色的成套农具，还有数以百计的储藏粮食的窖穴。许多窖穴中还遗留有大量腐朽了的粮食或粮食朽灰，用灰象法鉴定得知是粟。佟伟华曾经根据其容积换算，得知原本储藏 138200 余斤粟[1]，这是一个很大的数目。要知道那些没有发现粮食朽灰的窖穴也可能是存放过粮食的，其数目比有粮食朽灰的窖穴要多几倍。如果考虑到遗址的大部分尚未发掘，那里应该还有更多的窖穴，那数目就更加大得惊人了。当然这只是一种算法，实际的情况可能要复杂得多。首先，这么多窖穴并不是同时期挖成和使用的，先挖的坏了或里面的粮食霉烂了，就会再挖新的窖穴，这样一次一次地增加，看起来很多，实际上在同一时期使用的并不一定很多。其次，有些窖穴的底部摆放有整只的猪或狗的骨架，上面堆了许多粮食朽灰。有人说是祭祀坑，不是储藏粮食的窖穴。我看上面堆放的粮食朽灰原本不见得是粮食而可能是加工粮食后剩下的谷壳。没有放猪狗的窖穴中发现的粮食朽灰，其中有一部分可能原本只是谷糠，否则那么多粮食烂在窖穴里也是令人费解的。不论怎样，磁山遗址的发现表明，当时的粟作农业已经有相当的规模，已经进入锄耕农业阶段，是没有问题的。

　　磁山的发现并不是孤立的。1978 年和 1982 年先后发掘河南新郑裴李岗与沙窝李遗址时，都发现了炭化的小米颗粒。发掘者认为像粟或可能是粟，后来裴李岗的经李璠鉴定是黍[2]。这两个遗址的文化特征与磁山有许多相同之处，同时又有明显的差异。有的学者将它们归纳为一个考古学文化，称为磁山文化或磁山·裴李岗文化。有的学者则分别称为磁山文化和裴李岗文化。年代大约都在公元前 6500～前 5000 年。

　　现知磁山文化主要分布在河北省南部，裴李岗文化则分布在河南省除豫东以外的大部分地区，发现的遗址总数已经接近 100 处。在裴李岗文化的遗址中虽然还没有发现像磁山那样数量巨大的粮食遗存，但从出土的农具来看则大同小异，裴李岗甚至比磁山还发达一些。例如裴李岗文化的石镰几乎都有刻齿，做工比磁

---

　　〔1〕　佟伟华：《磁山遗址的原始农业遗存及其相关的问题》，《农业考古》1984 年第 1 期。

　　〔2〕　李璠：《中国栽培植物发展史》，科学出版社，1984 年，62 页。

山的更加讲究，数量也多一些。磁山和裴李岗的石铲数量都很多，打制、磨制和打磨兼制的都有。这种工具除了用于挖窖穴和建房屋等掘土工程外，不排除还可能用于翻地作业。磁山·裴李岗文化的谷物加工工具是非常发达的。磁山遗址和裴李岗遗址出土的石磨盘都达到 50 多件，如果加上残破的碎块数量就更多了。这种磨盘一般为靴底形，底部有四个靴钉状足（个别的只有三足或无足）。磁山的一般长 50~60 厘米，大的长 70 余厘米；裴李岗的更大，一般长 47~78 厘米，最大的长 90 厘米。加工十分考究，通体琢制，几乎看不到一点天然石皮，盘面有明显的磨谷痕迹。石磨棒数量更多，原本是圆柱形，由于长期研磨，形成中间细两头粗的样子。中间的一边多半被磨蚀得近乎平面。如此大量磨谷器的出土，说明裴李岗文化的粮食生产同样也已达到了相当高的水平，至少不会低于磁山文化。

在黄河流域，与磁山·裴李岗文化同一时期的考古学文化，还有分布于陕西和甘肃东部的老官台文化或白家文化和山东地区的后李·北辛文化。黄河流域北侧的燕辽地区则有兴隆洼文化。白家文化中业已有了成套的农具，只是制作不如磁山·裴李岗文化那样好。在甘肃秦安大地湾一期属于白家文化的 398 号灰坑的底部发现有红烧土、木炭以及少量炭化的黍和油菜籽，说明这个文化也是种黍一类旱地作物的。兴隆洼文化有比较发达的石铲等农具，与兴隆洼文化密切相关或基本上属于兴隆洼文化的辽宁沈阳新乐下层的 2 号房子内也发现有成片的炭化黍粒。估计兴隆洼文化与白家文化农业的发展水平相似。在后李·北辛文化中虽然至今没有发现农作物遗存，但从聚落形态及有较好的农具来看，也应该有比较发达的农业了。至于裴李岗文化南部边缘的河南舞阳贾湖遗址，因为已经处于淮河上游，与江汉平原比较接近，除了出土和一般裴李岗文化同样的农具外，还发现有较多的水稻遗存。那里多半是水旱兼作的农业，同现今的情况差不多。

把上述情况综合起来看，可知黄河流域及其邻近的燕辽地区，在公元前 6500~前 5000 年期间（有的地方可能早到公元前 7000 年），已经有了比较发达的旱地农业，进入了耜耕或锄耕农业的阶段，种植的谷物主要是粟和黍，有的地方种油菜。饲养的家畜以猪为主，还有狗，也许还有牛，家禽有鸡，已经初步形成了以粟作农业为特色的旱地农业体系。不过各地的发展是不平衡的。从聚落遗址的状况、储藏粮食的窖穴的规模以及农具的数量、类型、加工技术等方面来看，河南和河北南部的磁山·裴李岗文化显然比其他地区的发展水平要高一些，那里似乎是粟作农业的中心区域。

在如此早的年代便有如此发达的旱地农业，而且是以种植粟、黍为主，饲养家猪，明显不同于西亚以种植小麦、大麦为主和饲养绵羊、山羊的情况，理应是

另一个农业起源中心。为此黄其煦曾做了详细的论证[1]。他先分析了黄河流域
新石器时代遗址中出土谷类作物的情况，接着讨论了粟、黍等几种主要作物的起
源问题，最后分析了黄河流域自然环境的两大特点，即黄土（正确说应该是以黄
土为母质的土壤）和半干半湿的季风气候。认为这种环境最适于耐旱喜温的粟类
作物的生长，因而粟作农业理应起源于黄河流域，是黄河流域人类文化的产物。
这个说法是相当精辟的。不过他从最早种植的作物的野草性出发，推导出农业的
起源地应该在比较贫瘠的山间地带，认为只有这种小环境才是粟类作物的野生祖
本狗尾草等容易生长的地方，从而也就是人类最早种植和培育的地方。这个分析
就未免过于简单化了。事实上狗尾草和野生黍等在很多地方都能生长，并不是只
生长在比较贫瘠的山间地带。贫瘠的山间地带也还有更加有竞争力的其他野草，
不见得是狗尾草等最适宜生长的地方。更加重要的是人类总是选择生态环境比较
优越、食物资源比较丰富的地方生活，诸如山前地带、小河岸边和沼泽近旁等都
是比较理想的小环境。那里也会有狗尾草和野生黍，而且会比在贫瘠的山间生长
得好些，只是数量不一定很多。黄河流域农业发生的真正原因在于那里有漫长的
冬季，那时食物相对匮乏。当人类文化发展到一定阶段，人口增加，天然食物资
源难以满足人们的需求时，人们才会设法开辟新的食物资源。狗尾草等虽然习见，
但不见得很好吃，加工起来又特别困难。它的最大优点在于能够长期储藏以解决
冬季食物匮乏的困境。人们首先在采食过程中了解到它们的生长习性，自然会选
择可能生长得比较好的地方并且离居住地点比较近的地方开辟出来进行种植，而
不会专门选择比较贫瘠的山间地带。当然这也是一种推论，事情究竟会是怎样，
还要靠考古发现来证实。

　　要探寻农业发生时期的遗址是很难的。直到目前，在黄河流域还没有发现确
实属于新石器时代早期的遗址。磁山和裴李岗过去被定为新石器时代早期偏晚阶
段，是按照两分法，即将新石器时代划分为早晚两期的情况下提出来的。由于后
来陆续发现了一些年代更早的遗址，或者早先就已经发现而难于确证的早期遗址
陆续被识别出来，它们同磁山和裴李岗一类遗存有显著的差别，如果把二者一并
划归新石器时代早期而仅仅以偏早、偏晚来加以区别似嫌不够，所以多数人采用
了三分法，将新石器时代划分为早、中、晚三期，这样磁山和裴李岗一类遗存就
只能划归新石器时代中期了。在黄河流域早于磁山·裴李岗的文化遗存，目前仅
发现有一系列以细石器为主要特征的文化遗存，诸如陕西的"沙苑文化"和山东

〔1〕　黄其煦：《黄河流域新石器时代农耕文化中的作物——关于农业起源问题的探索》，
《农业考古》1982 年第 2 期和 1983 年第 1、2 期。

南部的"凤凰岭文化"等。这类细石器文化遗存绝大多数仅仅经过粗略的调查，捡到一些石器和石制品，只能算是石器出土地点而不是原生的文化遗址。由于地层关系不明确，与这些石器同时期还可能有什么遗存也不清楚。从石器的类型和制作技术来看，可能是代表从旧石器时代到新石器时代转变时期的一类遗存。鉴于目前的情况，从这类遗存中还无法得到农业起源的任何信息。

幸好在黄河流域偏北还发现了一些线索。1987 年和 1997 年发掘的河北徐水南庄头是一处沼泽型遗址〔1〕。远古时期白洋淀面积比现在要大些，南庄头就处在白洋淀西北岸边的低湿地带，所以遗址上有很厚的泥炭层。发掘区可能是处于居住区的边缘地带，在那里发现了一些灰沟和小灰坑，还有两处篝火堆，火堆上架着两根约 2 米长的木杆。出土的遗物中有陶片、石器和大量动物骨骼。石器中的石磨盘和石磨棒有长期使用的痕迹，无疑是加工谷物用的。现在遗址上还生长三种狗尾草，据说饥荒年代老乡还采集其中的一种食用。根据孢粉测定的结果，遗址中有不少禾本科植物，估计其中应该有不少狗尾草，因而人们有条件加以培植。动物骨骼中最多的是鹿类，可知鹿已成为主要的狩猎对象。值得注意的是还有不少猪骨和少量狗骨，周本雄认为它们都可能是家畜〔2〕。根据这些情况来推测，当时很可能已经有了初级的旱地农业，只是暂时还没有发现谷物遗存罢了。南庄头遗址的年代，根据碳－14 的测定为距今 10500 ~ 9700 年〔3〕，应当属于新石器时代早期，正好是农业起源的时期。

与南庄头年代相若的还有北京怀柔转年遗址，据碳－14 测定距今约 9800 ~ 9200 年。那里也出土了少量陶片和动物骨骼，并且有许多的石制品，数量达 15000 余件〔4〕。其中有小型打制石器和大量细石器，还有少量石磨盘、石磨棒和石容器的残片。陶片的器形大致属筒形罐和平底盂（钵）两种，与南庄头的陶器相似。石容器大概是中国北方新石器时代早中期文化的一个特点。从总体文化面貌来看，其发展水平与南庄头基本相当，但由于地理位置比较靠北，因而其生业与文化特征有所不同。大量的细石器表明其狩猎业非常发达，植物性食物的采集

〔1〕 郭瑞海、李珺：《从南庄头遗址看华北地区农业和陶器的起源》，《稻作　陶器和都市的起源》，文物出版社，2000 年。

〔2〕 周本雄：《河北省徐水县南庄头遗址的动物遗骸》，《考古》1992 年第 11 期，966、967 页。

〔3〕 原思训、陈铁梅、周昆叔：《南庄头遗址¹⁴C 年代测定与文化层孢粉分析》，《考古》1992 年第 11 期，967 ~ 970 页。

〔4〕 郁金城：《北京市新石器时代考古发现与研究》，《跋涉集》，北京图书馆出版社，1998 年，39 ~ 44 页。

可能较少，种植业的发展比较困难。虽然也出土石制容器和磨谷器，只能说明人们已经采食少量野生谷类，例如狗尾草和野生黍等，还难以证明农业已经发生。再早一些，在河北阳原泥河湾盆地的虎头梁一带曾经发现了距今约 11000 年的以大量细石器为特征的文化遗存，同出的动物骨骼有鸵鸟、鼠类、狼、野驴、野马、野猪、鹿、牛、黄羊和贝壳等，其中有的已成为化石。出土了一些用贝壳、鸟骨或鸵鸟蛋壳制作的装饰品。遗址中还发现了若干烧火堆或烧火坑，还有几块陶片，是我国北方年代最早的陶片了。发掘者将其划归旧石器时代晚期[1]，但从总体文化面貌来看，毋宁归入从旧石器时代向新石器时代过渡的时期。这里没有任何农业的痕迹，可能是这时还没有产生农业。也可能刚刚产生农业，因为泥河湾一带气候比较干燥寒冷，不在农业起源的范围之内。要之，从现在不多的资料来看，中国北方的旱地农业可能发生在一万年以前，中心区当在燕山以南、太行山以东的山前地带，以及黄河的主要支流渭河、汾河和伊洛河的河谷阶地。这是今后需要重点考察的地区。

关于稻作农业起源的探索比旱地农业要顺利得多，而且进展十分迅速，大致是每 10 年上一个新台阶。20 世纪 50 年代在屈家岭文化和长江下游的一些遗址中首次发现了稻作遗存已于前述，知道在公元前 3000 年长江流域已经有水稻生产；60 年代在崧泽文化和大溪文化的遗址中发现了稻谷和稻壳等遗存，把水稻生产的年代推到了公元前 4000 年左右；70 年代发现了河姆渡遗址，那里的稻作农业遗存之丰富简直令人吃惊，年代之早达到了公元前 5000 年；80 年代先后在城背溪文化和彭头山文化中发现了稻谷遗存，一下子把稻作农业发生的年代又提早了 1000 多年。到了 90 年代，不但在河南贾湖发现了和彭头山文化同样早的稻作遗存，把早期稻作农业的边界向北延伸了将近 3 个纬度；而且几乎同时在湖南玉蟾岩和江西吊桶环发现了超过公元前 1 万年的稻谷或稻谷的植物硅酸体，真正是追到源头了。在这个过程中，关于稻作农业起源的理论也有了重要的发展，受到学术界广泛关注。

河姆渡遗址位于浙江省东北部的余姚县境，在杭州湾南岸，依山傍水，以干栏式建筑为特色。遗址面积约 4 万平方米，1973 年至 1978 年共进行了两次发掘，揭露面积 2630 平方米，发现了大量的稻谷遗存。仅第一次发掘的第 4 文化层中，就有约 400 平方米的稻谷、稻壳和稻草堆积，厚度从 10～20 厘米至 30～40 厘米不

---

[1]　盖培、卫奇：《虎头梁旧石器时代晚期遗址的发现》，《古脊椎动物与古人类》1977年第 15 卷第 4 期。

等，其数量是十分惊人的〔1〕。同出的还有大量专门用于稻田整治的农具，仅骨
锹就有 100 多把。一些陶器上刻画大兜黄熟的稻谷，稻穗低垂，旁边有猪在觅食，
一幅丰收的景象。说明稻谷生产在当时人们的生活中占有十分重要的地位。河姆
渡遗址的稻谷经过多次鉴定，游修龄根据粒形偏长、内外颖上纵脉明显隆起、颖
壳上的稃毛均匀整齐等特点，确定为栽培稻的籼亚种中的晚稻型水稻〔2〕；周季
维统计了河姆渡遗址几个探方中粒度比较完整的稻谷，同样从形态上观察，认为
籼稻占 60.32% ~ 74.59%，粳稻占 20.59% ~ 39.68%，另外有 3.60% ~ 4.41% 的
中间类型〔3〕；张文绪等对河姆渡遗址中 3 粒一般认为属于籼稻的细长形稻谷的双
峰乳突进行了扫描电镜观察，全部属于钝型，即属于粳稻的范围。他们认为这种
情况表明河姆渡稻谷正处在籼粳两向分化的十字路口〔4〕。郑云飞等从河姆渡遗
址的稻叶堆积物和土壤标本中检测水稻硅酸体，结果如下（表一）〔5〕。

表一　河姆渡遗址水稻硅酸体检测

	α 型（%）	β 型（%）	中间型（%）	尖度
稻叶堆积物	22.6	73.1	4.3	0.85
土壤标本	21.6	74.4	4.0	0.86

　　表一中 α 型表示籼稻，β 型表示粳稻，其比例正好与周季维依据稻谷形态统
计所得结果相反。由此可见对史前栽培稻亚种的鉴定方法还有待于改进和完善。
不管怎样，河姆渡遗址稻作农业遗存的发现，证明在公元前 5000 年左右长江下游
已经有相当发达的稻作农业。联系到长江流域其他史前遗址稻作遗存的发现，同
别的地方相比不但数量多，年代也早，显然是稻作农业的重要起源地，我曾据此
提出长江流域起源说〔6〕，得到学术界的广泛认同。
　　河姆渡遗址的稻谷遗存发现之后，寻找更早农业遗存的努力受到学术界的普

　　〔1〕　浙江省文物管理委员会、浙江省博物馆：《河姆渡遗址第一期发掘报告》，《考古学
报》1978 年第 1 期。
　　〔2〕　游修龄：《对河姆渡遗址第四文化层出土稻谷和骨耜的几点看法》，《文物》1976 年
第 8 期。
　　〔3〕　周季维：《长江中下游出土古稻考察报告》，《云南农业科技》1981 年第 6 期。
　　〔4〕　张文绪、汤圣祥、刘军：《水稻品种和河姆渡出土稻谷外稃乳突的扫描电镜观察》，
《河姆渡文化研究》，杭州大学出版社，1998 年，47 ~ 56 页。
　　〔5〕　郑云飞、游修龄、徐建民等：《河姆渡遗址稻的硅酸体分析》，《浙江农业大学学报》
1994 年第 1 期。
　　〔6〕　严文明：《中国稻作农业的起源》，《农业考古》1982 年第 1、2 期。

遍关注。1983 年，北京大学考古实习队与湖北省博物馆合作，在宜昌以东的长江沿岸进行考古调查与试掘，发现了一种早于大溪文化的新石器时代文化，并被命名为城背溪文化。在这个文化的陶片中发现有稻壳或稻壳的碎屑，这在当时是长江中游发现的最早的稻作农业遗存[1]。由于城背溪文化的资料很少，至今还没有正式发表，在学术界并没有引起很大的注意。1988 年，湖南省文物考古研究所发掘了澧县彭头山遗址，发现在红烧土和陶片中夹杂有稻壳或稻壳的碎屑；之后在附近的同类遗址中也发现有稻作遗存，并且经过正式鉴定，因而确知彭头山文化时期已经有稻作农业[2]。现在知道城背溪文化和彭头山文化实际上是一个考古学文化的两个地方类型，只是彭头山类型的遗址比较多，文化堆积比较丰富，开始的年代也比较早，所以比较具有代表性。关于彭头山文化的年代，根据北京大学考古学系碳十四实验室的测定和必要的调整，大致为公元前 7000 ~ 前 5500 年[3]。在此以后，在距离彭头山不远的澧县八十垱发现了数以万粒计的稻谷和稻米。这些稻谷和稻米保存十分完好，有些谷粒还略呈黄色，甚至还带着芒[4]。根据张文绪的测量分析与扫描电镜观察，确定为栽培稻，并且认为是一种正在分化的倾籼小粒形原始古稻，建议定名为"八十垱古栽培稻"[5]。八十垱遗址还出土了一些木制农具，这些发现使得我们对彭头山文化稻作农业的发展水平有了比较清楚的认识。

与城背溪文化和彭头山文化发现稻作遗存的同时，河南省文物考古研究所于 1983 ~ 1987 年对舞阳贾湖遗址进行了大规模的发掘，发现了十分丰富的裴李岗文化遗存。虽然发掘时没有注意是否有稻作遗存，但是在后来对土样标本进行浮选和植硅石分析时却发现了大量炭化米和水稻植硅石遗存[6]。研究结果表明，贾湖的炭化米是曾经加工过的可以直接煮饭的精米，从粒形分析有籼稻、粳稻、中间型稻和野生稻，并且有逐渐向粳稻转化的趋势。对部分标本（包括一期的标本 Jh2、二期的标本 Jh3 和三期的标本 Jh6 与 Jh9 合在一起）进行植硅石分析的结果

---

〔1〕 严文明：《再论稻作农业的起源》，《史前考古论集》，科学出版社，1998 年，392 页。

〔2〕 裴安平：《彭头山文化的稻作遗存与中国史前稻作农业》，《农业考古》1989 年第 2 期。

〔3〕 严文明：《中国史前稻作农业遗存的新发现》，《江汉考古》1990 年第 3 期。

〔4〕 湖南省文物考古研究所：《湖南澧县梦溪八十垱新石器时代早期遗址发掘简报》，《文物》1996 年第 12 期。

〔5〕 张文绪、裴安平：《澧县梦溪八十垱出土稻谷的研究》，《文物》1997 年第 1 期。

〔6〕 河南省文物考古研究所：《舞阳贾湖》，科学出版社，1999 年，462、463、883 ~ 896 页。

表明，α 型即籼稻占 22%，β 型即粳稻占 49%，过渡型稻占 29%。考虑到贾湖纬度偏高，已达北纬 33°36′，又处在全新世早期之末，气温比现在还要低些，恐怕野生稻难以生长。所以单是根据炭化米的粒形判断贾湖有野生稻，显得证据不够充分有力。

贾湖遗址年代，经过碳－14 测定大约为公元前 7000 ~ 前 5800 年，基本上与彭头山文化相当。文化性质则基本上属于裴李岗文化，这个文化的经济主要是旱作农业，种植粟和黍，有一套规范化的农具，就是翻地用的舌形石铲、收割用的齿刃石镰、加工谷物用的有足石磨盘和石磨棒。贾湖遗址也出土那样规范化的典型农具，却是种植水稻。这主要是因为它在裴李岗文化中位置偏南，距城背溪文化和彭头山文化不太远，比较容易接受那里稻作农业的经验。同时贾湖所在的位置是在淮河上游，适当沙河、灰河和北汝河交汇之处，泥沼发育，水源充足，比较适于种植水稻。如果认为贾湖的发现证明淮河流域也是稻作农业的起源地区，从气候条件和野生稻生长习性来看可能性是不大的。

鉴于彭头山文化乃至贾湖的稻作农业已经有一定规模，稻谷的形态也不像是刚刚栽培驯化的样子，因此稻作农业的起源还应该向更早的年代追寻。1993 ~ 1995 年，北京大学考古学系、江西省文物考古研究所和以著名农业考古学家马尼士（Richard S. Macneish）为首的美国安德沃基金会组成的中美农业考古队，对江西万年仙人洞和吊桶环进行了试掘，采集了近 40 个用于植硅石分析的样品。经过测试发现相当于旧石器时代晚期的地层中有极少量的野生稻植硅石，较晚的吊桶环 E ~ D 层和仙人洞 3C1a ~ 3B1，2 层除野生稻外开始出现栽培稻植硅石，年代大致为公元前 12000 ~ 前 7000 年。到相当于新石器时代中期的地层中，栽培稻植硅石已占稻属植硅石的 55% 以上[1]。不过通过植硅石来鉴定栽培稻和野生稻并不是一种毫无争议的方法，所以仙人洞和吊桶环的发现只能是提供一个追寻更早稻作农业的线索或可能性。所幸在同一时期由湖南省文物考古研究所发掘的道县玉蟾岩不但发现了年代最早的陶器，同时也发现了最早的稻谷[2]。1993 年发现的两粒稻壳已经炭化呈黑色；1995 年发现的两粒稻谷因为出于黄白色的钙质胶结层中而呈黄灰色。据张文绪研究，玉蟾岩稻谷的粒长与普通野生稻相似，粒宽略偏于粳稻，长宽比值处于籼稻变域的上限，稃毛长度在普通野生稻与籼稻之间，外稃

---

〔1〕 张弛：《江西万年早期陶器和稻属植硅石遗存》，《稻作　陶器和都市的起源》，文物出版社，2000 年，43 ~ 49 页。

〔2〕 袁家荣：《湖南道县玉蟾岩 1 万年以前的稻谷和陶器》，《稻作　陶器和都市的起源》，文物出版社，2000 年，31 ~ 41 页。

顶端无芒则与普通野生稻相区别，双峰乳突的形状及各项指标又与粳稻相似。因此他认为玉蟾岩的稻谷是兼有野、籼、粳综合特征的从普通野生稻向栽培稻演化初期的最原始的古栽培稻类型。玉蟾岩的年代，据北京大学考古学系碳十四实验室用陶片中的腐殖酸测量为公元前 10270±120 年，用木炭测量为公元前 12440±230 年。与吊桶环和仙人洞的年代接近，因而可以反证那两个遗址的发现也不是没有意义的。

玉蟾岩、吊桶环和仙人洞稻谷或稻属植硅石的发现，终于把稻作农业起源的探索追到了源头。这几个地点都是洞穴或岩厦遗址，依山傍水，山林和泽地的动植物资源都比较丰富，出土动物骨骼数量和种类之多说明狩猎和捕捞是很发达的，植物性食物因不易保存而发现不多，但是可以想见采集经济还是比较发达的。水稻的种植刚刚开始，在经济生活中还只占很小的比重，多少可以弥补冬季食物的短缺。这正是稻作农业产生的原因和初期应有的状态。

通过将近半个世纪的不懈努力，中国史前稻作农业的起源和发展阶段已经逐步明朗起来了。我在 1993 年曾经将中国史前稻作农业的发展划分为耕前期、耜耕期和犁耕期[1]。1998 年 3 月我在日本的一次讲话中，进一步将中国史前稻作农业的发展分为五期[2]，内容如下。

（1）萌芽期：相当于中石器时代和新石器时代早期，绝对年代约在公元前 12000～前 7000 年。这期间因为气候还比较寒冷，野生稻分布的纬度偏低，所以稻作农业只能在长江流域偏南的地方发生。尽管还在萌芽状态，但是意义重大，开辟了人类历史的新纪元。

（2）确立期：相当于新石器时代中期，年代约为公元前 7000～前 5000 年。如果说萌芽期的稻作农业还很不稳定，那么这时的稻作农业就已经得到初步的发展，成为整个经济不可或缺的重要组成部分。发现稻作遗存的遗址显著增加，分布区扩大，并且明显地向北推进。中心区在长江中下游，北界已达淮河流域和秦岭南侧。

（3）发展期：相当于新石器时代晚期，年代约为公元前 5000～前 3000 年。此时稻作农业有显著发展，分布区进一步扩大，中心区仍然在长江中下游，北界则扩大到黄河流域。出现了成套的专门用于水稻生产的农具，在湖南澧县城头山和

〔1〕 严文明：《中国史前的稻作农业》，《周秦文化研究》，陕西人民出版社，1998 年，23～35 页。

〔2〕 严文明：《中国稻作农业和陶器的起源》，《农业发生与文明起源》，科学出版社，2000 年，24～28 页。

江苏吴县草鞋山都发现了稻田遗迹。稻米生产已经成为人们食物的主要来源,有些地方还兼种粟、大豆、薏苡、大麻、葫芦和豆角等,同时饲养猪、水牛、羊、狗、鸡等家畜和家禽。一个以稻米生产为主要内容的农业体系已经初步形成。

(4)兴盛期:相当于铜石并用时代,年代约为公元前3000~前2000年。稻作农业进一步发展,分布区继续扩大到长江上游和华南地区,中心区仍然在长江中下游。在良渚文化中已经使用石犁、破土器、耘田器、石镰等成套的稻作农具,显著地提高了生产效率。这时在许多地方兴建了环壕土城等大规模土建工程,玉器、漆器、铜器和丝绸等高档手工业也发展起来。这些都是在稻作农业充分发展的基础上才可能达到的。

(5)远播期:相当于青铜时代早中期,年代约为公元前2000~前1000年。稻作农业在核心地区继续发展,同时又向东南、西南和东北传播。东南传到福建、台湾;西南传到云南,也许进一步传到了东南亚;东北则通过辽宁继续传播到朝鲜半岛和日本,大大促进了当地经济文化的发展。

为什么稻作农业首先发生在长江流域偏南,而后转以长江中下游为中心继续向北发展,最后才向华南以及东南、西南和东北伸展呢?因为栽培稻的直接祖本普通野生稻主要分布在印度、东南亚和华南地区,那里大部分属于热带,长夏无冬,食物资源丰富,在史前时期没有季节性食物匮乏的压力。长江流域四季分明,冬季的食物资源相对短缺。那里是普通野生稻生长的边缘地带,人们知道稻米不但可食而且还可以长期储藏,在一定程度上可以解决冬季食物不足的困难。当地野生稻虽然稀少,但是人工繁殖并不困难。这就是为什么长江流域反而会成为稻作农业起源地的基本原因,我把它概括为稻作农业起源的边缘理论[1]。

普通野生稻的生长习性是喜欢水生开阳的环境,所以多生长在热带多雨的地区。现代中国普通野生稻分布的北界大约在北纬24°,再往北就只有零星的分布。可是稻作农业起源的时期是大冰期过去不久的全新世早期,气候比现在寒冷,野生稻分布的北界应该比现在还要偏南,所以我想稻作农业的起源应该在长江流域偏南。以后气候逐渐回暖,稻作农业的中心就会转移到最适于水稻生长的长江中下游地带,并且逐渐向其他地区扩展。其所以首先往北扩展,还是因为北方文化发达,人口较多,冬季食粮短缺。相反华南就不存在这样的问题,所以迟迟没有发展农业。但是纬度越高,气温越低,降水量也不充足,不利于扩大水稻生产。所以黄河流域一直以旱地农业为主,稻作农业仅仅局限在水利条件较好的地方,

---

〔1〕 严文明:《中国史前的稻作农业》,《周秦文化研究》,陕西人民出版社,1998年,25~27页。

例如贾湖就是如此。直到现在，长江流域还是稻米生产最重要的地方，从全国来说是如此，从全世界来说也是如此。

　　前面的叙述已经清楚地说明了，中国在史前时期存在着两个农业起源中心，即华北黄河流域的旱地粟作农业起源中心和华中长江流域的水田稻作农业起源中心。后来在这两个起源中心的基础上逐渐形成两大农业区和两个农业体系。华北农业区以旱地农业为主，种植粟、黍和少量稻谷，也许还有大豆，经济作物则有油菜和大麻等。饲养的家畜家禽有猪、狗、牛、羊和鸡。农具主要有石铲、石刀、石镰、石磨盘和石磨棒。耕作制度难以了解。《诗·小雅·采芑》："薄言采芑，于彼新田，于此菑亩。"《周颂·臣工》："嗟嗟保介，维莫之春；亦又何求，如何新畲？"这里面的菑、新、畲三个字，据《毛传》说："田一岁曰菑，二岁曰新田，三岁曰畲。"那大概是一种休闲轮作的制度。史前时期不会施肥，连续种植会使地力递减，很可能也是用休闲轮作的制度。凡此种种，已经初步形成了一个以粟作为主的旱地农业体系。华中农业区以水田农业为主，种植稻，缺水的地方也种粟，有的地方种豆角、葫芦和大麻等。饲养的家畜家禽有猪、水牛、山羊、绵羊、狗、鸡等，还可能驯养了大象。农具中比较特别的有挖泥的骨耜和舂米的木杵与陶臼，其他与旱地农业区相似，只是收割用的石刀不甚发达。稻田要求长期蓄水并且保持水平，所以一定要做田埂围成田块，还要有灌水和排水的设施，这些都已经有所发现。从而初步形成了以种稻为主的水田农业体系。

　　两种农业体系一北一南紧密相邻，交相辉映，互相交流，互相补充，好像一个双子星座。这在世界上是独一无二的。从此在中国大地上出现了一种前所未有的经济格局：以华北和华中两个农业区为主体，影响所及，东北形成旱地农业—狩猎、采集经济区，华南形成水田农业—采集、狩猎经济区，西北和西藏仍然是狩猎、采集经济区，以后发展为广大的畜牧区，从而为中国古代文明的产生和持续不断地发展提供了一个强大的经济基础。

　　中国史前农业的考古研究虽然取得了相当的成绩，但是仍然存在着不少问题和不足之处。首先，新石器时代早期的遗存发现得太少，其中发现有农业遗存的更少。玉蟾岩稻谷的发现尽管非常重要，毕竟只是孤例；仙人洞和吊桶环只发现水稻植硅石，能不能据以区分野生稻和栽培稻还有问题。北方的南庄头是不是有农业遗存也不能确定。因此中国农业起源的问题并没有最终解决，需要从改进田野考古调查方法上下功夫，其他各个时期的考古工作也要加强。

　　其次在考古发掘时一定要注意动植物遗存的记录和采集，特别要加强浮选。贾湖的稻作遗存在田野发掘时并没有发现，只是采集了较多的土样，后来通过浮选才发现的。西亚和中美洲农业考古做得比较好的地方，其谷物遗存的80%是通过浮选发现的。现在我们有不少考古工地也实行浮选，不过还不普遍，浮选的工具也要改进。

第三要加强农具的研究，现在多数农具只是从形态观察上做出的初步判断，很少做模拟实验和使用痕迹的分析。例如裴李岗文化的齿刃石镰到底是不是收割谷物的，应该对使用痕迹进行观察。因为谷类作物的植株一般含有硅质体，收割农具的刃部如果长期使用会产生硅质光泽。同一件石器，有的称为铲，有的称为锄，有的说是斧钺，这也要通过模拟实验和使用痕迹的观察来确定。至于一些农具的效能如何，更需要通过模拟实验来解决。否则难以对当时的生产力发展水平做出正确的估计。

第四是农田和耕作制度的研究，这个问题非常重要而研究是最薄弱的。草鞋山和城头山发现了距今六七千年的水田和配套设施，但是面积太小，如何耕作还是不太清楚。至于旱地是个什么样子则完全不知道，前些年在河南渑池班村的考古工作中曾经做过尝试，没有获得令人满意的结果。今后还需要花大力气改进田野工作方法，才可望有所突破。

最后一个关键问题是在农作物及其野生祖本的研究方面，这需要农学家和遗传学家的密切合作。现在关于稻属植物的鉴定已有许多进展，其他作物的研究相对滞后。即使对栽培稻和野生稻的研究也还存在许多问题。前述河姆渡稻谷的鉴定就是一个典型的例子。一般认为栽培稻是由普通野生稻演化而来，在学术界并没有异议。但是现代栽培稻有籼稻和粳稻两个亚种。对于史前栽培稻的鉴定，虽然用不同的方法往往得出不同的结果，但是都表现为多型性，有的像籼稻，有的像粳稻，有的像二者的中间型，还有的像野生稻，只是比例各不相同而已。张文绪据此认为籼稻和粳稻是栽培稻长期演化的结果，不宜用鉴定现代栽培稻的方法去鉴定古栽培稻。这是有一定道理的。但是他进一步提出古栽培稻的多型性是正在分化而又尚未充分分化过程中的一种表现，应该单独划分出一个"古栽培稻"的亚种[1]。这一理论的前提应该是作为栽培稻祖本的普通野生稻内部没有所谓籼、粳的区别，或者只有微细的可以不加考虑的区别。著名农学家丁颖正是以此为前提，主张稻作农业起源的途径是首先由普通野生稻培植为籼稻，再由籼稻分化出粳稻[2]。后来王象坤等也曾以此为前提，提出将普通野生稻引到山上培育

---

〔1〕　张文绪：《水稻的双峰乳突、古稻特征和栽培水稻的起源》，《稻作　陶器和都市的起源》，文物出版社，2000年。

〔2〕　丁颖：《中国古来籼粳稻种之栽培及分布与现在稻种分类法预报》，《中山大学农艺专刊》1949年第6期。

演化为粳稻，引到洼地培育便演化为籼稻[1]。但是周拾禄早在 1948 年就提出普通野生稻有粳型和籼型之别，粳型野生稻演化为粳稻，籼型野生稻演化为籼稻[2]。瑟康德也认为普通野生稻有籼、粳之分[3]。才宏伟和王象坤等通过同工酶的研究，认为普通野生稻可以区分为籼型、偏籼型、中间型、偏粳型和粳型，在地理分布上则表现为籼型与偏籼型靠南，而粳型与偏粳型靠北[4]。他们还指出普通野生稻的这种籼粳分化的现象有待于 DNA 的进一步验证。日本遗传研究所的森岛启子和佐藤洋一郎原本都以为栽培稻起源于一种野生稻，后来通过 DNA 分析发现普通野生稻有籼、粳之分，遂认为籼稻（印度稻）和粳稻（日本稻）各有起源。问题在于用 DNA 的方法很难将野生稻和栽培稻区分开来，而根据叶绿体 DNA 和 RELP 分析却都可以将其分为籼、粳两大类群。根据分析，籼稻的叶绿体 DNA 碱基有缺失，粳稻没有。在普通野生稻中，多年生的称为 *O. rufipogon*，分布的纬度偏北，叶绿体 DNA 碱基无缺失；一年生的称为 *O. nivara*，分布的纬度偏南，叶绿体 DNA 碱基有缺失。福田善通和佐藤洋一郎用不同的限制性内切酶处理稻米的 DNA，就是所谓 RELP 分析，将其结果做成数值分类系统图，发现栽培稻明显地分为两个类群，普通野生稻也分为两个类群：一年生野生稻与籼稻聚合在一起，而多年生野生稻与粳稻聚合在一起。证明籼、粳的分化不是人工栽培的结果，而是野生祖本就有不同[5]。

为了进一步把问题弄清楚，中国农学家至今已经在 8 个省区收集了近 6000 份普通野生稻的标本，同时广泛地收集了国外的普通野生稻标本以便进行详细的分类研究。庞汉华等对 598 份普通野生稻（中国 571 份，外国 27 份）的生长习性、茎基部鞘色、剑叶长宽、花药长、柱头颜色、芒性和米色等能够比较好地区分栽培稻与野生稻的 10 种形态性状进行聚类分析，结果表明中国普通野生稻可以分为多年生与一年生两群和次一级的 7 型（表二）[6]。

---

〔1〕　王象坤、陈一午、程侃声等：《云南稻种资源的综合研究与利用Ⅲ云南的光壳稻》，《北京农业大学学报》1984 年第 4 期。

〔2〕　周拾禄：《中国是稻之原产地》，《中国稻作》1948 年第 5 期、53、54 页。

〔3〕　G. Second，1985. Evolutionary Relationships in the Sativa Group of Oryza Based on Isozyme Data. *Genet sel. Evol.* , 17（1）: pp. 89 – 114.

〔4〕　才宏伟、王象坤、庞汉华：《中国普通野生稻是否存在籼粳分化的同工酶研究》，《中国农业科学》1993 年第 1 期。

〔5〕　佐藤洋一郎：《DNAが語る稻作文明》第四、五章，日本放送出版协会，1996 年，66～86 页。

〔6〕　庞汉华、才宏伟、王象坤：《中国普通野生稻 *Oryza rufipogon* Griff. 的形态分类研究》，《作物学报》1995 年第 1 期。

表二　中国普通野生稻分型

中国普通野生稻 (*O. rufipogon* Griff)	多年生群	匍匐型
		倾斜型
		半直立型
	一年生群	倾斜型
		半直立型
		直立型
		近栽型

表三　中国栽培稻的起源与分化示意表

中国原始普野		
↙　↓　↘		
(nDNA，mtDNA，cpDNA) 粳型普野 (广东、广西、沅江)	nDNA，mtDNA 原始型普野 (广东、茶陵、沅江)	(nDNA，mtDNA，cpDNA) 籼型普野 (广东、广西)
↓	↙　　↘	↓
(粒形、硅酸体、双峰乳突) 偏粳型原始栽培稻 (贾湖)		(粒形、硅酸体、双峰乳突) 偏籼型原始栽培稻 (八十垱)
↓		↓
(Est－10^4，RAPD，RFLP) 具普野指纹粳稻 (江西、浙江、贵州、广西)		(Est－2^2，RAPD，RFLP) 具普野指纹籼稻 (浙江、其他)
↓		↓
现代粳稻		现代籼稻

　　问题在于现在看到的普通野生稻与一万多年以前农业起源时期的野生稻可能是不完全相同的。因此除了根据现在野生稻的形态性状进行分类以外，农学家还根据生态学考察、同工酶与 DNA 分析等进行综合研究，力图将普通野生稻划分为原始型和近缘祖先型两类。大致说来，原始型普通野生稻应该具有以下特点。

　　（1）形态上与栽培稻相差较远，如植株为匍匐状，谷粒细长且极易脱粒等；

　　（2）栖生地与栽培稻隔离好，自成群体，同工酶、核 DNA 和线粒体 DNA 具有特异的指纹图谱，套袋自交后代不分离，是所谓纯合而非杂合的普通野生稻；

　　（3）栖生地水条件比较稳定，多年生，以宿根无性繁殖为主，单株结实少。

广西桂林、湖南沅江和江西东乡都有能够满足上述条件的原始型普通野生稻。这种原始型普通野生稻可能有几千万年的历史，在此期间发生了许多变化，其中最重要的一个变化就是偏籼与偏粳的分化。原始型普通野生稻因为性状与栽培稻相差甚远，不可能是栽培稻的直接祖本。栽培稻的直接祖本是所谓近缘祖先型普通野生稻。王象坤等根据对中国史前稻谷、普通野生稻和现代栽培稻等的形态、同工酶、DNA以及杂交亲和力等方面的综合分析，对中国栽培稻的起源与分化提出了一个初步的设想（表三）[1]。表中 n 为核 DNA，mt 为线粒体 DNA，cp 为叶绿体 DNA。作者说明这个表只是一种设想，但在现在研究的基础上不啻为一种比较合理的设想。应该看到这类研究现在还只是一个开始，实际的情况可能还要复杂一些。相信通过考古学家和农学家的共同努力，史前农业的研究会取得更大的进展。

（原载《长江文明的曙光》，湖北教育出版社，2004 年）

---

〔1〕 王象坤、孙传清、张居中：《栽培稻起源研究中三个主要理论问题》，《原始农业对中华文明形成的影响》，中国科技大学，2001 年。

中国农业的起源（提要）

一 为什么要研究中国农业的起源

这里讲的主要是以谷类作物为主的农业，而不是泛农业或广谱的农业。因为只有谷物农业对人类的生活和社会的发展影响最大，对于古代文明的起源和特色的形成以及往后的发展都具有极其重要的作用和深远的影响。

世界上最重要的农业起源中心有三个，西亚是以培植小麦和大麦为主的农业起源中心，在麦作农业发展的基础上，不但产生了著名的两河流域文明，而且由于这种农业传播到尼罗河流域和印度河流域，又分别产生了古埃及文明和古印度文明。中美洲是以培植玉米为主的农业起源中心，在玉米农业发展的基础上产生了玛雅文明和古秘鲁等安第斯文明。中国则是培植小米（粟和黍）和大米的农业起源中心，在这两种农业发展的基础上，产生了伟大的中华文明，并且赋予这个文明以鲜明的特色。因此研究中国文明的起源和中国的文明史，不能不研究中国农业的起源。

中国是农业大国，农业生产居世界前列。中国农业的特点是精耕细作，单位面积的产量高，复种指数高，品种繁多。中国的耕地只占全世界耕地的7%，可是养活了占全世界22%的人口。中国和印度是世界上稻米产量最高也是人口最多的国家。可是2006～2007年度中国种植了2922万多公顷的稻谷，产稻米1亿2800万吨，每公顷产4380千克；印度种植稻谷4415万多公顷，产稻米9100万吨，每公顷仅产2061千克，单位面积的产量不到中国的二分之一。所以中国农业的起源及其发展演变的历史，是值得认真加以研究的。

二 考古学在研究农业起源中的特殊作用

关于农业起源的问题可以通过多种学科来进行研究。梳理古代和民间关于农业起源的传说有重要的参考价值，民族学和民俗学的研究可以对农业起源的方式和进程提供有益的启发，环境科学的研究可以对农业起源地区做出科学的判断，农学和遗传学的研究可以判断各种农作物是否存在亲缘关系，等等。但这些研究都难以说明农业究竟是在什么时候和什么地区发生，然后又如何发展演变以致扩展与传播的。考古学则可以提供农业起源和扩展演变的各种实物证据。用科学的手段来解答上述相关的问题。世界上最重要的三大农业起源中心都是由考古学的发现来确定的，于此可以看出考古学的特殊作用。但考古学的研究也要尽可能地吸收其他学科的研究成果。

三　中国的自然环境和农业起源的温床

中国的自然环境可以分为东部季风区、西北干旱区和青藏高寒区，前者又可以分为东北、华北、华中和华南四区，只有华北和华中区具有农业起源的条件。华北是旱地粟作农业起源的温床，华中是水田稻作农业起源的温床。两种农业起源的温床相伴在一起，而且处在全国的中心位置，这在世界上是独一无二的。

四　中国早期农业的发展阶段和双生农业体系的形成

现在知道，中国的稻作农业大约发生在一万多年以前，经历了萌芽期、确立期、发展期、兴盛期和远播期五个发展阶段，形成以稻作农业为主的农业体系：萌芽期的遗存仅见于湖南道县玉蟾岩和江西万年吊桶环，资料有限；确立期（约公元前7000～前5000年）的遗存广泛见于长江中下游地区，重要遗址有湖南澧县彭头山、湖北宜都城背溪、河南舞阳贾湖、浙江浦江上山和嵊州小黄山等，这些遗址中的陶器多掺和稻壳，房屋的墙壁也多涂抹稻糠泥，经过鉴定的多为粳稻，个别遗址发现翻地的骨耜；发展期（约公元前5000～前3000年）发现稻谷遗存的地点大增，除长江中下游和淮河流域外，黄河流域也有少量分布，有些地方发现稻田，有的遗址出土骨耜或石刀（收割用具），稻米已经成为主要食粮；兴盛期（约公元前3000～前2000年）更加发达，有的地方不仅发现稻田，而且出土包括石犁、石镰等在内的成套的农具，这时出现大量的城墙等大规模的土建工程和许多精美的手工业品，说明有较多的农产品才能支持这些建设者和手工匠人；远播期则把稻作农业远播到华南、西南、东北以至朝鲜和日本，从而奠定了往后中国南方以稻作为主的农业体系的基础。

粟作农业大致也经历了萌芽期、确立期、发展期和兴盛期，从而形成了北方地区以粟作农业为主的旱地农业体系。直到秦汉以后麦类作物才逐渐超过粟类成为主要的旱地农作物。

两个农业体系紧密相邻，又相互交错、相互补充，成为一种双生农业体系，为中国文明的起源和发展奠定了宽广而深厚的物质基础。

五　中国早期农业的发展对中国文明起源的影响

在中国早期农业两大体系形成的过程中，也逐步形成了全国多样化的经济文化格局，那就是华北地区的粟作旱地农业经济文化区、华中稻作水田农业经济文化区、华南稻作农业—采集渔猎经济文化区、东北粟作农业—狩猎采集经济文化区和西部狩猎采集经济文化区。其中以华北和华中的经济文化发展水平最高，各个文化区之内又还有一些差别，从而深刻地影响到中国文明的起源模式和早期文明的主要特点。中国文明的起源模式可以归结为多元一体，既是多元的，又是有核心有主体的，同时又是发展不平衡的，有内部竞争机制，因而有无穷活力。使中国文明成为世界上唯一没有中断而连续发展的伟大文明。

六　问题和希望

（1）新石器时代早期遗存至今发现很少，北方更少，农业起源的问题的研究虽然有很大进展，还不能说已经得到最后的解决。

（2）考古发掘中对于与农业有关的遗物，特别是对于粮食作物以外遗物的采集注意不够，从而对早期农业缺乏全面的了解。

（3）对于农具的研究非常不够，研究方法需要大大改进。

（4）对于早期的栽培作物和野生祖本关系的研究还要做许多基础性的研究工作，需要农学家、遗传学家和考古学家通力合作。

（5）对国外农业起源研究的经验和方法应该多加注意和借鉴。

2002 年 6 月 9 日于吉林大学

参考书目

1. 丁颖：《中国栽培稻种的起源及其演变》，《农业学报》1957 年第 3 期。

2. 佟伟华：《磁山遗址的原始农业遗存及其相关的问题》，《农业考古》1984 年第 1 期。

3. 黄其煦：《黄河流域新石器时代农耕文化中的作物——关于农业起源问题的探索》，

《农业考古》1982 年第 2 期和 1983 年第 1、2 期。

4. 袁家荣：《湖南道县玉蟾岩 1 万年以前的稻谷和陶器》，《稻作 陶器和都市的起源》，文物出版社，2000 年。

5. 严文明：《农业发生与文明起源》，科学出版社，2000 年。

6. 王象坤、孙传清：《中国栽培稻起源与演化研究专集》，中国农业大学出版社，1996 年。

7. 秦岭、傅稻镰：《河姆渡遗址的生计模式——兼谈稻作农业研究中的若干问题》，《东方考古》（第 3 集），科学出版社，2006 年。

中国新石器时代早期文化及农业起源的探索（提要）[*]

　　十年前，我曾将中国新石器时代文化分为早晚两期，同时分出一个铜石并用时代，作为从新石器时代向青铜时代过渡的一个时期。后来又把早期再分为早、中两期，并且提出了从旧石器时代向新石器时代过渡的三种可能的模式。不过因为当时早期遗存发现不多，我的那些说法仅仅是一种推测，无法进行科学的论证。近年来，新石器时代早期遗存的发现逐渐增多，关于从旧石器时代向新石器时代转变的模式或道路逐渐明朗起来，中国农业起源的探索也有较大的进展，我想把一些情况做一简单的介绍。

　　我曾提出华中、华南走向新石器时代的过程，可能是伴随稻作农业的发生和陶器的发明而实现的。现在这方面的证据已逐渐多了起来。其中最重要的发现有江西万年仙人洞与吊桶环、湖南道县玉蟾岩和澧县八十垱、广西桂林的庙岩等处。这些遗址发现了公元前1万多年以前的陶器和稻谷或稻谷的植物硅酸体等，同时有少量磨制石器，个别遗址有家畜，这三种因素可能是基本上同时发生的。

　　华北走向新石器时代的过程，可能是伴随旱地农业、家畜与陶器的发明而实现的。河北徐水南庄头曾发现距今9000多年的遗址，其中有素面陶器、石磨盘和猪骨等，可视为一个明确的信息，只是材料太少。

　　东北等地走向新石器时代的过程，虽然在技术上有些进步，在经济上的变化则不甚明显。最近在兴隆洼文化之前又发现了小河西文化，陶器多为素面，石器以打制为主，农业似乎没有发展起来。北京平谷发现的1万多年以前的新石器时代早期遗址，虽有少量陶器，工具中多为打制的细石器，完全没有农业的痕迹。

　　上述发现表明，中国新石器文化发生的年代是很早的，从某种意义上来说也是最具典型意义的，与西亚等地农业发生后长期没有陶器，因而有所谓前陶新石

---

[*]　本文为1996年3月18日在史语所的演讲。

器的情况有很大的不同，也同欧亚北方地区和日本等地很早发明陶器而长期没有农业和养畜业的情况也不相同。而且中国从旧石器时代走向新石器时代的不同道路或不同模式，特别是两个农业起源中心和两种农业体系的出现，对后来文化的发展和中国古代文明特征的形成也有深刻的影响。

（原载《耕耘记——流水年华》，文物出版社，2021年）

中国稻作农业的起源

　　我国是世界上生产稻米最多的国家之一，栽培稻谷的历史非常古远。先秦的古籍中有许多地方讲到种稻的事，当时把稻米当作珍贵的粮食，有的地方还用稻米做酒。讲得最多的是年代较早而又比较可靠的一部诗歌总集《诗经》。如《小雅·白华》中说："滮池北流，浸彼稻田。"《豳风·七月》中说："八月剥枣，十月获稻；为此春酒，以介眉寿。"《周颂·丰年》中也说："丰年多黍多稌。"稌是稻的别称，有人认为是糯稻。这三条讲的都应是陕西的情况。又《唐风·鸨羽》："王事靡盬，不能蓺稻粱，父母何尝？"《鲁颂·閟宫》："有稷有黍，有稻有秬。"唐在山西，鲁在山东，可见诗经时代的黄河流域已经普遍种稻，只是没有成为主要的粮食作物，当时黄河流域的主要粮食作物是黍稷。

　　《閟宫》一章，是鲁人追颂其祖先的光荣历史，说是早在后稷的时候就有稻了，那后稷究竟早到什么时候虽然无法确定，但总是比西周还早许多。考古发现证明黄河流域种稻的历史的确比西周要早。20 世纪 30 年代之初，河南安阳殷墟即曾发现稻谷遗存，年代属商代晚期[1]；殷墟卜辞中常见𥢔字，当释为穛，也就是稻的本字；郑州白家庄商代早期遗存中也发现有稻壳痕迹[2]，这些都足以说明在中原地区，至少在商代便已经种植稻谷了。但这还不是最早的记录。1921 年，瑞典人安特生（J. G. Andersson）在河南渑池县仰韶村进行发掘，发现在一块粗陶片上印有稻壳的痕迹[3]，并经瑞典农学家艾德曼（G. Edman）和苏德贝格（E. Soderberg）鉴定无误[4]。那块陶片，据安特生描述，为一多孔之厚胎粗陶，其中掺杂有许多植物痕迹。因为没有发表图片，无法确定属于哪一个文化期。安特生把整个仰韶

---

　　[1]　李济：《安阳最近发掘报告及六次工作之总估计》，《安阳发掘报告》第 4 期，1933年，576 页。

　　[2]　许顺湛：《灿烂的郑州商代文化》，河南人民出版社，1957 年，7 页。

　　[3]　J. G. Andersson，1934. *Children of the Yellow Earth*，London，p. 335.

　　[4]　Edman，Soderberg，*Auffindung von Reis in einer Tonschert. awseiner etwa funftausend-Jahriges Chinesischen siedlung*（中国五千年前陶器上稻米遗迹之发现），《中国地质学会志》1929 年第 4 期。

村的史前遗存视为单一的文化即仰韶文化者，因而认为仰韶文化的居民已会种稻。事实上，安特生在仰韶村发掘的资料是不单纯的，许多人都曾注意及此，并指出那块印有稻壳痕迹的陶片不一定属于仰韶文化[1]。我们认为这种怀疑固然很有道理，但不等于说那个发现就没有任何科学价值了。细检安特生发表的仰韶村的全部发掘资料，虽然可细分为许多文化期，但除了一件宽沿鬲和另一件同形制的鬲足属于西周以外[2]，其余陶器和陶片均不出仰韶和龙山时代的范围。那个西周陶鬲部分是仿铜的，多半是墓中的随葬物品，地层中的出土物没有属西周或更晚的。由此看来，那块有稻壳痕迹的陶片即便不是仰韶文化的，大致也不会晚于龙山时代，仍然是一个重要的发现。从那以后，黄河流域的史前文化中又不止一次地发现水稻遗存（详见下文），足证当时已会种植稻谷。问题在于那里的稻谷和种稻知识最初是从哪里来的，是本地起源的，还是从外地引进的呢？依常识判断，似应来自南方。但在我国古代文献中谈到南方种稻的历史都比较晚，其原因盖在于中国古代文明的发祥地在黄河流域，先秦文献很少记载长江流域以南的情况。所以要把问题搞清楚，只有依靠考古工作者手中的小铲。

一　史前栽培稻遗存发现的情况

我国史前栽培稻遗存的绝大部分都是在 20 世纪 50 年代以后发现的，主要分布地区是在长江流域。1954 年冬，江苏省文物管理委员会在无锡仙蠡墩发掘时，于下文化层见到了成堆的稻壳[3]。那个地层，按照现在的分期标准应归入崧泽期，是长江下游新石器时代晚期的一个文化。接着在 1955 年，湖北省石龙过江水库指挥部文物工作队在京山屈家岭和天门石家河两处新石器时代晚期的地层中，又发现了更多的稻谷、稻壳和稻茎痕迹[4]。此后在我国南方的新石器时代遗址中不断发现栽培稻遗物，有些是窖藏的已被炭化的稻谷和稻米，有些是废弃的稻壳堆积，有些是用稻壳和稻草作为建筑用泥土的掺和料，因火烧而得以痕迹的形式保存

---

〔1〕　夏鼐：《长江流域考古问题》，《考古》1960 年第 2 期，3 页；杨建芳：《仰韶文化的几个问题》，《考古》1962 年第 5 期，262、263 页。

〔2〕　J. G. Andersson, 1947. Prehistoric Sites in Honan, *The Museum of Far Eastern Antiquities Bulletin*, Stockholm, p. 19.

〔3〕　江苏省文物管理委员会：《江苏无锡仙蠡墩新石器时代遗址清理简报》，《文物参考资料》1955 年第 8 期。

〔4〕　石龙过江水库指挥部文物工作队：《湖北京山、天门考古发掘简报》，《考古通讯》1956 年第 3 期。

下来，有些更是用稻壳做陶器的掺和料，还有一些是用稻谷或稻米随葬，有些遗址中稻壳的数量可以吨计，它们分别属于不同时期和不同的考古学文化，并且往往与稻作农具同时出土。这样丰富的资料，为探索我国早期栽培稻的品系、分布和起源问题，稻作农具和耕作制度的发展等提供了相当充足的证据。为了便于说明问题，让我们首先按照地区扼要地记述史前栽培稻遗存的发现情况，然后进行适当分析和讨论。

（一）长江下游和杭州湾地区

在长江下游，特别是在三角洲和杭州湾一带，原先只有一些岛屿和不大的沙洲。由于长江带来大量泥沙，加上钱塘江的部分沉积，逐步形成了南北两道沙堤。后来沙堤逐渐合拢，围成了一个很大的潟湖；年深月久，潟湖又演变成了以太湖为中心的许多湖泊和沼泽。新石器时代的遗址，许多就分布在古代湖泊岸边和沼泽近旁（图一）。又由于新构造运动引起的地壳沉降，使有些文化层降到了潜水面

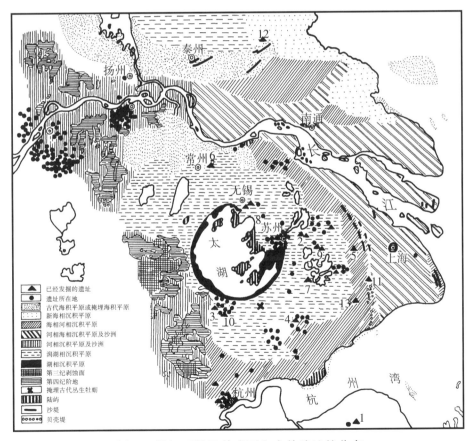

图一　长江下游地貌成因和史前遗址的分布

1. 余姚河姆渡　2. 吴县草鞋山　3. 吴兴邱城　4. 嘉兴马家浜　5. 青浦崧泽　6. 常州圩墩　7. 吴江梅堰　8. 苏州越城　9. 吴县张陵山　10. 吴兴钱山漾　11. 上海马桥　12. 海安青墩　13. 金山亭林

以下，有的上面已覆盖了一层泥炭或沼铁矿。这种条件反倒有利于有机物的保存，因而往往可以发现稻谷和其他植物性遗存。

在本区众多的新石器时代遗址中，已经发现栽培稻遗存的至少有9处，分别属于江苏、浙江、安徽三省和上海市。

（1）江苏无锡仙蠡墩：如前所述，1954年在下文化层发现了成堆的稻谷壳。

（2）南京庙山：遗址在长江北岸，南京博物院于1958年曾对该处进行清理，发现一件施红色陶衣的器盖，上面有显著的稻壳痕迹[1]，遗存面貌与南京北阴阳营第4层墓地基本相同。

（3）吴县草鞋山：1972～1973年进行了两次发掘。该处文化堆积厚达11米，在最底下的第10层即相当于马家浜下层的H2和H7中出土了结成团块的炭化稻谷[2]（图二）。

（4）上海青浦崧泽：在探方A2的下层出土稻谷颗粒和稻叶残片；在A2的灰坑中发现稻谷及米。稻谷颖壳脉纹清晰，有的颖尖也很清楚。米粒完整，但胚部已脱落[3]（图三）。

图二　江苏吴县草鞋山稻粒团块

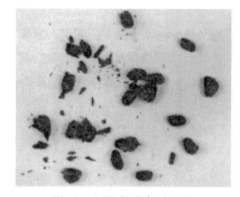

图三　上海青浦崧泽稻谷

（5）浙江吴兴钱山漾：遗址分为三区。在甲区和乙区第4层都发现了成堆的炭化稻谷和米，稻谷纵沟及残留的颖壳均清晰可辨。T12下层（属乙区第4层）有一粗厚的黑陶片上有好几粒稻谷印痕，其中有一颗特别明显，可能是制陶时作为掺和料加进去的[4]（图四）。

---

〔1〕　蒋缵初：《关于江苏的原始文化遗址》，《考古学报》1959年第4期，36页。
〔2〕　南京博物院：《江苏吴县草鞋山遗址》，《文物资料丛刊》1980年第3期。
〔3〕　上海市文物保管委员会：《上海市青浦县崧泽遗址的试掘》，《考古学报》1962年第2期。
〔4〕　浙江省文物管理委员会：《吴兴钱山漾遗址第一、二次发掘报告》，《考古学报》1960年第2期。

（6）杭州水田畈：在属于良渚文化的第 4 层中发现了炭化稻子[1]。

（7）余姚河姆渡：这里发现的稻谷遗存极为丰富，单是 1973 年冬至 1974 年春第一次发掘时，就在第 4 文化层发现约 400 平方米的稻谷、稻壳和稻草堆积，其厚度从 10～20 厘米到 30～40 厘米不等，最厚处达 70～80 厘米。这是谷物腐朽和长期自然下沉的结果，原来厚度当在 1 米以上。假定平均厚度只有 1 米，其中平均四分之一为稻谷和谷壳，换算成稻谷当在 120 吨以上，这是何等惊人的数字！说明当时稻作农业已有相当的规模。这里发现的谷粒已经炭化，但外形基本完整，颗粒大小接近于现代的栽培稻，比现生野稻要大得多[2]。加以还有许多稻作农具共存，可以肯定这些稻谷堆积的遗存属于栽培稻的收获品（图五）。

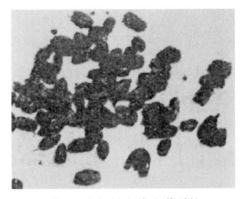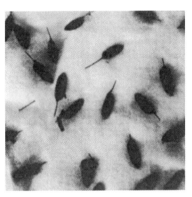

图四　浙江吴兴钱山漾稻粒　　　　图五　浙江余姚河姆渡稻粒

（8）桐乡罗家角：上层为马家浜文化，下层接近于河姆渡遗址的第 3 文化层[3]，在这里同样发现了稻谷。

（9）安徽潜山薛家岗：1979～1980 年曾在此进行了 3 次发掘，在一处残房基的红烧土堆积中掺杂了许多稻壳，应是作为建筑物涂料的稻糠泥经火烧烤而形成的。

除上述 9 处遗址以外，还有 2 处出土稻谷遗存而年代难以确定者。一处是无锡锡山公园，1955 年江苏省文物管理委员会对该处进行试掘，发现上层出印纹陶，其中一个灰坑中有稻谷遗存，年代约在商周之际；下层属良渚文化。简报中并未明确分层叙述，只说该遗址中发现"有不少稻谷凝块"，不知是否包括下层在

〔1〕　浙江省文物管理委员会：《杭州水田畈遗址发掘报告》，《考古学报》1960 年第 2 期。
〔2〕　浙江省文物管理委员会：《河姆渡遗址第一期发掘报告》，《考古学报》1978 年第 1 期。
〔3〕　浙江省博物馆：《三十年来浙江文物考古工作》，《文物考古工作三十年》，文物出版社，1979 年，220 页。

内[1]。另一处为安徽肥东大陈墩，1955 年调查时，于其西坡的红烧土中发现稻粒结块[2]，但因共存器物不明，难以确定它的年代。

年代明确的 9 处遗址属于不同的文化期。最早一期只有河姆渡第 4 文化层，测量过 9 个标本的碳 - 14 年代，最老的一个为 4360 ± 100BC，最新的为 3960 ± 90BC。如果用树轮年代校正，当为 5005 ± 130BC ~ 4620 ± 120BC（依达曼表，下同）。第 4 层建筑构件的 5 个碳 - 14 年代中也有 3 个落在这一区间[3]。因此其真实年代应为公元前 5000 ~ 前 4600 年左右。

次一阶段有草鞋山第 10 层和崧泽下层等，属马家浜期。该期现有 10 个碳 - 14 数据，除一个偏老外，其余 9 个相互接近，应该基本可信。其年代幅度在 3670 ± 115BC（草鞋山 T202⑪）和 3050 ± 120BC（圩墩 T1310④）之间，如经树轮校正即为 4325 ± 205BC ~ 3655 ± 140BC。考虑到同崧泽期的衔接，其真实年代可能为公元前 4300 ~ 前 3700 年左右。

第三阶段有庙山和薛家岗，年代大体与南京北阴阳营墓地接近，估计为公元前 3700 ~ 前 3300 年左右。

最后是钱山漾和水田畈，都属良渚文化，但前者年代早于后者。根据 8 个碳 - 14 数据及其校正，再加上适当的调整，其真实年代当分别为公元前 3300 ~ 前 2700 年和公元前 2700 ~ 前 2100 年左右。

为了更加明确起见，兹将发现栽培稻遗存的地点、所属文化期和年代列表如下（表一）。

表一

发现栽培稻的遗址	文化期	年代（公元前）
河姆渡第 4 层	河姆渡文化	5000 ~ 4600
草鞋山第 10 层、崧泽下层	马家浜期	4300 ~ 3700
庙山、薛家岗	阴阳营期	3700 ~ 3300
钱山漾第 4 层	良渚早期	3300 ~ 2700
水田畈第 4 层	良渚晚期	2700 ~ 2100

---

[1] 江苏省文物管理委员会：《江苏无锡锡山公园古遗址清理简报》，《文物参考资料》1956 年第 1 期。

[2] 安徽省博物馆：《安徽新石器时代遗址的调查》，《考古学报》1957 年第 1 期，23 页。

[3] 北京大学历史系考古专业碳十四实验室：《碳十四年代测定报告（四）——河姆渡遗址年代的测定与讨论》，《文物》1979 年第 12 期。

关于稻谷的品种问题，由于标本均已炭化或只剩痕迹，并且常有缺损，当然不可能分得很细，只能根据其外形初步鉴别出亚种一级。河姆渡稻谷分两次测定的结果，偏小的长宽比为 2.71，偏大的为 2.53，平均 2.62，远大于粳稻而与籼稻相合。又有些保持完整的谷粒内外颖上纵脉明显隆起，颖壳上的稃毛分布均匀，排列较整齐，长短一致，这些也是籼稻的特点。因此，游修龄认为它应属于栽培稻的籼亚种中的晚稻型水稻（*Oryza sativa* L. subsp. *hsien Ting*）[1]。最近虽有人提出河姆渡也有粳稻，但那毕竟不是主要成分。

根据鉴定，崧泽下层出土的稻谷及米均属粳稻[2]；罗家角和草鞋山下层即第 10 层的稻谷大部分属籼，一部分似粳[3]；钱山漾稻谷粒形粗短近似粳稻，稻米粒形较细长近似籼稻[4]。看来在这个地区籼粳的分化虽然很早，但在很长时期还是籼稻占主要成分，而且似乎是时间越早籼稻所占比例越大，这是一个值得注意的趋向。

（二）长江中游

长江自三峡东出，地势骤降，遂渚为大泽，就是古代所称的云梦泽，在它的周围还有许多小型的湖泊和沼泽。由于长江及其支流带来大量泥沙的长年淤积和后来的人工围垦，现今已被分割成大大小小成千上万的湖泊，湖泊之间是一望无垠的稻田。新石器时代的遗址，许多就是在古湖泊和河流岸边，或是在沼泽地的近旁，一般海拔在 50 米以下，有些地点的文化层也已降到潜水面以下。

历年在本区发现有栽培稻遗存的新石器时代遗址达 11 处，其中大部分位于湖北，也有在湖南、江西和河南西南部的。

（1）湖北京山屈家岭：1955 年春在这里进行发掘时即已发现稻谷；1956 年 6 月至 1957 年 2 月第二次发掘期间，在晚一期和晚二期的红烧土堆积中都发现了大量的稻谷壳和稻草的痕迹，尤以晚一期遗迹二中所含的数量最多。在面积约 500

〔1〕　游修龄：《对河姆渡遗址第四文化层出土稻谷和骨耜的几点看法》，《文物》1976 年第 8 期。

〔2〕　上海市文物保管委员会：《上海市青浦县崧泽遗址的试掘》，《考古学报》1962 年第 2 期。

〔3〕　罗家角考古队：《桐乡县罗家角遗址发掘报告》，《浙江省文物考古所学刊》，文物出版社，1981 年，20 页；南京博物院：《江苏吴县草鞋山遗址》，《文物资料丛刊》1980 年第 3 期。

〔4〕　浙江省文物管理委员会：《吴兴钱山漾遗址第一、二次发掘报告》，《考古学报》1960 年第 2 期。

平方米、体积约200立方米的红烧土中都掺有稻谷壳和稻草茎，有的地方更是密结成层[1]，数量之巨可以与河姆渡第4层相比。这样大量地使用稻谷壳作为房屋建筑的掺和料，说明当时稻米的生产已具有相当的规模（图六）。

（2）天门石家河：1955年2~8月发掘时，在一工区发现大片房屋建筑遗迹，长43~47、宽6.52~20.5米，面积450多平方米，和屈家岭遗迹二的大小差不多。这座房屋的墙壁是用木骨和草拌泥做成的，以稻草茎和稻谷壳做掺和料，经火烧毁后变成了红烧土，有的甚至已烧成流渣，以至被发掘者误认为是窑址[2]。

（3）武昌洪山放鹰台：1955年发掘，为一处屈家岭文化早期的遗址兼墓地，稻谷出于遗址的地层中[3]（图七）。

图六　湖北京山屈家岭稻粒　　　　图七　湖北武昌放鹰台稻粒
　　　　　（放大）　　　　　　　　　　　　　（放大）

（4）宜都红花套：遗址从1972年开始曾经多次发掘，主要遗存属大溪文化，其上有局部地方叠压着较薄的屈家岭文化遗存。大溪文化遗存又至少可分为早晚两期。各期均有大量的红烧土和房屋遗迹，烧土中掺和了少量的稻壳和稻草。另外还有一些陶器用稻谷壳做掺和料[4]，这种做法同浙江河姆渡文化很相似。

──────────────

〔1〕　中国科学院考古研究所：《京山屈家岭》，科学出版社，1965年，24、39页。
〔2〕　石龙过江水库指挥部文物工作队：《湖北京山、天门考古发掘简报》，《考古通讯》1956年第3期，17~19页。
〔3〕　丁颖：《江汉平原新石器时代红烧土中的稻谷壳考查》，《考古学报》1959年第4期。
〔4〕　北京大学考古实习队1974年发掘资料。

（5）枝江关庙山：考古研究所长江队在此发掘时，在 F30 中发现掺有稻谷壳的红烧土块，属大溪文化[1]。

（6）江陵毛家山：1975 年发掘，在新石器时代的地层和灰坑中发现有许多红烧土块，上面有木头和竹篾痕迹，当系墙壁涂泥所烧成的，其中掺有稻谷壳和稻草[2]。

（7）郧县青龙泉：该遗址分上中下三个文化层，在中层的一座大房子 F6 的墙壁涂泥中，发现掺有稻谷之皮壳和茎叶，属屈家岭文化[3]。

（8）河南淅川黄楝树：1973 年发掘时，在屈家岭文化层中发现了稻谷遗存[4]。

（9）淅川下王岗：据说在其早期即仰韶文化层的红烧土中发现印有稻谷痕迹[5]，但未见正式报告，详情有待核实。

（10）江西修水跑马岭：那里曾发现一座新石器时代的房屋 F1，长 6.5、宽4.5 米。残留部分墙壁，原先应是木骨泥墙，是用红砂土掺入稻秆和谷壳筑成的，经火烧成了红色或灰黑色[6]。

（11）湖南澧县梦溪三元宫：遗址分早、中、晚三期，早、中期分别和红花套一、二期年代相当。在中期的地层中普遍有大块红烧土，里面有稻草和稻谷壳腐朽后留下的痕迹[7]。

上述各遗址中的稻谷遗存都是作为房屋墙壁或地基的掺和料，后经火毁，泥土变成了红烧土，稻壳稻草的痕迹才得以保存下来。这种用稻谷壳和稻草做掺和料来抹墙壁的做法在当地一直沿袭下来，到现在盖简易房子也还是这样做的。

关于稻谷的品种问题，目前还只有屈家岭、石家河和放鹰台三处的标本曾经由丁颖先生鉴定。其中 10 个较为完整的谷壳标本的测量结果是：最长的 7.5、最短的 6.8 毫米，平均 6.97 毫米；粒幅最宽的 3.8、最窄的 3.0 毫米，平均 3.47 毫米；长宽比最大的 2.33，最小的 1.84，平均 2.01。有的谷壳呈淡秆黄或灰秆黄

[1]　中国社会科学院考古研究所长江队发掘资料。

[2]　纪南城文物考古发掘队：《江陵毛家山发掘记》，《考古》1977 年第 3 期，159 页。

[3]　长办文物考古队直属工作队：《一九五八至一九六一年湖北郧县和均县发掘简报》，《考古》1961 年第 10 期，523 页。

[4]　李璠：《栽培植物的起源和演变》，《生物史》第五分册，科学出版社，1979 年，8、10 页图三，3、4。

[5]　安志敏：《略论三十年来我国的新石器时代考古》，《考古》1979 年第 5 期，399 页。

[6]　江西省文物管理委员会：《江西修水山背地区考古调查与试掘》，《考古》1962 年第 7 期，359、367 页。

[7]　湖南省博物馆：《澧县梦溪三元宫遗址》，《考古学报》1979 年第 4 期，463 页。

色，和现今的栽培稻种相同。把碎片放大，可以看到稃面有整齐格子形中的颗粒状凸起，稃棱和稃间有显著的茸毛，稃端的芒尖虽已折断，仍可看出是很粗长的，护颖则仅见痕迹。根据这些特点，可以断定全部属于粳稻，而且是我国比较大粒的粳型品种[1]。

若按年代排比，红花套一期和关庙山 F30 是最早的，大致上属于大溪文化的早期。红花套二期、毛家山和三元宫中期有许多相近之处，年代约当大溪文化的晚期。现在关于大溪文化的碳 - 14 年代已有 6 个数据，但有的显然偏高了，只有 4 个比较接近[2]，它们是：

ZK685——3085 ± 70BC

ZK686——2815 ± 300BC

ZK684——2795 ± 90BC

ZK352——2405 ± 115BC

如果经过校正，再考虑到大溪文化早晚两期分别同仰韶文化中晚期的许多因素接近的事实而加以调整，则可能将大溪文化早期定为公元前 3800～前 3400 年，晚期定为公元前 3400～前 2900 年。

屈家岭晚期、青龙泉中层和黄楝树的文化面貌十分接近，属于典型的屈家岭文化。它的碳 - 14 年代有 4 个数据[3]：

ZK430——2550 ± 200BC

ZK91——2270 ± 95BC

ZK125——2245 ± 160BC

ZK124——2195 ± 100BC

经过树轮校正并考虑到和大溪文化的衔接，可将其年代定为公元前 2900～前 2600 年。

石家河和跑马岭均已出现高裆袋足鬶，应该比屈家岭晚期更晚，再比照出同类鬶的良渚文化，其年代可暂定为公元前 2600～前 2100 年。

兹将各出土稻谷的史前遗址、所属文化期和年代列表如下（表二）。

---

〔1〕 丁颖：《江汉平原新石器时代红烧土中的稻谷壳考查》，《考古学报》1959 年第 4 期。

〔2〕 中国社会科学院考古研究所实验室：《放射性碳素测定年代报告》（五）（七），《考古》1978 年第 4 期、1980 年第 4 期。

〔3〕 中国社会科学院考古研究所实验室：《放射性碳素测定年代报告》（二）（三）（六），《考古》1972 年第 5 期、1974 年第 5 期、1979 年第 1 期。

表二

发现栽培稻的遗址	文化期	年代（公元前）
红花套一期、关庙山 F30	大溪文化早期	3800～3400
红花套二期、三元宫中期、毛家山	大溪文化晚期	3400～2900
屈家岭晚期、青龙泉中层、黄楝树	屈家岭文化	2900～2600
石家河、跑马岭 F1	龙山时代	2600～2100

（三）珠江流域

珠江流域地处热带和亚热带，气候炎热多雨，全年都是生长季节，是野生稻的主要产区。这里的新石器时代遗址虽然很多，但经正式发掘的还比较少，从而限制了早期栽培稻遗存的发现。至今只有广东曲江石峡及其附近的泥岭两处是出过稻谷的[1]。

石峡位于北江支流马坝河的南岸，地面海拔约 62 米。1973～1976 年发掘期间，曾经在中层和下层发现了许多稻谷和炭化稻米，出土情况大致有以下几种。

（1）窖藏：如 T47③的一个圆角方形窖穴的堆积土中，发现有数百粒炭化稻米，当是窖藏粮食的残留。

（2）随葬：在下层有 9 座二次葬深穴墓的随葬品旁边，有稻谷或稻米和泥土凝结成块。每块大小约为 700～1400 立方厘米，并多已炭化成黑色，显系给死者随葬的粮食。

（3）掺和料：用稻谷壳和稻草秆掺杂在泥土中砌火塘、抹墙乃至涂抹墓坑底部，因而留下了许多痕迹。

根据鉴定，石峡的稻谷和稻米多数属于籼稻，少数是粳稻。如 T47③窖穴中10 粒籼米标本测定的结果是：长 5.1～5.8 毫米，平均 5.47 毫米；宽 2.5～2.9 毫米，平均 2.73 毫米；厚 1.7～2.1 毫米，平均 1.96 毫米；长宽比平均 2.004，接近于现今广东米粒分级标准中的短粒。5 粒粳米标本测定的结果是：长 4.9～5.3 毫米，平均 5.1 毫米；宽 3.0～3.2 毫米，平均 3.14 毫米；厚 2.1～2.4 毫米，平均 2.22 毫米；长宽比平均为 1.625，接近于现今广东米粒分级标准中的最短粒。在两类之间，不同长宽厚的米粒都有，可见品种的纯度较差，是栽培程度比较原始的一种反映。

---

［1］　杨式挺：《谈谈石峡发现的栽培稻遗迹》，《文物》1978 年第 7 期。

石峡墓葬曾分为四期[1]，其中二至四期均出有稻米或稻谷壳。遗址的最下层也出有稻米和稻壳，有的年代比一期墓更早。所以石峡遗址的居民自始至终都是种植稻谷的。

第一期墓有一个碳 - 14 数据：BK76024（M79）——2270 ± 110BC；第三期墓有两个碳 - 14 数据：BK75046（M43）——2380 ± 90BC，BK75050（M26）——2070 ± 100BC。看来三期墓葬的年代比较接近，相隔的时间并不很长。如果用树轮年代加以校正，再把下层早于一期墓的年代适当延长，则石峡文化的年代（包括下文化层和第一至第三期墓葬）可能在公元前 3000 ～ 前 2400 年。至于中层及第四期墓葬，则可能已经进入商代了。

（四）云南

云南北部位于长江上游，大部分海拔在 1500 米以上，属于云贵高原的组成部分。境内地形复杂，气候随高程而发生极大的变化，生态环境多种多样。由于在本省西南部曾发现过许多野生稻，植物学家们往往把这里看成栽培水稻的重要起源地区之一。但是因为在这个地区新石器时代遗址的发掘工作做得较少，故早期栽培稻遗存的发现也受到一定的限制。至今已发现过稻谷的地方有四处，代表十多个遗址，它们的年代都不甚早。

（1）元谋大墩子：遗址分为两期，稻谷遗存均出自早期的地层中。一是在 H1 中出大量灰白色的稻叶和谷壳粉末，一是在 K7 的三个陶罐内发现大量炭化稻粒，经鉴定属于粳稻[2]。同期 F5 木炭的碳 - 14 年代为 1260 ± 90BC，可能有些偏晚（图八）。

（2）宾川白羊村：1973 年 11 月至 1974 年 1 月发掘，文化遗存可分两期。在 23 个窖穴内发现有大量灰白色的粮食粉末与稻壳稻秆痕迹；主要是属晚期的[3]。早期 F9 第 2 号柱洞出土木炭的碳 - 14 年代为 1820 ± 85BC。早晚两期的年代可能差距不大。

（3）剑川海门口：1957 年清理时，在可能是干栏式建筑的木桩之间，有四处发现了稻穗和稻谷凝块[4]。这个遗址虽然出土了大量石器，但同时又出有铸造很好

---

〔1〕　广东省博物馆、曲江县文化局石峡发掘小组：《广东曲江石峡墓葬发掘简报》，《文物》1978 年第 7 期。

〔2〕　云南省博物馆：《元谋大墩子新石器时代遗址》，《考古学报》1977 年第 1 期。

〔3〕　云南省博物馆：《云南宾川白羊村遗址》，《考古学报》1981 年第 3 期，365、366 页。

〔4〕　云南省博物馆筹备处：《剑川海门口古文化遗址清理简报》，《考古通讯》1958 年第 6 期。

的铜斧等金属工具，可能属于早期铜器时代。其碳 – 14 年代为 1150 ±90BC（图九）。

（4）滇池东岸的遗址群：1958 年调查时，在官渡等多处遗址中发现有大量的泥质红陶圈足盘，其数目几乎占全部陶片的 80% 以上。这种陶盘胎壁较厚，质地粗糙，火候很低，器壁内外夹有稻谷壳和谷穗芒的痕迹，有的还保留着谷壳本身[1]。一般认为这些遗址属于新石器时代晚期，绝对年代暂时难以估定。

图八　云南元谋大墩子稻粒　　　　图九　云南剑川海门口稻谷凝块

（五）黄淮流域

黄河和淮河流域纬度较高，气候比较干燥，平均气温也较长江流域为低。但在公元前两三千年以前的一段时期里，这里的气温却要比现在高约 2℃。因而在史前时代也有稻谷的分布，只是栽培的时间较晚，数量也比较有限。现知有以下几处遗存。

（1）河南渑池仰韶村：正如前面所述，1921 年发现的稻壳痕迹的具体年代虽难以确定，但当不晚于龙山时代。

（2）郑州大河村：那里有很发达的仰韶、龙山遗存，在仰韶遗存中曾发现稻谷痕迹[2]。

（3）陕西华县泉护村：1958 年北京大学考古实习队在该处发掘时，在属于仰韶文化庙底沟期的一座大型房子（F201）的灶坑中，发现了小米皮壳和类似稻壳的遗迹，但没有经过正式鉴定[3]。

（4）山东半岛：作者近年在烟台地区进行考古发掘时，于栖霞杨家圈龙山遗存中发现有稻壳及稻壳印痕，当地为北纬 37°15′，是现知史前栽培稻分布的最北

〔1〕 黄展岳、赵学谦：《云南滇池东岸新石器时代遗址调查记》，《考古》1959 年第 4 期。

〔2〕 郑州市博物馆资料。

〔3〕 黄河水库考古队华县队：《陕西华县柳子镇考古发掘简报》，《考古》1959 年第 2 期，73 页。

界线。

（5）安徽固镇濠城镇：原属五河县，今归固镇县辖治。镇北有一台形遗址，位于淮河支流南沱河的拐弯处，在遗址的炭灰土中发现有烧焦的稻粒[1]。报道只说是属于新石器时代，由于共存器物不明，无法确定其具体的文化期。

此外，在台湾地区台中县的营浦遗址中也曾发现了史前稻谷遗存，那里有些陶片中印有稻壳的痕迹，所属文化接近凤鼻头贝丘文化[2]，与福建昙石山文化也有若干相近之处。

以上是直到目前为止我国史前栽培稻遗存发现的基本情况（图一〇），只要稍加分析，不难看出某些基本的趋向。

第一，按照年代排比，河姆渡第4层的稻谷是最早的，而恰恰又是最丰富的。那里的稻谷已经远离野生种而与现代栽培稻接近，那里谷壳等遗存多得惊人，并有一套专用的稻作农具，这些情况说明当时的稻作农业已远非处在萌芽状态，说明我国栽培稻米的历史应该比公元前5000年早许多，在探索栽培稻起源这一课题下，今后还要做出许多努力，特别是考古工作者的努力。

第二，发现稻谷的遗址绝大部分是在古代的湖泊沿岸和沼泽地带，现在已有许多文化层降于潜水面以下，有些遗址的孢粉分析表明附近有许多水生植物，据此可以推测当时种植的主要是水稻而非陆稻（山地稻）。水稻和陆稻究竟哪一种是首先被栽培的，过去曾有不同的看法，现在也还有人主张陆稻的栽培先于水稻[3]，但是基于许多事实，绝大多数人都已承认水稻的栽培应早于陆稻[4]。我国史前栽培稻遗址所处的地理环境，不啻为后一种理论提供了新的有力的证据。

第三，籼稻和粳稻是亚洲水稻的两个最基本的亚种[5]，二者究竟各有来源还是同一种系的分化，同样存在着不同的看法。丁颖先生曾经根据二者的生态习

---

〔1〕 燕修山、白侠：《安徽寿县牛尾岗的古墓和五河濠城镇新石器时代遗址》，《考古》1959年第7期。

〔2〕 韩起：《台湾省原始社会考古概述》，《考古》1979年第3期，255页。

〔3〕 J. Davidson, 1975. Recent Archaeological Activity in Vietnam. *Journal of the Hong Kong Archaeological Society*, 6. 在这篇文章中，作者认为在公元前8000年的北山文化就可能栽培了山地稻，但没有提出任何证据。

〔4〕 I. C. Glover, 1979. Prehistoric Plant Remains from Southeast Asia, with Special Reference to Rice. *South Asian Archaeology 1977*, Naples, 1: p. 28.

〔5〕 菲律宾国际水稻研究所的农学家张德慈把亚洲水稻分为印度稻、日本稻和爪哇稻三个亚种，前两种也就是籼稻和粳稻。见 T. T. Chang, 1976. *The Rice Cultures, the Early History of Agriculture*, Phil. Trans. R. Soc. London, Ser. B.

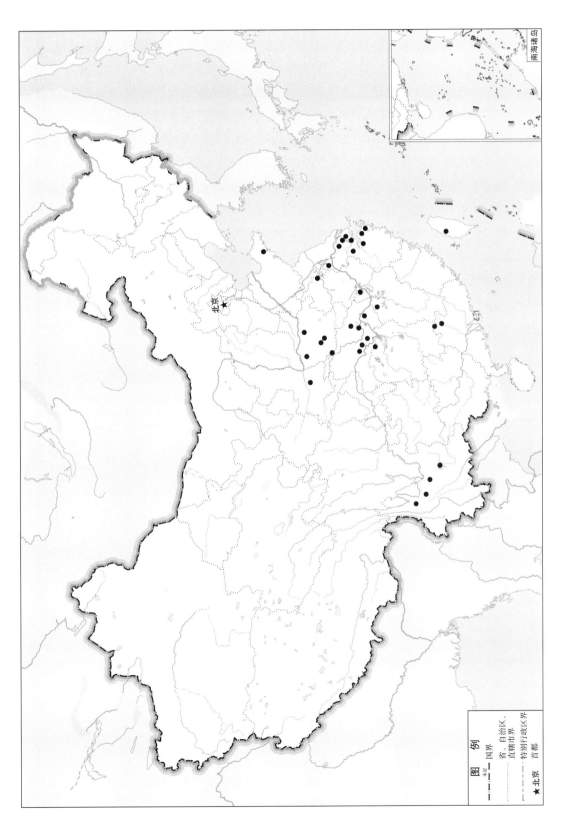

图一〇　发现稻谷遗存的新石器时代遗址

南海诸岛

图　例

—·—·—　国界

·············　省、自治区、直辖市界

- - - - -　特别行政区界

★北京　首都

性及其同野生稻联系的亲疏关系，认为籼稻是基本型，粳稻是在栽培稻演化过程中，由于扩展到较温凉的地区而发生变异的气候生态型[1]。从我国栽培稻品种的发展来看，二者都可追溯到公元前 5000 年左右的最早时期，不过河姆渡第 4 文化层出土的基本上属于籼稻，并且一直到马家浜期结束的一千多年中，籼稻的种植仍然是主要的。此后粳稻似有增加，湖北几处屈家岭文化遗址中的稻谷均属于粳；云南元谋大墩子海拔 1080 米，所出稻谷也属于粳，至于其他遗址，大多是籼粳兼而有之。石峡稻谷除明确可以定为籼粳两型者以外，还有不少稻粒的测量数据介于二者之间，因为二者是可以混交的。看来籼粳的出现，除了气候生态条件变化的影响以外，也不排除有其他野生稻亲本的作用，至于现今许多地区籼粳兼种而能保持各自的特性，则应是长期人工选择的结果。

第四，如果把稻谷遗存所属的时间和分布地域联系起来，就不难看出我国栽培稻发展的一个大概轮廓：它们像是从一个中心出发，像波浪一样地逐级向周围扩展开来。由于河姆渡第 4 层的年代最早，稻谷又最丰富，它所在的杭州湾及其附近自然是最有条件被当作起源中心看待的。接着的第一个波浪到达长江三角洲的近海一侧，即马家浜文化期所代表的范围，年代大约在公元前 4300 ~ 前 3700 年。第二个波浪沿长江向西发展，直达两湖盆地，就是北阴阳营期和大溪文化分布的范围，年代为公元前 3800 ~ 前 2900 年左右。第三个波浪是在公元前 2900 ~ 前 2100 年左右发生的，长江下游和杭州湾地区的良渚文化，两湖盆地的屈家岭文化，北江流域的石峡文化，以及分布于黄淮平原、江汉平原和长江以南许多地区的属于龙山时代诸文化的范围之内，都已有了水稻的种植。如果说第二个波浪所形成的还只限于比较狭小的江湖沼泽地带，那么第三个波浪就在较多的地方扩展到江河支流的谷地，分布范围一下子增加了好几倍。史前的情况大致如此。第四个波浪发生在历史上的夏商周时代，水稻种植进一步向长江上游、台湾和黄河中下游以北扩展，从而初步地形成了很接近于现今水稻分布的格局（图一一）。

为了进一步说明我国栽培稻遗存发现的意义，这里不妨同世界上栽培稻谷较早和较发达的地区作一比较。

印度一向被认为是栽培稻的起源中心，瓦维诺夫最充分地阐发了这一观点。他写道：

> "印度尽管在栽培植物的种类上不如中国多，但它的稻谷传到中国，并在过去的千百年来成为其主要的粮食作物，遂使热带的印度在世界农业上显得更为

---

[1]   丁颖：《中国栽培稻种的起源及其演变》，《农业学报》1957 年第 3 期。

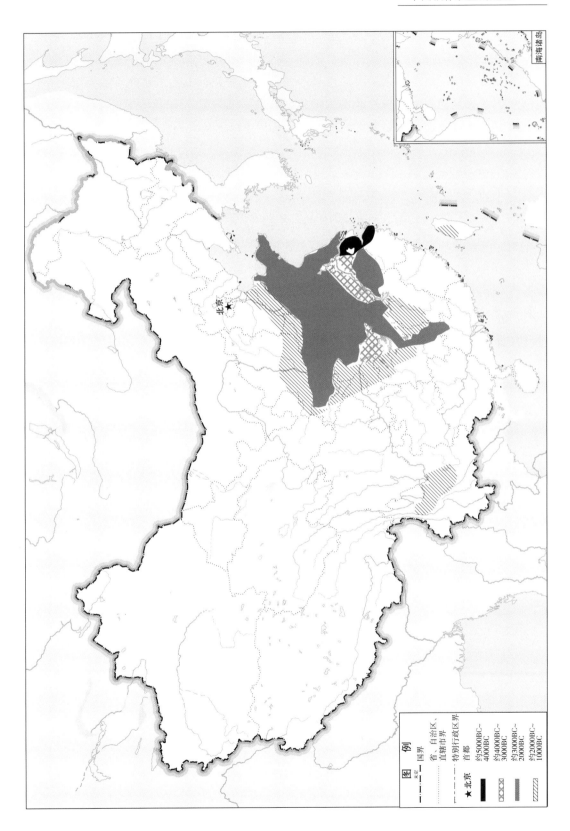

图一一　栽培稻分布区逐级扩大的形势

重要。印度之所以成为稻米的故乡，乃是由于在那里有许多种野生稻和长得像野草、并具有野草的一般特性，即在谷粒成熟时随即脱落以保证自播的普通稻谷。那里还发现了若干连接野生稻和栽培稻的中间性品种。印度栽培稻品种的差别是世界上最显著的，其中劣质谷粒的原始品种最为典型。印度因其稻谷各品种的良好的遗传优势而与中国和亚洲其他次级栽培区相区别。"[1]

　　瓦维诺夫的这个观点主要是从植物分类学和遗传学的角度来说明的，完全没有涉及考古学的证据，因而有很大的片面性。即使从同一角度来看，支持印度起源论的主要根据，诸如野生稻和连接野生稻与栽培稻的中间性品种，以及栽培稻本身的多型性等，在中国南方和东南亚的许多地区都可以找到。所以把印度说成水稻起源的唯一中心，无论如何是很难成立的。至于在印度发现的史前栽培稻标本，大多数年代并不很早。据米特提供的资料，古吉拉特邦的洛撒尔（Lothal）第一期墙壁涂料中掺稻壳和稻草，其碳 – 14 年代为 2080 ± 135BC 至 1895 ± 113BC。同时他推测古吉拉特邦的兰格普尔（Rangpur）和中央邦的阿特兰吉克希勒（Atran-jikhera）均为 2000BC，拉贾斯坦邦的埃合尔（Ahar）和比哈尔邦的奇兰特（Chirand）均为 1800BC[2]。只有一处标本的年代似乎特别早，出自中央邦阿拉哈巴德附近的科尔迪希瓦（Koldihevah）新石器地层中。该标本系陶片上的稻谷印痕，经电子显微镜观察为稻谷的栽培及野生种。它的上面被铜石并用时代的文化层压着，后者最早的年代据碳 – 14 测定是 4530 ± 185BC。按照逻辑推测，下层的稻谷标本自当更早。问题在于仅仅选择碳 – 14 数据中最老的一个标本的方法是极不科学的，大多数证据都难以把印度的铜石并用时代提到那么早。加以这一情况只是米特给格洛弗个人通信中谈到的[3]，至今未见正式资料的发表。

　　泰国东北部的班清（Ban Chieng）遗址曾发现炭化稻粒，在陶片上也有稻壳的印痕，其中除野生种外，还有大粒如现代水稻品种者。这些标本的年代估计在公元前第四千年的晚期[4]。

---

〔1〕　N. I. Vavilov, 1949 – 1950. The Origin, Variation, Immunity, and Breeding of Cultivated Plants. *Chronica Botanica*, 13（1 – 6）: p. 29.

〔2〕　V. Mittre, 1974. Palaeobotanical Evidence in India. *Evolutionary Studies in World Crops*, pp. 3 – 30.

〔3〕　I. C. Glover, 1979. Prehistoric Plant Remains from Southeast Asia, with special reference to rice. *South Asian Archaeology 1977*, Naples, 1: p. 29.

〔4〕　I. C. Glover, 1979. Prehistoric Plant Remains from Southeast Asia, with special reference to rice. *South Asian Archaeology 1977*, Naples, 1: p. 30.

越南较早的稻谷遗存出自红河流域青铜时代中期的文郎时期。在永富的同豆第 3～4 层发现了许多炭化谷粒，碳－14 年代为 1378±100BC[1]。戴维森曾谈到越南新石器时代晚期的酉阳时期（约公元前 4000 年）已有稻作农业[2]，但不知具体根据是什么。

印尼苏拉威西南部的尤鲁·梁（Ulu Leang）洞穴遗址中发现有许多炭化稻谷及稻壳，经鉴定属栽培稻。该层的碳－14 年代仅为 50BC，而叠压在它上面的地层的碳－14 年代反倒是 2220±90BC，显然有误。据格洛弗推测其下层的稻谷可能早到公元前 4000 年[3]。

日本种稻的历史比上述各国都晚。以前只知弥生时代种稻，近年来在长崎原山和广岛名越等地绳文时代晚期陶片上发现印有稻壳痕迹，其年代最多能早到公元前 1000 年。

总起来看，在南亚、东南亚和日本发现的史前栽培稻遗存，就其有确凿年代证据的来说，都没有河姆渡第 4 文化层乃至马家浜期那么早，更没有河姆渡那样丰富和发达。当然，人们不应仅仅根据这一事实，就反过来认为河姆渡是一切水稻的起源中心。因为考古发现常常要受到遗址保存情况和工作开展程度的制约，不能因为某地现时尚未发现较早的遗存，就断定那里本来就不曾有过早期的东西。我们只是想说明一个事实，就是过去把中国作为水稻次级栽培区的观点是根本站不住脚的。就是在中国，水稻起源也不仅华南一地，最重要的中心很可能还是长江下游和杭州湾一带，下面我们将就野生稻的分布和气候的变迁进一步阐明这一观点。

二　野生稻的分布及栽培稻的起源问题

栽培稻是由野生稻培育成功的，而野生稻不止一种，栽培稻品系更为复杂。所以要探索栽培稻的起源，特别是某一地区是否即起源中心之一，除了在那里必须发现有较早的栽培稻遗存以外，还必须有（或历史上曾经有过）野生稻的分布，而那种野生稻同当地最早的栽培稻又必须在遗传学上具有最密切的亲缘关系。

---

〔1〕　I. C. Glover, 1979. Prehistoric Plant Remains from Southeast Asia, with special reference to rice. *South Asian Archaeology 1977*, Naples, 1：p. 31.

〔2〕　J. Davidson, 1975. Recent Archaeological Activity in Viet-nam. *Journal of the Hong Kong Archaeological Society*, 6.

〔3〕　I. C. Glover, 1979. Prehistoric Plant Remains from Southeast Asia, with special reference to rice. *South Asian Archaeology 1977*, Naples, 1：pp. 19 – 24.

对于我国现有野生稻的调查开始于 20 世纪初。1917 年，美国人麦尼尔在广东罗浮山麓至石龙平原一带首次发现了普通野生稻[1]。1926 年，我国水稻学家丁颖在广州东郊犀牛尾的沼泽地带发现了野生稻；随后在番禺、增城、丛化直至广西的西江流域的很多地方都发现了普通野生稻，其特性与籼稻很是接近。他用这种野生稻与籼稻进行杂交，从而培养出了栽培稻的新品种[2]。1932～1933 年，中山大学植物研究所在海南岛发现疣粒野生稻，以后又在台湾和云南等地陆续有所发现。1963 年，中国农业科学院建立水稻生态研究室，旋即对全国野生稻的分布、分类及其同栽培稻的关系等课题进行调查和研究，获知我国野生稻主要有三种，即普通野生稻（*O. Sativa f. Spontanea*）、疣粒野生稻（*O. meyeriana*）和药用野生稻（*O. officinalis*）（图一二）三者都分布在北纬 25° 以南的热带和亚热带地区，包括台湾、广东、广西和云南等省[3]，但生态习性各不相同。普通野生稻适于水生开阳的生态环境，故分布高度较低，一般在海拔 30～600 米，并多见于沼泽地、草塘或溪河沿岸；有的呈大面积分布，如广东海康县特侣塘中就有 1500 亩之多。疣粒野生稻喜旱生荫蔽的生态环境，多分布于沿江坡地和高山河谷的灌木丛林中，海拔为 520～1000 米。药用野生稻喜湿生寡照的生态环境，多分布于日照较短和湿润的山谷之中。

图一二　野生稻

1. 普通野生稻（*O. Sativa f. Spontanea*）　　2. 药用野生稻（*O. officinalis*）　　3. 疣粒野生稻（*O. meyeriana*）

---

〔1〕　E. D. Merrill，1917. *Oryza Sativa L.*，*Philip. Journ. Scl.*，Vol. 12，No. 2.

〔2〕　丁颖：《广东的野生稻及由是育成的新种》，《中山大学农艺专刊》1933 年第 3 期。

〔3〕　广东农林学院农学系：《我国野生稻的种类及其地理分布》，《遗传学报》1975 年第 1 期。

三种野生稻均为多年生，宿根性。其中普通野生稻 9～11 月出穗，株高 1～1.5 米，茎匍匐生，地上分枝。穗枝披散，着粒较疏，谷粒狭长，一般粒长 8～9 毫米，稃端有芒，柱头外露。谷粒成熟时黑褐色或黄褐色，边成熟边落粒。这种野生稻有许多性状类似于栽培稻的籼型品种，其中除原始野生类型外，还有不少接近于栽培稻的中间型，如花粉败育型和无花粉型等，它们都可作为常规育种和选育雄性不育系的亲本材料。所以探索栽培稻的起源，普通野生稻的关系是最密切的。其他两种野生稻同栽培稻的关系似乎较远，但也不能说没有丝毫关系。例如云南的栽培稻中就有与疣粒野生稻相似的昆明"李子黄"，粒性和石碳酸反应近似籼稻，但脱粒性和稻瘟感染性方面又近似粳稻[1]。可见现代的籼粳差别并不是绝对的，它们的起源也不一定是纯粹单一的。

一般认为，由多年生野生稻演变为一年生栽培稻，需要经历一个一年生野生稻的进化阶段，而这种一年生野生稻在我国也是很普遍的。如云南石鼓一带的"掉谷"就是其中之一，每当栽培稻接近成熟时，这种掉谷的谷粒就已经掉光了。又如广东和广西等地的"落禾""野禾"和"飞禾"等，乃是混生在一般稻田和深水稻田中的野稻，其繁殖比稗草还要厉害。此外还有小粒野生稻和安徽的"浮稻"等等[2]。从遗传进化的角度来看，它们同栽培稻应有更加密切的关系。

问题在于，我国现存野生稻同最早的栽培稻遗存分布区不相符合：最早的栽培稻遗存在长江下游和杭州湾地区，而野生稻主要在珠江流域以及同纬度的其他地区，只有"浮稻"分布于安徽巢湖沿岸，有人却又认为它不过是栽培稻的野性化产物。这显然是一个很大的矛盾。不能设想长江下游的部落要跋涉千里，跑到珠江流域去采集野生稻的籽种，然后运回来进行驯化和栽培。姑且不论交通的困难在当时是否可能克服，单是因为人们不生活在野稻自生的环境之中，就根本不可能形成食用和栽培它的知识。因此，实际上只存在两种可能性：一是华南的原始部落首先学会栽培，然后把这种知识传到长江下游和其他地区，这正是过去许多人提出过的，但由于至今在华南（以及邻近的中南半岛）早期新石器遗存中还没有发现栽培稻谷，这一假说暂时还得不到考古资料的证实；另一种可能是长江下游原本有野生稻，栽培稻正是首先在那里培育成功的。关键在于是否在那里真的有过野生稻，这需要从历史记载和气候环境的变迁得到说明。

我国历史文献上明确记载有野生稻生长的资料主要有以下十项。

---

〔1〕 柳子明：《中国栽培稻的起源及其发展》，《遗传学报》1975 年第 1 期。

〔2〕 李璠：《栽培植物的起源和演变》，《生物史》第五分册，科学出版社，1979 年，14 页。

（1）"黄龙三年（231年）由拳野稻自生。"（《三国志·孙权传》）

（2）"元嘉二十三年（446年），吴郡嘉兴盐官县野稻自生三十许种。"（《宋书·符瑞志》）

（3）"中大通三年（531年），吴兴生野稻，饥者赖焉。"（《南史·梁本纪》）

（4）"开元十九年（731年），扬州稆稻生"。（《新唐书·玄宗本纪》）

（5）"大中六年（852年）九月，淮南节度使杜悰奏：海陵、高邮两县百姓于官禾中漉得异米煮食，呼为圣米。"（《文献通考》卷二九九）

（6）"太平兴国四年（979年）八月，宿州符离县淠湖稆生稻，民采食之，味如面，谓之圣米。"（《文献通考》卷二九九）

（7）"淳化五年（994年），温州静光院有稻稆生石罅，九穗皆实。"（《文献通考》卷二九九）

（8）"大中祥符三年（1010年）二月，江陵公安县民田获稆生稻四百斛。"（《文献通考》卷二九九）

（9）"大中祥符六年（1013年）二月，泰州管内四县生圣米。"（《文献通考》卷二九九）

（10）"天圣元年（1023年）六月，苏秀二州湖田生圣米，饥民取之以食。"（《文献通考》卷二九九）

此外，《山海经·海内经》也曾谈到西南黑水之间的都广之野（当在广东一带）有膏稻等"百谷自生"，但那带有神话色彩，不像是实际情况的报道（图一三）。

上述记载中所谓稆生即野生，稆稻即野稻。稆即秜本字，《后汉书·献帝本纪》："尚书郎以下自出采稆"，注："稆音吕，自生稻也。"稆又通旅，《后汉书·光武帝本纪》："建武三年嘉谷旅生"，注："旅，寄也，不因播种而生，故曰旅。"至于圣米，第6条本身已经说得很明白，是当地人民对于野生稻的一种称呼。此外商代甲骨文中已有秜字[1]，《说文解字》云："稻今年落来年自生谓之秜"，可见也是一种野生稻，只是不知产于何地。

历史记载的一个很大缺点就是缺乏野稻性状的具体描写，无法判断所记野稻属于哪一个品种，甚至可能有栽培稻的野性化。但绝大多数还应属于天然的野生稻。其中有的说是生于潟湖或湖田，正合于普通野生稻水生开阳的生态环境。从

---

〔1〕于省吾：《商代的谷类作物》，《东北人民大学人文科学学报》1957年第1期，101页。

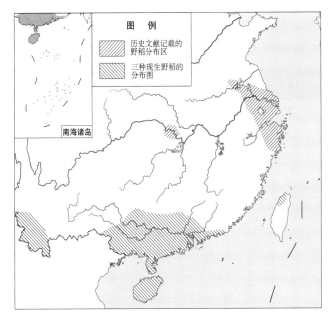

图一三　中国野生稻分布示意图

分布地区的自然环境来看，以属于普通野生稻的可能性较大。

　　历史文献记载的野生稻还有一个值得注意的地方，就是分布地区非常集中。10条记载中竟有 8 条位于长江下游及其附近，其中尤以浙江北部的嘉兴（由拳、秀州）、吴兴和江苏中南部的苏州、泰州（海陵）和扬州为多，这一情况正好同最早的栽培稻遗存分布区域相合，显然不能认为是偶然的巧合。应当承认，文献记载的野生稻乃是史前野生稻的遗留，最早的栽培稻正是在当地史前野生稻的基础上培育成功的。至于为什么那些分布于长江下游及其附近的野生稻在历史上还屡屡见于记载，而到现在除安徽的"浮稻"和江西东乡的野生稻外已经基本消失，退到了北纬 25°以南的热带和亚热带地区，其原因不外是两条：一是气候的变迁，二是土地的高度开发。

　　许多事实说明，距今六七千年及其以前，长江流域的气候是和现在的珠江流域的气候差不多的。河姆渡的动物骸骨中有象、犀、猕猴和红面猴等，象和犀现在分布于热带森林区，猕猴分布于西南、华南和长江流域，红面猴分布于广东、广西、福建和四川。鉴定者认为："它们的存在，表明当时的气候温热湿润，雨量充沛，气温应比现在稍高，大致接近于现在我国华南的广东、广西南部和云南等地区的气候。"[1]

――――――――――――

〔1〕　浙江省博物馆自然组：《河姆渡遗址动植物遗存的鉴定研究》，《考古学报》1978 年第 1 期，102 页。

根据孢粉分析，河姆渡附近"生长着茂密的亚热带常绿落叶阔叶林，主要建群树种有薯树、枫香、栎、栲、青岗、山毛榉等，林下地被层发育，蕨类植物繁盛，有石松、卷柏、水龙骨、瓶尔小草，树上缠绕着狭叶海金沙和柳叶海金沙。这两种海金沙现在只分布于广东、台湾、马来亚群岛、泰国、印度、缅甸等地，说明当时的气候要比现在更为温暖湿润。"[1]

上海崧泽遗址从生土到上文化层做了系统的孢粉分析，其结果正如表三所示[2]。

表三　崧泽遗址孢粉分析结果

地层	文化期	年代（公元前）	气候
生土			中亚热带温热潮湿气候，年平均温度约比目前高 2～3℃
下层	马家浜期	4035±140	中亚热带温热潮湿气候，湿度比生土层大
中层早期	马家浜晚期		中亚热带温热湿润气候
中层中期	崧泽期	3910±245	温带温凉气候，比目前气候凉干
中层晚期	崧泽晚期	3230±140	中亚热带温热湿润气候，比目前温度高 1～2℃
上层早期	春秋战国以前		北亚热带温暖湿润气候
上层晚期	春秋战国以前		气候温暖略凉干

表三年代为各层标本的碳－14 年代并经树轮校正之数据。生土层的年代比马家浜期早，但具体年代不易确定，列在这里是为了更清楚地看出气候变化的趋向。从表三可以看出，在公元前约三千年以前，除了典型的崧泽期较现在稍凉而干燥外，长江下游的气候一般都比现在更加温热和潮湿，而平均温度最高的时期发生在马家浜期以前。

如果把范围扩大一些，同样可以看到类似的现象。例如从江苏北部连云港地区采集的距今五六千年的沉积物中发现有假轮虫化石，这种假轮虫现在只生活在东海南部水域，在黄海是找不到的。而连云港正位于黄海西岸，可知当时的水温较现在为高[3]。至于台湾，据研究在 5500 年以前的台南海进期的气温比现在要

〔1〕　于省吾：《商代的谷类作物》，《东北人民大学人文科学学报》1957 年第 1 期，105 页。

〔2〕　王开发、张玉兰、蒋辉等：《崧泽遗址的孢粉分析研究》，《考古学报》1980 年第 1 期。

〔3〕　李元芳：《微体古生物与古地理》，《地理知识》1981 年第 4 期，26 页。

高 2.5℃ 左右〔1〕。当时黄河流域的气温也比现在高，西安半坡的动物群有獐和竹鼠两种喜暖动物就是证明。竺可桢先生根据这一情况和其他物候资料，推断当时的气温比现在高约 2℃〔2〕。所有这些情况表明，大约在公元前四五千年及其以前的一个时期，长江流域的气候比现在更加温热潮湿，基本上同现在的珠江流域相当。既然现在的珠江流域是适宜野生稻生长繁殖的地方，那么在地理上相邻，历史上气候条件相同的长江流域就没有理由排除在野生稻繁殖滋长的范围之外。崧泽生土层中仍出有少量禾本科的孢粉，也许正是当时存在野生稻及其他禾本科植物的一个直接证明。

河姆渡文化和马家浜文化的时期，即在公元前四五千年左右，乃是全新世开始以来的气候最适宜期。从那以后，长江流域的气候开始向温凉方向转化，野生稻的分布线遂逐渐南移。但在原产地区，在气候条件虽已改变但并未达到无法生存和繁殖的情况下，如果土地也还没有充分地开发利用，那么在湖沼河汊和某些荒地里，不免还会保留一些野生种，这可能就是为什么历史上记载的野生稻主要集中在长江下游的原因。但到明清以后，长江下游越来越成为我国经济发展的先进地区，土地开发最广，利用率最高，低地湖沼亦被围垦，这就使得野生稻越来越濒于灭亡的边缘。但即使这样，直到现在也还没有完全绝迹。有人认为安徽巢湖沿岸生长的"浮稻"，可能就是古书上记载的某种稆生稻的残留。这种浮稻野生，有芒，籽实短圆易脱落，颖色灰褐，米色微红，具有野生稻的典型特征，在与栽培稻的关系上则比较接近于粳稻而与籼稻相距较远〔3〕。

让我们把前两节的意思归纳如下。

（1）中国史前有丰富的栽培稻遗存，集中的产地是长江中下游，年代最早的则在杭州湾和长江三角洲近海一侧。

（2）长江下游等地在公元前四五千年及其以前的一个时期，气候比现在温热潮湿，最适宜野生稻的生长繁殖。进入历史时期以后，那里仍有许多关于野生稻的记载，现在也还存在着野生的"浮稻"，可以推断，那里在史前时代应是野生稻繁殖的重要地区之一。

（3）长江下游等地在史前时代主要是低湿的湖泊沼泽带，正是普通野生稻所

〔1〕 韩起：《台湾省原始社会考古概述》，《考古》1979 年第 3 期，248 页。

〔2〕 竺可桢：《中国近五千年来气候变迁的初步研究》，《考古学报》1972 年第 1 期，18、35 页。

〔3〕 李璠：《栽培植物的起源和演变》，《生物史》第五分册，科学出版社，1979 年，14 页。

要求的水生开阳的生态环境，故那里应以自生的普通野生稻为主，当然也还会有其他类型的品种，"浮稻"就是其中之一。

从遗传学的亲缘关系来看，普通野生稻最接近于籼稻，而"浮稻"同粳稻具有更多的联系。当地出土的最早的稻谷遗存正好是以籼稻为主而兼有少量粳稻，因此它们很可能就是从本地的野生稻中培育出来的。

（4）把迄今获得的考古资料按照时间先后来进行排比，最早的水稻仅限于杭州湾和长江三角洲近海一侧，然后像波浪一样，逐级地扩展到长江中游、江淮平原、珠江流域、长江上游和黄河中下游，最后完成了今天水稻分布的格局，这就清楚地说明了长江下游及其附近乃是我国栽培稻起源的一个重要的中心。

但是，正如怀特等所指出的那样，既然适于栽培的野生稻在中国、印度和东南亚等许多地方都有分布，那么栽培稻也就可能在许多地方较早地独立发生[1]。中国的水稻固然不必到外国去找根源，而中国本身也不必只有一个栽培稻起源的中心。由于考古工作开展的不平衡，我们对华南史前文化的认识至今还是很少，而按照植物学家和农学家们的看法，那里是具有栽培稻起源的良好条件的，只是暂时还得不到考古资料的证实罢了。

最后还应指出的是，即使是最早的栽培稻遗存，如河姆渡第 4 文化层所见到的，也已经是远离野生祖本而充分发展了的形态。要彻底弄清楚某一地区栽培稻的起源，还需要做出很大的努力去寻找更早的栽培稻和野生稻标本，并且从各自的品种分析它们之间的亲缘关系，进而了解从野生祖本逐步驯化选育的具体步骤，还要研究其他地区的稻谷（野生的和得到培育的），在本地栽培稻培育过程中的影响——假如存在这种影响的话。现在这些还都不容易做到，本文只是根据目前已经积累的资料和研究成果，提出一种初步的解释和对今后工作的设想，希望得到有关方面的指正。

（原载《农业考古》1982 年第 1、2 期。后收录在《史前考古论集》，科学出版社，1998 年）

---

〔1〕　R. O. Whyte, 1977. The Botanical Neolithic Revolution. *Human Ecology*, 5 (3).

再论中国稻作农业的起源

一

中国稻作农业究竟起源于什么地方，从来就有不同的看法。归纳起来，大致有印度说、东南亚说、华南说和云南说。现在主张前两种说法的人少了，而主张后一种说法的人逐渐增多。不过所有这些说法都没有充分考虑大量史前栽培稻遗存的证据，而要探索稻作农业的起源是不能不考虑这些证据的。

几年以前，我曾对当时已知的30多处史前栽培稻遗存的年代、分布、种属进行了分析，对它们同我国历史上记载的野生稻与现今生存的野生稻的关系进行了考察，提出长江下游及其附近可能是我国栽培稻起源的一个重要中心，同时指出华南也是一个很值得注意的地方[1]。从那以后，关于栽培稻遗存的发现、研究和野生稻的调查又都有相当的进展。这些进展当然还远远没有达到最终解决稻作农业的起源问题，但多少比以前明朗一些了。而长江下游起源说也受到越来越多的学者关注。

二

到目前为止，在我国发现的史前栽培稻遗存已将近70处。除我以前分析过的三十几处以外，至少还有以下一些。

浙江省

宁波八字桥：那里发现的陶片中有夹炭化稻谷壳者，陶釜的肩部也有似稻穗的纹饰。这些陶器的年代约与马家浜文化相当，也许略早于河姆渡遗址第2层[2]。

---

〔1〕 严文明：《中国稻作农业的起源》，《农业考古》1982年第1、2期。

〔2〕 林士民：《浙江宁波市八字桥发现新石器时代遗址》，《考古》1979年第6期。

仙居下汤：那里发现的陶器大多接近于良渚文化，其中有些夹炭红陶中掺稻草末和稻谷壳碎屑[1]。

上海市

上海马桥：在属于良渚文化的第 5 层中，发现有件红陶残支脚上有稻谷的印痕[2]。

江苏省

海安青墩：这是一处多层遗址。在其下层发现了少量炭化稻谷，在人畜粪便硬块中也发现有未被消化掉的稻谷壳。该层文化面貌相当于常州圩墩中层，属马家浜文化，碳 – 14 年代经树轮校正为 3695 ± 110BC[3]。

常州圩墩：这遗址已经过多次发掘。在最近的发掘中，曾漂洗出许多炭化稻米，文化性质属马家浜文化。

吴县摇城：该处传为春秋越王摇王所居，故名摇城。其中有一良渚文化水井出数十粒稻谷，均已炭化。经鉴定有籼稻和粳稻两种，而以后者较多[4]。

苏州越城、句容陈头山、丹徒磨盘墩、江浦龙山；闵宗殿在论及江苏稻作历史时，曾提到在这几处均发现过距今四五千年的稻谷遗存[5]，均未得知其详。

连云港二涧村：李洪甫说他曾在二涧村遗址下层"采集到夹有稻壳的红烧土"[6]。如果地层没有错误，当属青莲岗期，年代与马家浜文化相当。如此早的稻谷在江苏北部出土，是很值得注意的。

赣榆盐仓城：据说徐州博物馆在该遗址下层的龙山文化遗存中采集到炭化稻粒[7]。

江西省

九江神墩：1984～1985 年发掘时，曾在下层文化的一座房屋的红烧土地坪及上面的红烧土堆积中发现稻草和稻谷壳痕迹。年代接近于石家河文化，也有早至

---

〔1〕 台州地区文管会、仙居县文化局：《浙江仙居下汤遗址调查简报》，《考古》1987 年第 12 期。

〔2〕 上海市文物管理委员会：《上海马桥遗址第一、二次发掘》，《考古学报》1978 年第 1 期。

〔3〕 南京博物院：《江苏海安青墩遗址》，《考古学报》1983 年第 2 期。

〔4〕 张志新：《江苏吴县出土新石器时代稻谷》，《农业考古》1983 年第 2 期。

〔5〕 闵宗殿：《江苏稻史》，《农业考古》1986 年第 1 期。

〔6〕 李洪甫：《连云港地区农业考古概述》，《农业考古》1985 年第 2 期。

〔7〕 李洪甫：《连云港地区农业考古概述》，《农业考古》1985 年第 2 期。

筑卫城下层文化者[1]。

萍乡大宝山：有些灰坑底部的红烧土中发现有稻谷壳痕迹，属山背文化，年代与筑卫城下层相当[2]。

萍乡大安里：遗址的红烧土中发现有稻谷壳痕迹，年代与大宝山相当[3]。

此外，据说永丰尹家坪和湖口文昌洑也发现了史前栽培稻遗存，年代也与大宝山相当。

湖南省

澧县丁家岗：这是一个较单纯的大溪文化遗址。文化遗存可分三期。在第一期（大溪文化早期）的一些粗红陶中，常见以稻谷壳或草类作掺和料者[4]。年代估计在公元前4500年以上。

华容车轱山：为一处多层遗址。在早二期的红烧土中发现了不少稻谷壳，年代属大溪文化中期[5]。

平江舵上坪：该遗址第3层属"新石器时代晚期"，大约相当于龙山时代。其中的红烧土有掺稻谷壳者[6]。

除以上几处外，最近在新晃大洞坪和怀化高坎垅也发现了公元前两三千年的稻谷遗存，其分布已逼近贵州东境。看来在贵州发现史前栽培稻遗存已经为期不远了。

湖北省

监利柳关和福田：两处遗址均在洪湖岸边。文化面貌虽与典型的大溪文化有别，但也有若干相似之处，年代大约相当于大溪文化晚期。所出陶片中均有一些

〔1〕　江西省文物工作队、九江市博物馆：《江西九江神墩遗址发掘简报》，《江汉考古》1987年第4期。

〔2〕　江西省文物工作队：《萍乡市赤山大宝山遗址调查记》，《江西历史文物》1980年第4期。

〔3〕　江西省文物工作队：《萍乡市大安里新石器时代遗址调查》，《江西历史文物》1979年第1期。

〔4〕　湖南省博物馆：《澧县东田丁家岗新石器时代遗址》，《湖南考古辑刊》（第1辑），岳麓书社，1982年。

〔5〕　湖南省岳阳地区文物工作队：《华容车轱山新石器时代遗址第一次发掘简报》，《湖南考古辑刊》（第3辑），岳麓书社，1986年。

〔6〕　杨式挺：《从考古发现试探我国栽培稻的起源演变及其传播》，《农史研究》（第二辑），农业出版社，1982年。

夹炭化稻壳者。又在柳关的灰坑中也发现有大量的稻谷壳和稻草灰烬[1]。

秭归龚家大沟：所出大溪文化陶片中有些掺稻谷壳碎屑[2]。

京山朱家咀：在遗址中有许多红烧土，其中发现有稻谷壳痕迹，年代属屈家岭文化早期[3]。

随州冷皮垭：属屈家岭文化遗址，有大量红烧土，其中均掺稻谷壳。经鉴定绝大部分属于粳稻[4]。

云梦龚寨、胡家岗、好石桥、斋神堡：均为多层遗址，前两处有大溪文化、屈家岭文化和石家河文化遗存，后两处只有屈家岭文化和石家河文化遗存。四处遗址均有大量红烧土堆积，其中往往掺稻谷壳和稻草。龚寨和胡家岗属大溪文化的陶片中有夹稻谷壳碎屑者。好石桥可能是属屈家岭文化的地层中出大量炭化稻米，据说是粳米[5]。

四川省

西昌礼州：1975 年发掘时，曾在不同的层位发现炭化稻谷，年代估计为公元前 1500～前 1000 年[6]。

福建省

福清东张：在属于昙石山文化层的红烧土中发现含有稻草痕迹[7]。

南安狮子山：遗址的文化面貌接近于昙石山上层，已出现铜器残片。在黑红色烧土块中可以看到稻草和稻谷壳痕迹[8]。

至于过去报道过的永春九兜山遗址，在一几何形印纹的大陶瓮内有稻穗痕迹。年代至少已达东周，已不属史前的范围了。

〔1〕 荆州地区博物馆：《湖北监利县柳关和福田新石器时代遗址试掘简报》，《江汉考古》1984 年第 2 期。

〔2〕 湖北省博物馆考古部：《秭归龚家大沟遗址的调查试掘》，《江汉考古》1984 年第 1 期。

〔3〕 湖北省文物管理委员会：《湖北京山朱家咀新石器遗址第一次发掘》，《考古》1964 年第 5 期。

〔4〕 刘玉堂、黄敬刚：《从考古发现看随的农业》，《农业考古》1986 年第 1 期。

〔5〕 云梦县博物馆：《湖北云梦县新石器时代遗址调查报告》，《考古》1987 年第 2 期。

〔6〕 黄承宗：《从出土文物看安宁河流域种植水稻的历史》，《农业考古》1982 年第 2 期。

〔7〕 福建省文物管理委员会：《福建福清东张新石器时代遗址发掘报告》，《考古》1965 年第 2 期。

〔8〕 泉州海外交通史博物馆、泉州市文物管理委员会：《福建丰州狮子山新石器时代遗址》，《考古》1961 年第 4 期。

台湾地区

台北芝山岩：在 A 区 3 号探坑的芝山岩文化层底部发现两块保留穗形的炭化稻谷，在 A 区 1 号探坑的贝壳层中也筛出许多炭化稻米。米粒较小，长宽约 4.2 毫米×2.5 毫米，似是粳稻。所测年代经树轮校正分别为 1535±125BC，1625±105BC，2145±65BC[1]。

以上共涉及 35 处遗址，加上以前我曾分析过的三十几处遗址，总数已接近 70 处。实际上，中国史前栽培稻遗存分布的地点还远不止这个数目。一则有些发现尚未报道，已报道的也难免有统计上的疏漏；二则许多遗址是因用稻壳末掺进陶土而得以发现，或用稻谷壳掺入泥土抹墙，后因烧毁才得以保存痕迹。假如当时的人们不用稻壳末掺进陶土，也不用稻谷壳和泥抹墙，或已抹墙而未被火烧过，这些稻谷壳痕迹是难以发现的。特别是我们在考古发掘时还很少采用浮选法收集标本，以致可能有许多零星稻谷遗存未能发现。根据国外的经验，在所有发现谷物遗存的遗址中，约有 80% 是通过浮选法确立的，用普通方法发现谷物的遗址仅占 20% 左右。四川、贵州、广东、广西和海南等省区有的只发现个别地点，有的至今还没有发现，除考古工作开展不够外，谷物本身保存不好和未能利用浮选法收集标本也是重要的原因。

此外还应该提及的是，最近在湖北宜都枝城北属城背溪文化末期的陶片中发现有掺稻谷壳碎屑的现象，年代接近于公元前 5000 年。魏京武等也提到陕西西乡李家村和何家湾的李家村文化（或老官台文化的李家村类型）遗存中，发现有掺稻壳的红烧土[2]。这几项发现的详细情况还不清楚。不过李家村和何家湾都是多层遗址，包含有不同的文化期，老官台文化只是其中最早的一期，在确定稻壳遗存的层位时应特别注意。假如层位没有问题，这将是我国目前所发现的最早的稻谷遗存。即使如此，也还要弄清楚这些稻谷壳到底属栽培稻还是野生稻；如果是栽培稻又是属于哪个亚种，是本地栽培还是从较南的地方输入。在这些问题还都没有弄清楚之前，是很难确切估计这些发现的价值的。

如果我们暂不考虑李家村等处的发现，那么中国史前栽培稻的分布图仍然是以长江下游为中心逐级扩大的：大约在公元前 5000～前 4000 年，史前栽培稻已分布于长江下游到杭州湾一带，长江中游也可能有个别分布地点；大约在公元前 4000～前 3000 年，整个长江中下游平原和江苏北部已有较广泛的分布；大约在公

---

〔1〕　游学华：《介绍台湾新发现的芝山岩文化》，《文物》1986 年第 2 期。

〔2〕　魏京武、杨亚长：《从考古资料看陕西古代农业的发展》，《农业考古》1986 年第 1 期。

元前 3000～前 2000 年，湖南、江西中部和浙江的中南部均有分布，有的已达到广东北部，北面则扩展到淮河流域以北；大约在公元前 2000～前 1000 年，水稻已进一步传播到福建、台湾、广东，向西到四川、云南，向北已达山东、河南和陕西，大致已接近于现代水稻分布的格局。

如果李家村等地的发现日后证明确实是公元前 6000～前 5000 年的栽培稻遗存，长江下游也可能发现更早的稻谷遗存，这个逐级扩大的分布图也许要略作改变。那时或者可以把长江中下游合成一个大的中心，其余地区的发展较晚，仍然是逐级扩大的。

<h2 style="text-align:center">三</h2>

让我们进一步分析野生稻资源调查的进展。

中国境内野生稻资源的调查虽然开始较早，但有组织的大规模工作做得很少。直到 1978～1982 年，中国农业科学院和南方九个省区的农业科学院、农业院校等数百个单位组成了全国野生稻资源考察协作组，考察了九个省区的 306 个县，才基本上摸清了我国野生稻的分布、种类、特征、生态环境和伴生植物等。1984 年发表了初步的调查报告[1]。其中有几点是很值得注意的。

第一，报告将我国普通野生稻的分布范围划分成四个不相连续的自然区，即海南岛区、两广大陆区、云南区和湘赣区。海南岛和两广大陆十分接近，即本文所说的华南区。绝大部分普通野生稻都分布在这个区域，这一事实是研究中国稻作农业起源的人所不能忽视的。

第二，过去以为云南也是普通野生稻的重要产地，通过这次普查，方知云南的野生稻主要是另外两种，即疣粒野生稻和药用野生稻。普通野生稻仅在南部的景洪、元江两县有零星分布，每个分布点的覆盖面积也都很小。从元江到广西百色历经多次详细调查都没有发现普通野生稻，可见云南的普通野生稻与华南者不相连续，本来就不是同一分布区。景洪、元江不但在云南南部，而且分别位于澜沧江和红河谷地，两河都南流进入中南半岛，那里恰巧是普通野生稻分布的另一个中心。云南南部应属中南半岛分布区的北部边缘或波及区，并不构成一个独立的分布区。时下许多人把云南看成中国乃至全世界栽培稻的起源中心，仅仅注意到那里野生稻与栽培稻品种的多样性与生态环境的复杂性，而没有充分考虑作为

---

〔1〕　全国野生稻资源考察协作组：《我国野生稻资源的普查与考察》，《中国农业科学》1984 年第 6 期。

栽培稻直接祖本的普通野生稻在那里的分布状况，至少可以说是欠周到的。

第三，过去以为中国普通野生稻都分布在北纬25°以南，通过这次大规模调查，才知道不少地点已到达北纬25°以北。如广东的仁化，广西的桂林、罗城、临桂、永福和湖南的江永等地都是如此。特别重要的是更北一些的发现。如在湖南茶陵的一个湖泊中，就有覆盖面积达50多亩的普通野生稻。江西东乡也发现了普通野生稻，其位置已达北纬28°14′。两地都远在五岭以北，属长江水系，与华南显然不属于一个自然区，故调查报告将其单划为湘赣区。报告中说："这两地普通野生稻都分布在长江中下游流域，而长江中下游流域又是我国最古老的稻作区之一，有近七千年的稻作史。因此，这两地普通野生稻的发现，为研究我国普通野生稻的分布，栽培稻的起源、演化及其传播等提出了新课题。"[1]报告又说："江西东乡、湖南茶陵普通野生稻的发现，为我们在纬度比较偏北的地区寻找野生稻提供了启示。史前时期的江南气候比现在温暖得多，这正是普通野生稻能在这地区繁衍的重要原因。"[2]我认为这个看法是很有见地的。因为这两个地点接近历史上记载的野生稻集中地区，而与现今华南普通野生稻分布区不相连接。可惜的是这次普查还有一些遗漏的地方，不但湖南和江西的部分地方未进行普查，连江苏和浙江全省都没有纳入普查计划。假如这些地方也都进行深入的普查，很可能还会发现一些普通野生稻产地。不管怎样，这次在茶陵和东乡的发现已足以证明长江中下游是适于普通野生稻生长的，它们理应是当地很早就生长的普通野生稻的孑遗。由此也使我们想到历史上关于长江中下游普遍生长野生稻的记载是真实的，其中有一部分可能就是普通野生稻。这样，长江中下游的史前居民在发展到一定阶段时，就有可能从采集当地野生稻的活动中逐步认识这种谷物的习性，进而考虑进行人工栽培。这不啻为长江下游起源说提供了一个有利的证据。

第四，现代栽培稻主要有两个亚种，即籼稻和粳稻。探讨稻作农业的起源，不能只讲籼稻，也应该包括粳稻。一般认为粳稻是在较温凉的气候条件下由籼稻演化出来的，在此过程中也不排除有其他野生稻种质的参与。值得注意的是长江中下游也不止一次地发现过接近于粳稻的野生稻。例如江苏省农业科学院就曾在连云港地区发现了29处穞稻。这是一种一年生野稻，成熟时能自行脱粒，有长

〔1〕全国野生稻资源考察协作组：《我国野生稻资源的普查与考察》，《中国农业科学》1984年第6期，29页。

〔2〕全国野生稻资源考察协作组：《我国野生稻资源的普查与考察》，《中国农业科学》1984年第6期，32页。

芒，壳黑褐色，具有野生性，与当地栽培稻显著不同。过去周拾禄曾在安徽巢湖发现野生的浮稻，也是有芒，壳灰褐色，粒形短圆，成熟时容易脱落。现在还无法判断这两种野稻究竟是粳稻野性化的产物还是它的直接祖本。假如是后者，则籼粳的分化在野生时期就已开始，距今约7000年的长江流域就已出现粳稻的事实也可找到一种方便的解释。假如是前者，也必定是粳稻种质尚未完全定型时发生的事，年代必然是很古老的，否则它的性状不会与现代粳稻发生明显差异。无论哪种情况都能证明长江中下游在粳稻起源中的重要地位。

以上关于野生稻的初步讨论同前面所说史前栽培稻的分布图结合起来，很容易想到长江下游或长江中下游就是中国稻作农业的起源中心。但问题并没有那么简单。因为现时所发现的年代较早而又经过仔细鉴定的史前栽培稻，如在河姆渡和罗家角所见的，形态均已接近于现代栽培稻。河姆渡稻谷遗存数量之巨大，稻作农具之发达，都说明当时的稻作农业已较进步，在它以前还应有相当长时间的发展历程。如果这一段发展历史搞不清楚，我们就难以对栽培稻的起源地做出肯定的结论。

四

在长江流域及其以南，比河姆渡文化更早的新石器时代遗存还有许多，大致可分为早期和中期两个阶段。

早期遗址中年代最早的有广西柳州大龙潭第一期[1]和广东英德青塘圩[2]等处。两处均以打制石器为主，仅有个别刃部磨光和个别穿孔者；陶片极少，火候低，饰绳纹。文化层中有大量贝壳和被砸碎的鹿、野猪、牛等动物骨骼，推测其经济主要是狩猎、采贝和采集植物性食物，未见任何农业痕迹。大龙潭第一期的人骨经过碳-14年代测定，分别为9500±150BC和8560±150BC[3]。这年代已超过目前树轮校正年代的范围，估计其真实年代为公元前10000～前9000年左右。

早期遗址中稍晚一些的广泛分布于广东、广西、江西、湖南等省区。广东主要是潮安等地的贝丘遗址；广西主要有桂林甑皮岩洞穴遗址和南宁、防城等地的

〔1〕 柳州市博物馆、广西壮族自治区文物工作队：《柳州市大龙潭鲤鱼嘴新石器时代贝丘遗址》，《考古》1983年第9期。

〔2〕 广东省博物馆：《广东翁源县青塘新石器时代遗址》，《考古》1961年第11期。

〔3〕 黎兴国、刘光联、许国英等：《柳州大龙潭贝丘遗址年代及其与邻近地区对比》，《第四纪冰川与第四纪地质论文集》（第四集），地质出版社，1987年。

贝丘遗址。甑皮岩〔1〕除打制石器外，也有较多的磨制石器如石斧、石锛、石杵之类。骨器中多鱼镖和箭头。同出的动物遗存有猪、鹿、鱼、龟、鳖等及大量贝壳。其经济当以狩猎、捕鱼、采贝和采集植物性食物为主。已知养猪，当有一定的农业支持。有人认为其穿孔蚌刀和石杵分别为收割与谷物加工的农具，但不能得到确实的证明。

南宁地区的贝丘遗址〔2〕一般依山临江，除有大量螺壳堆积外，常伴出有猪、牛、羊、象、鹿、鱼、鳖等动物骨骼。石器除打制外，已有不少磨制者，器形有斧、锛、凿、矛、杵、网坠、砺石等。另外还有少量骨铲和蚌刀等。这类遗址同样以狩猎、捕鱼、采贝和采集植物性食物为主要经济。有人认为骨铲、蚌刀、石杵分别为翻地、收割和谷物加工的农具，但都难以确认，数量也非常稀少。

江西万年仙人洞是一处洞穴遗址〔3〕，文化面貌和甑皮岩比较接近。除打制石器外，也有磨制的石凿、锥形器和穿孔石器等，骨器中有箭头和鱼镖，还有许多穿孔蚌壳。陶器基本上只有饰绳纹的圜底釜和钵。同出大量贝壳和鹿、野猪、羊、鱼、鳖等碎骨。其经济当以狩猎、捕鱼、采贝为主，可能也采集植物性食物，没有明显的农业痕迹。有人推测仙人洞的穿孔蚌器是翻土农具并命名为蚌耜〔4〕，显然是根据不足的。

新石器时代中期遗存，目前主要发现于长江中游的湖北和湖南等省。陕西汉中地区也有一些。湖北的遗址见于长江沿岸的秭归、宜昌、宜都、枝江等地，现被称为城背溪文化〔5〕。遗址一般较小，堆积较薄。石器不甚发达，没有可确认用于农业的工具。这文化本身还可分为几期，最晚期的宜都枝城北已出现陶鼎，陶片中发现有稻壳碎屑的现象，年代当不早于公元前5000年。

湖南的遗址以澧县彭头山和石门皂市下层为代表，分别称为彭头山文化和皂

〔1〕 广西壮族自治区文物工作队、桂林市革命委员会文物管理委员会：《广西桂林甑皮岩洞穴遗址的试掘》，《考古》1976年第3期。

〔2〕 广西壮族自治区文物考古训练班、广西壮族自治区文物工作队：《广西南宁地区新石器时代贝丘遗址》，《考古》1975年第5期。

〔3〕 江西省文物管理委员会：《江西万年大源仙人洞洞穴遗址试掘》，《考古学报》1963年第1期；江西省博物馆：《江西万年大源仙人洞洞穴遗址第二次发掘报告》，《文物》1976年第12期。

〔4〕 李恒贤：《江西古农具定名初探》，《农业考古》1981年第2期。

〔5〕 严文明：《新石器时代考古》，《中国考古学年鉴》（1984），文物出版社，1985年。

市下层文化[1]。石器以打制为主，有网坠、刮削器和砍砸器，还有一些似细石器的刮削器。磨制石器只有斧、锛等，没有可确指用于农业的工具。彭头山有两个碳 – 14 年代，分别为 7150 ± 120BC 和 6250 ± 120BC。皂市下层曾测得一个碳 – 14 年代数据，经树轮校正为 5575 ± 270BC。估计整个皂市下层文化的年代为公元前 6000 ~ 前 5000 年，二者大致与城背溪文化早晚期相同。

在临澧胡家屋场的发掘中，曾发现许多打制石器，其中有些可用于捕鱼和处理猎获品。遗址中发现许多野生动物骨骼也说明狩猎较为发达。孢粉分析表明当时的气候是温暖湿润的，草本植物主要是蒿属，禾本科者甚少。没有发现明确的农作物遗存。

陕西西乡李家村和何家湾位于长江支流汉水的中游。正如前面已提到过的，在其下层红烧土中发现稻壳痕迹，据说属李家村文化或老官台文化的李家村类型，年代当亦在公元前 6000 ~ 前 5000 年。该文化基本上属黄河中游新石器文化系统，经济以旱作粟、黍为主。但西乡已属长江水系，史前种稻是可能的。当然也不排除从较南地方输入的可能。

从以上的分析来看，长江流域及其以南的新石器时代早期文化的最早阶段全然没有发现农业痕迹；较晚阶段一般也没有明确的农业痕迹，只是华中和华南的少数遗址似有某种迹象可寻。华南既是普通野生稻最集中的地方，又有较发达的新石器早期文化遗存，在那里寻找较早的稻作农业遗存应该是有希望的。

新石器时代中期在华南的文化遗存究竟是哪些目前还不太清楚，长江中游则较发达。那里大部分遗址也没有发现农业痕迹，个别有稻谷壳遗存者年代偏晚而地区偏北。现在这些稻谷壳还未经正式鉴定，一时还难以做出正确的评价，但至少提出了一个重要启示：长江中游既能生产普通野生稻，又在新石器时代较早遗存中发现了某些苗头，那么在当地追寻更早的稻作农业遗存也应该是可能的。

最不清楚的是长江下游。按照我个人对中国新石器时代的分期[2]，河姆渡文化应属中期偏晚阶段，在那以前是一个大的空白。不过我相信那只是考古发现的暂时空白而绝不是文化发展链条的缺失。因为早在旧石器时代晚期，江苏泗洪和浙江建德都曾发现人类体骨或牙齿化石。1977 年，在江苏溧水神仙洞上部堆积

[1]　湖南省文物普查办公室、湖南省博物馆：《湖南临澧县早期新石器文化遗存调查报告》，《考古》1986 年第 5 期。

[2]　严文明：《中国新石器时代聚落形态的考察》，《庆祝苏秉琦考古五十五年论文集》，文物出版社，1989 年。

中更发现一小块陶片，同层出土炭屑经碳－14测定为公元前9250±1000年[1]。大体相当于新石器时代起源的年代。当地自然地理条件良好，又没有任何巨大灾变的证据，不能设想从那以后人类文化突然从当地消失。无论从长江下游自然条件的优越性来看[2]，还是从河姆渡稻作农业已很发达而河姆渡文化又没有明显的外来因素来看，都有理由相信长江下游稻作农业还有更早的发展历史。

上述分析表明，华南、长江中游和长江下游都可能有更早的稻作农业，似乎都有可能成为中国稻作农业的起源地区。但长江中游在大溪文化以前农业痕迹并不很显著；华南在新石器时代一直多洞穴遗址和贝丘遗址，即使有农业也是处于一种极不发达的状态。长江下游在河姆渡文化以前虽因暂时没有发现较早的遗址而无法确知稻作农业发展的程度。但河姆渡稻作农业既已达到相当的高度，总不会是突然发达起来的，它的前面也应有较发达的稻作农业。从这个角度来看，长江下游仍然应该是首先被考虑的。

五

当我们提出长江下游及其附近可能是稻作农业的一个起源中心的假说时，还必须注意到历史上气候的变迁所可能造成的影响。一般地说，全新世早期的气温是逐渐上升的。但总体说来比现在要干燥凉爽一些。只有到全新世中期才上升到最高，从而进入气候最适宜期。河姆渡文化就是处在这样一个时期。据林承坤研究，"当时河姆渡属于亚热带南部气候，年平均温度比今日高3~4℃，年平均雨量比今日多800毫米……相当今日我国海南岛以及越南、老挝河谷平原的气候。"[3]此种气候变化对低纬度地区影响不大，对已接近中纬度的长江流域则会有相当的影响。现在虽难以画出长江下游全新世气温和降水量的变化曲线，但至少可以肯定全新世早期的前段比现在要干燥凉爽得多，很可能是不利于普通野生稻生长繁殖的。而华南则不受这个影响。当长江流域的气温和降水量逐渐上升时，华南的普通野生稻才会逐步扩展到长江中下游，当地居民才可能认识它，熟悉它，采集它，进而觉悟到培植它。这个时间，大概不会早于公元前七八千年。假如中国稻作农

[1] 中国社会科学院考古研究所实验室：《放射性碳素测定年代报告》（六），《考古》1979年第1期。

[2] 林承坤：《长江、钱塘江中下游地区新石器时代古地理与稻作的起源和分布》，《农业考古》1987年第1期。

[3] 林承坤：《长江、钱塘江中下游地区新石器时代古地理与稻作的起源和分布》，《农业考古》1987年第1期，284页。

业起源的年代就是公元前七八千年，那么长江下游及其附近很可能就是起源中心。假如这个年代还要提早，那也还存在两种可能性：一是起源于华南地区，然后由长江下游的居民首先引种；二是长江下游或中下游史前居民在同华南史前居民进行交往时，发现了那里的野生稻的食用价值，把它带到长江流域进行培育。由于有人的干预，稻种能够安全过冬，从而在长江流域扎下根来，野生稻也便逐渐演变为栽培稻。这两种可能性何者较大，或者是否同时存在，现在都还难以作出判断。

在讨论华南和长江中下游究竟何处更可能成为中国稻作农业的起源中心时，还必须考虑农业起源的机制和初期农业发展的动力问题。一般地说，谷物农业的发生，首先是为了解决食物的储存问题，以便在非收获季节仍能维持最低限度的食物供应。所以像小麦、大麦、粟、黍等最重要的农作物都是起源于四季分明、旱季和雨季区分明显的温带地区。长年炎热多雨的热带地区植物终年都能生长，人们随时都可以直接从自然界获取食物，没有培植谷物的迫切需要，所以谷物农业在那些地方反而发展得较晚较慢。华南属热带、亚热带湿润季风气候，全年无冬，降水量在 1500 毫米以上，植物生长茂盛。人们随时都可以采集到所需的食物，因而并不迫切需要像野生稻那样的谷类食物。在人们还没有充分掌握谷物的加工和炊煮技术以前，谷类显然也不是一种能吸引人的美食。即使在长期采集活动中熟悉了野生稻的食用价值和生长习性，因为到处都有这种谷物，人们也并不迫切需要自己来种植和培育。偶尔种植了也不一定能保证延绵不断，使其迅速发展为一个重要的经济部门。这大概是华南稻作农业长期未能充分发展的一个重要原因。

长江流域的情况就有很大的不同。那里夏季炎热，植物生长茂盛；冬季寒冷干燥，除某些地下茎植物外，很难找到方便的植物性食物，而狩猎也难以保证稳定的食物供应。在人口随着史前文化的发展而逐渐增多的情况下，这个矛盾必定会尖锐化，迫使人们去寻找那种能够增产又便于储存的食物。一旦人们发现了野生稻的食用价值和易于长期储藏的特点，必定会着意培养繁殖。这当是史前时期长江流域的稻作农业反而比华南发达得多的一个重要原因，也是我们在探索稻作农业起源时特别重视长江流域，尤其重视长江下游及其附近的一个重要理由。

我们重视长江流域还因为那里有与粳稻相近的秈稻、浮稻和许多史前粳稻遗存，包括迄今所知最早的粳稻遗存。而粳稻喜欢温凉气候的习性使它不可能产生于华南，长江流域便成为培育粳稻的第一个理想的场所。

至于说到在长江流域为什么更看重下游而不是中游、更不是上游的问题，主要是因为上游既未发现普通野生稻，又没有发现较早的史前栽培稻遗存。中游同下游的条件十分相近，但中游稻作农业是在大溪文化时才显著发展起来的，比下游附近的河姆渡文化略晚；中游在大溪文化前农业比重很小，稻作农业很不发达，而下游据逻辑推测在河姆渡文化前应有较发达的稻作农业。但毕竟这些都还是一种推测，并不排斥华南另有起源的可能性。如果考虑到华南地区和长江中下游在稻作农业起源过程中可能发生的密切关系，在最早稻作遗存尚未发现，因而证据尚不充分的情况下，作为一种假说，也未尝不可以把华南和长江中下游看成一个统一的稻作农业起源区，只是各自所起的作用不尽相同罢了。

六

现在看来，中国稻作农业另一个可能的起源地云南远没有长江中下游——华南来得重要。云南在近年来之所以特别引起学者们的注意，主要是因为那里有较多的野生稻，栽培稻的品系比较复杂；云南地势较高，为粳稻的演化提供了较适宜的自然条件。但云南野生稻主要是疣粒野生稻和药用野生稻两种，一般认为二者与栽培稻的关系较为疏远。而作为栽培稻直接祖本的普通野生稻仅仅在靠南边的个别地点才有发现。正如前面已经指出的，它应是中南半岛分布区的北部边缘或波及区而不是一个独立的分布区。据哈兰所绘亚洲普通野生稻的分布图[1]，普通野生稻主要分布在印度、中南半岛和中国南方，印尼也有零星的分布。这几个分布区各有分际而不相连续，每个区域都有较发达的自成体系的史前文化，又都发现过数量不等的史前栽培稻遗存。虽然除中国南方的少数遗址外年代一般较晚，但那很可能是暂时现象。最近据说沙尔马（Sharma）和兰达（Nanda）在印度北方邦 Uttar Pradesh 发掘出公元前五六千年的稻谷遗存[2]。以后还可能发现更早的。所以各大区很可能都有自己稻作农业起源的历史。云南受到中南半岛这个起源区的影响，也可能较早就出现稻作农业，现在发现的史前栽培稻遗存年代较晚应只是暂时现象。不过云南缺乏较大面积的低湿沼泽地和平原，史前栽培稻不可能得到重大发展；云南地形复杂，史前文化亦被分割为许多小块，在整个新石器时代一直没有形成一支发展水平较高的考古学文化。因此，如果说云南在以中南半岛为中心的史前稻谷的粳型化过程中曾起到重要的作用，那无疑是恰当的。但因云

───────────────

〔1〕　J. R. Harlan, 1975. Geographic Patterns of Variation in Some Cultivated Plants. *Journal of Heredity*, 7.

〔2〕　冈彦一：《水稻进化遗传学》第 82 页英文补充材料，在武汉大学生物系讲演，1984年。

南史前文化并没有发展到相当的高度以至于能对周围史前文化发生强烈的影响，当地稻作农业发生以后即使能有所扩散，也难于传播到广大地区。倒是长江中下游稻作农业发展起来以后，有可能通过四川而传入云南，并同云南原有的水稻混杂起来。云南水稻品系复杂多样的事实应当从这里得到解释，而不应反过来成为论证当地即稻作农业起源中心的理由。

七

前面各节的讨论可大致归纳为以下几点。

（1）直到目前，在中国境内所发现的大约70处史前栽培稻遗存中，除个别有待进一步研究以外，仍以浙江余姚河姆渡第4层的年代为最早。假如把所有发现稻谷遗存的史前遗址按年代顺序做一排比，很像是以长江下游及其附近为出发点，像波浪一样地逐级向外传播，其影响所及几乎包括了中国史前稻作农业的全部地区。可见长江下游及其附近应是中国稻作农业的一个最重要的传播中心。

（2）河姆渡稻谷遗存不但年代较早，而且数量巨大，形态成熟，并已分化为籼型和粳型两个亚种，同出的水田农具也很发达，这些都表明它不像是稻作农业的初始形态，在它的前面必定还有相当长的发展历史。而近年在长江中下游发现普通野生稻的事实，恰好为当地起源说提供了十分有力的支持。

（3）对华南和长江中游的新石器时代早期和中期文化遗存的分析表明，两地都可能有过比河姆渡更早的稻作农业。但在长江中游的大溪文化以前，除个别遗址外，农业痕迹并不显著；华南在新石器时代一直多洞穴和贝丘遗址，即使有农业也是处于一种极不发达的状态。没有迹象表明，两地的史前农业曾对河姆渡文化发生过决定性的影响，而河姆渡那样发达的农业又不能突然发生。因而在探索稻作农业起源时，整个华南和长江中下游都应注意，而首先要注意的还是长江下游及其附近地区。

（4）稻作农业起源的机制，应同所有谷物农业一样，首先是为了解决食物的储存问题，以便在非收获季节仍能维持最低限度的食物供应。华南炎热多雨，植物长年生长，人们随时都可获取必要的食物。长江流域野生稻不如华南那样多，特别是到了干燥寒冷的冬季难以找到足够的食物。人们一旦发现了野生稻的食用价值和耐储藏的优点，必定会着意地培育繁殖。长江流域的史前栽培稻远比华南地区发达，可以从这里得到解释。而在进一步追溯稻作农业起源时，自然也应特别重视长江流域，特别是它的下游地区。

（5）当前，在最早稻作农业遗存尚未发现，各处稻谷遗存在种质上的联系尚未查清的情况下，有关起源地的论述都只能是一种假说。因此我们在特别强调长江下游及其附近的重要作用的同时，并不排除华南另有起源的可能性。考虑到华南同长江中下游的密切关系，也未尝不可以把它们看成一个统一的稻作农业起源区，而各小区所起的作用可能是不尽相同的。

（6）人们在探索稻作农业起源时所十分关注的云南地区缺乏上述地区的条件。云南不是普通野生稻分布的中心而只是中南半岛分布区的北部边界；云南史前栽培稻的年代较晚，而当地史前文化也没有发展到对周围文化发生重大影响的程度，不可能把稻作农业传播到广大地区。云南水稻品系复杂可能是不同起源的水稻相互交会的结果，不同生态环境的影响也是一个重要的原因。

八

中国栽培稻产生以后不但在国内广泛传播，而且直接影响到邻近各国和地区。丁颖认为菲律宾的稻种和修梯田的方法是从中国传入的[1]。俞履圻指出东南亚各国及尼泊尔和印度阿萨姆地区的粳稻都是从中国南部和云南传入的[2]。渡部忠世认为水稻起源于印度阿萨姆和中国云南地区，然后向印度、中南半岛和中国南部传播[3]。张德慈则认为中国栽培稻是从印度通过不同途径传入的[4]。这些说法现时还都难以确证。由于印度、东南亚和中国南部都是稻作农业的起源地，地理上又相互邻近，相互之间发生传播和影响是完全可能的。特别是华南同东南亚之间不存在严重的地理障碍，相互关系应该更为密切。不但史前时期如此，历史时期也莫不如此。

如果说中国史前稻作农业同东南亚和南亚的关系还不很清楚的话，那么同朝鲜和日本的关系就比较明确了。一般认为，朝鲜和日本的水稻最初都是由中国传入的，只是传入的路线还有不同的说法。有的学者认为是从华南、华中或山东半岛通过海路传播的，有的则认为是从河北经过辽宁到朝鲜通过陆路进行传播的[5]。但河北至今没有发现史前栽培稻遗存，通过海路的传播又缺乏确实的证据。因此我认为根据考古所发现的栽培稻的年代和地域分布，最大的可能是从长江下游—山

〔1〕　丁颖：《中国水稻栽培学》，农业出版社，1961 年。

〔2〕　俞履圻：《中国栽培稻种的起源》，《作物品种资源》1984 年第 3 期。

〔3〕　渡部忠世：《亚洲栽培稻的起源和传播》，《农业考古》1986 年第 2 期。

〔4〕　T. T. Chang, 1976. The Origin, Evolution, Cultivation, Dissemination, and Diversification of Asian and African Rices. *Euphytica*, 25.

〔5〕　樋口隆康：《日本人どじかたぢ來らか》，1971 年，134 ~ 138 页。

东半岛—辽东半岛—朝鲜半岛—日本九州再到本州这样一条以陆路为主，兼有短程海路的弧形路线，以接力棒的方式传播过去的。之所以提出这一方案，主要是基于下述理由。

（1）在这条传播路线上，除辽东半岛以外都已发现了史前栽培稻遗存。这些稻谷遗存在当地出现的最早时间，是从长江下游开始依次推迟若干年，直至日本九州，没有任何倒转的现象。而辽东半岛的自然环境和生态条件同山东半岛基本一样，在那里发现史前稻谷是完全可能的。

（2）在这条传播路线上，每相邻两站都有很密切的文化关系。而且各种文化因素传播的主导方向，同我们所设想的稻作农业传播方向是一致的，没有看到相反的情况。如果撇开其中任何一站来设计另外的路线，文化关系就没有这样看得清楚。

（3）这条传播路线的前几站方向基本上是朝北的。较北的山东半岛、辽东半岛和朝鲜北部气候都比较温凉，降水量也不太丰富，水稻难以成为当地的主要农作物。例如山东半岛的稻谷遗存就是与粟壳发现在同一灰坑中的；朝鲜北部至今也仅平壤附近的南京遗址发现较早的稻谷遗存，其他史前遗址所见均是粟、黍等旱地作物。人们在雨水充足的情况下可能种一部分水稻，干旱的时候就可能不种，传播的速度必然很慢。后来从朝鲜到日本，传播的方向转向东南，气温逐渐上升，雨量也有所增加，水稻很快发展为当地的主要粮食作物，传播速度自然会加快。这与碳－14 所测年代前段每站相差一千多年而后段年代十分接近的情况正好是吻合的。

（4）现知长江下游最早的栽培稻以籼稻为主，粳稻仅约三分之一。如周季维统计了河姆渡几个探方中粒度较完整的稻粒，得知籼稻占 60.32% ～74.59%，粳稻占 20.59% ～39.68%，还有 3.60% ～4.41% 属中间类型者[1]。由于两种稻谷对气候生态环境的选择不同，所以传到华南只有籼稻，传到山东只有粳稻。此后在朝鲜和日本发现的也基本是粳稻。假如不是走这一条路线，而是从华南或华中通过海路直接传入日本，日本的早期稻谷就应当是以籼稻为主而不是单一的粳稻即日本稻；日本的稻作农业也会比现在早几千年，而实际情况并非如此。

（5）应当强调指出，稻作农业的传播是一种文化现象，与野生稻的自然扩展颇不相同。后者只受制于自然生态条件，而前者除要求一定的生态条件外，还必须有会种稻谷的人作为载体。我们不排除史前时期会有个别的人因风浪从华南或华中漂泊到朝鲜或日本，但他们很难有意识地带着稻种。假如真的有些中国史前

---

〔1〕　周季维：《长江中下游出土古稻考察报告》，《云南农业科技》1981 年第 6 期。

居民带着稻种沿琉球群岛或直接从大海东渡日本，他们也必定会带着稻作农具和衣食住行所需要的起码的物资装备，并且在一个相当长的时期内会保持原有的文化特点，这些特点也必定会在考古学实物遗存上反映出来。直到目前，并没有发现哪一处朝鲜或日本的早期稻作农业遗址中有明确的中国史前文化的因素，特别是像华南、长江下游或山东半岛的史前文化因素。所以我认为中国史前稻作农业通过这几条海路传入朝鲜或日本的可能性是很小的。

1988 年 9 月于北大燕东园

　　补记：1988 年 11～12 月，湖南省文物考古研究所对澧县彭头山遗址进行了发掘。主要发现和收获已由《中国文物报》1989 年 2 月 24 日第一版作了简单的报道。北京大学考古学系实验室曾对该遗址的两份木炭标本进行测试，得知其碳 – 14 年代分别为 7150±120BC 和 6250±120BC。如果考虑到碳 – 14 年代一般偏近的事实，则其真实年代可能为公元前 8000～前 7000 年左右，承主持发掘的裴安平见告，该遗址出土石器以打制为主，有很多燧石刮削器，推测当时的经济仍以渔猎为主。值得注意的是在陶片和红烧土中发现了稻壳，不知道它是野生稻还是栽培稻。如果属于后者，那将是迄今所发现的年代最早的稻谷遗存。从该遗址的经济特点来看，农业还很不发达，显然比河姆渡等处更接近稻作农业的起始阶段。这一发现的意义一时还难以作确切的估计，它也许会证明我们把长江中下游都作为稻作农业起源地的假设是有道理的。我们期待着正式鉴定结果早日发表！

1989 年 2 月 28 日

　　（原载《农业考古》1989 年第 2 期。后收录在《史前考古论集》，科学出版社，1998 年）

略论中国栽培稻的起源和传播

中国栽培稻究竟起源于什么地方，在学术界一直存在着不同的看法。从前多认为起源于印度或中南半岛，也有主张华南说的，近年则以云南起源说最占优势。但不论哪种说法，都没有充分考虑由考古所发现的大量的史前栽培稻遗存的证据。而要探索栽培稻的起源与早期传播，没有这些直接的证据是很难有说服力的。

几年以前，我曾依据对30多处史前栽培稻遗存的年代、分布、种属分析及其与历史上和现今野生稻的关系的考察，提出长江下游及其附近可能是我国栽培稻起源的一个重要中心，同时指出华南也是一个很值得注意的地方[1]。现在看来，这个论点仍然是可以成立的。

到目前为止，在中国发现的史前栽培稻遗存已将近70处。其中年代最早，保存数量最多，并且经过了仔细的种属鉴定的，首推浙江余姚河姆渡遗址的稻谷。那里层层叠积的稻谷和稻壳朽灰，如果换算成新鲜稻谷，当在12万千克以上。其年代经测定为公元前5000～前4600年左右。离河姆渡不远的桐乡罗家角遗址，也发现了几乎同样早的稻谷遗存。两处的稻谷都包含有水稻的两个基本亚种——籼稻和粳稻，只是籼稻占绝对优势，粳稻似刚刚分化出来。除此以外，最近在湖北宜都枝城北的城背溪文化晚期陶片中也发现有稻谷壳碎屑，年代也近于公元前5000年，只是无法鉴定种属。陕西西乡李家村与何家湾据说发现了更早的稻谷壳痕迹，但因未见正式报道无法给予准确的评价。其余六十几处稻谷遗存的年代都依次晚许多年。如果把这些遗存按年代顺序排比一下，便可看出一幅有趣的图景（图一）。

（1）大约在公元前5000～前4000年，我国栽培稻主要在长江下游和杭州湾的一小块地方，长江中游仅见个别地点。

（2）大约在公元前4000～前3000年，在长江中下游平原的狭长地带均已有栽培稻的分布。

---

[1]　严文明：《中国稻作农业的起源》，《农业考古》1982年第1、2期。

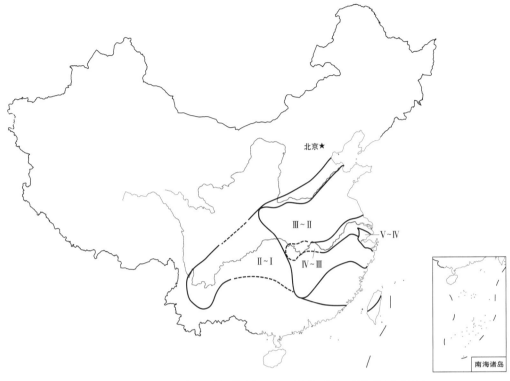

图一　中国史前栽培稻的传播（Ⅰ~Ⅴ表示公元前若干千年）

（3）大约在公元前3000~前2000年，栽培稻向南扩展到湖南、江西中部和浙江中南部，前锋到达广东北部，向北则扩展到淮河流域以北。

（4）大约在公元前2000~前1000年，栽培稻分布区进一步扩大，南到福建、台湾、广东、四川和云南，北到山东、河南和陕西，至此已大致接近于现代水稻分布的格局。

据此我们可以做出结论：长江下游及其附近是我国史前栽培稻的一个重要的传播中心。中国史前的稻作农业，正是从那里像波浪一样地呈扇面展开，其传播所及几乎包括了我国稻作农业的全部地区。

如果李家村等处的稻谷遗存能够确定，就必须相应改变分布图，即以长江中下游为中心逐级扩大，而河姆渡仍然是早期稻作最发达的地方。河姆渡稻谷的数量巨大，形态已较接近现代栽培稻而远离野生祖本，并且已经初步分化出来粳型亚种，这些都表明它已不是最初的形态。要探索栽培稻的起源，还必须追溯到更加遥远的过去。

近年在长江中游的湖北、湖南和江西等地都发现过一些早于公元前5000年的新石器时代遗址。在华南的广东、广西也发现过很多新石器时代早期的洞穴遗址和贝丘遗址，其经济特征都是以狩猎和采集水生动物为主。个别遗址出土骨铲、蚌刀或石杵，可能与农业有些关系。桂林甑皮岩已发现家猪，而养猪应有农业的支持。所以在华南寻找更早的稻作农业遗存是可能的。

长江下游及其附近既有较早的稻谷遗存，又已形成栽培稻的传播中心，自然是应当特别注意的地方。江苏溧水神仙洞曾发现公元前九千多年的小陶片，说明长江下游应有新石器时代早期遗存。如果再做一些工作，在那里发现更早的栽培稻遗存是更有希望的。

栽培稻起源于野生稻，而野生稻不止一种。一般认为，只有普通野生稻才可能是栽培稻的直接祖本。普通野生稻的性状最接近于籼稻，所以最早培育的栽培稻应是籼稻。根据 1978～1982 年全国野生稻资源考察的结果，普通野生稻主要分布在华南的广东、广西和海南岛，属长江水系的湖南、江西也有发现[1]，而这些地方正是籼稻的主要产区。长江流域普通野生稻的发现，使我们想到历史上关于长江中下游普遍生长野稻的记载是真实的，其中一部分可能就是普通野生稻。这次调查中在江苏连云港发现的穞稻和过去在安徽巢湖发现的浮稻，都是已经异化而特性接近于粳稻的野稻。这件事实表明，长江中下游具有首先培植水稻以及首先分化出粳稻的良好条件。把这一考察同前面关于史前栽培稻遗存的考察结合起来，应有理由相信长江下游及其附近就是我国栽培稻的起源地区。

历史上的气候是变化的，当全新世早期气温还比较温凉时，长江流域很可能无法生长普通野生稻。只有到气温逐渐升高，华南的普通野生稻扩展到长江流域，当地居民才有可能就地培植，其时间大约不会早于公元前七八千年。假如稻作农业起源的时间比这个年代还早，那就只有华南的史前文化才具备必要条件。不过，我们现在无法判断稻作农业究竟是什么时候起源的，因而也无法判断究竟是长江下游还是华南才是栽培稻的第一起源地。考虑到在华南至今并没有发现很早的栽培稻遗存，以后也没有成为栽培稻传播中心，所以长江下游的可能性是更大的。即使栽培稻的起源比估计的时间还早，华南成为第一起源地，那也只能是少量的籼稻。向粳型亚种的演化只有到长江流域才能完成，籼型亚种的成熟化并且发展为传播中心也是在长江下游完成的。在这种情况下，把华南和长江中下游看作一个统一的栽培稻起源区也许是更加合适的。

从世界范围来说，普通野生稻主要有三大分布区：中国南部（包括长江流域）、东南亚（首先是中南半岛）和印度，三者都是栽培稻的起源地。云南只有南部的个别地点生长普通野生稻，它不过是中南半岛分布区的延伸或北部边界，

［1］　全国野生稻资源考察协作组：《我国野生稻资源的普查与考察》，《中国农业科学》1984 年第 6 期。

并不是独立的分布区。云南史前栽培稻遗存年代较晚，那里的史前文化也没有发展到足以对周围文化发生重大影响的程度，不可能把栽培稻传播到广大地区。倒是长江中下游稻作农业发展起来以后，可能通过四川而影响云南，并与云南原有的水稻混杂起来。云南水稻品系复杂多样的事实应当从这里得到解释，而不能反过来成为论证栽培稻起源地的理由。

中国栽培稻产生以后不但在国内广泛传播，还直接影响到近邻的一些地区。丁颖认为菲律宾的栽培稻和修梯田的种稻技术应是由中国传入的[1]；俞履圻更指出东南亚各国乃至尼泊尔和印度阿萨姆等地的粳稻都应是从华南和云南传入的[2]；张德慈则认为中国栽培稻是从印度传入的[3]。上述各种说法一时都难以找到确证。由于印度、中南半岛和华南——长江中下游都是稻作农业的起源区，地理上又相互邻近，它们之间发生传播和影响是完全可能的。特别是中国同东南亚之间不存在严重的地理阻隔，相互关系可能更加密切。

如果说中国史前栽培稻同东南亚和南亚栽培稻的关系还有许多不甚清楚的地方，那么同朝鲜和日本栽培稻的关系则已是比较明确的了。一般认为，朝鲜和日本的水稻最初都是由中国传入的，只是传入的路线还有不同的说法。有的学者认为是从华南、长江下游或山东半岛通过海路传播过去的，有的则认为是从河北经辽宁到朝鲜通过陆路进行传播的[4]。而我认为根据现有证据，最大的可能是从长江下游—山东半岛—辽东半岛—朝鲜半岛—日本九州再到本州这样一条以陆路为主，兼有短程海路的弧形路线，以接力棒的方式传播过去的（图二）。

弧形接力的第一站是从长江口南岸传到北岸。南岸河姆渡第4层的年代大约是公元前5000～前4600年，北岸海安青墩下层是公元前3700年左右。青墩下层的文化面貌相当于圩墩中层，实际是太湖区史前文化向江北的延伸。那里不但在文化层中发现了炭化稻谷，在人畜粪便的硬块中也有未被消化掉的稻谷壳，证明稻米确已作为人畜的食物[5]。

弧形接力的第二站是从长江北岸传到山东半岛。1980年秋，我们在栖霞杨家圈的一个龙山文化灰坑中发现了稻谷痕迹，经中国农业科学院作物品种资源研究

〔1〕　丁颖：《中国水稻栽培学》，农业出版社，1961年。

〔2〕　俞履圻：《中国栽培稻种的起源》，《作物品种资源》1984年第3期。

〔3〕　T. T. Chang, 1976. The Origin, Evolution, Cultivation, Dissemination, and Diversification of Asian and African Rices. *Euphytica*, 25.

〔4〕　樋口隆康：《日本人どじかたち來らか》，1971年，134～138页。

〔5〕　南京博物院：《江苏海安青墩遗址》，《考古学报》1983年第2期。

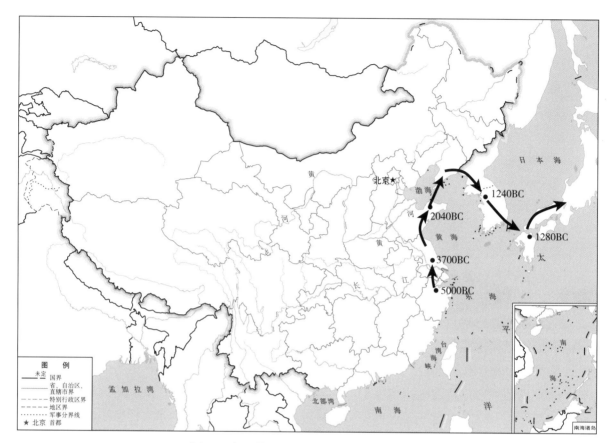

图二　中国栽培稻向朝鲜和日本传播的路线

所俞履圻教授初步鉴定为粳稻，年代约为公元前 2400 年[1]。山东和苏北史前文化的关系是十分密切的。在新石器时代到铜石并用时代，苏北徐海地区同山东属于一个文化区，苏北的南部和北部也有许多共同之处。所以两地间稻作农业的传播在文化上应没有障碍。只是山东半岛位置偏北，气候较温凉，降水量也较少，主要种植粟、黍等旱地作物。上述杨家圈发现水稻痕迹的灰坑中同时就出了粟的痕迹。因此，山东半岛史前居民对于栽培稻的传入可能并不十分迫切，因而传播速度很慢。再者，由于气候原因，籼稻在山东难以生长，只能引进粳稻，对于栽培稻的粳型化起到了一定的推动作用。

弧形接力的第三站是从山东半岛到辽东半岛，其间的通道当是庙岛群岛及附近海域。近年来我们在这一路线上的考古发现，表明在两个半岛之间曾经有非常

---

〔1〕　山东省文物考古研究所、北京大学考古实习队：《山东栖霞杨家圈遗址发掘简报》，《史前研究》1984 年第 3 期。

密切的文化关系。而文化传播的主导方向是由南向北，无论在大汶口文化、龙山文化还是岳石文化时期都是如此。辽东半岛和山东半岛的自然地理条件几乎是相同的，在人口迁移和文化传播的潮流中，稻作农业自然也可能跟着传播过去。只是目前考古工作开展不够，暂时还没有在辽东半岛发现史前栽培稻遗存罢了。

弧形接力的第四站应是从辽东半岛传到朝鲜半岛。辽东半岛和朝鲜半岛史前文化的陶器都是以筒形罐为基本器形，并以成行的短线压划纹为基本纹饰的，两者显然存在着一定的文化关系。但朝鲜最早的稻谷遗存仅见于青铜时代的无纹陶时期，年代约当公元前第一千年。最早的岩欣里遗址（汉城附近）有几个碳－14数据，大体落在公元前 1000 年前后，经校正也不过提前一二百年。这些出稻谷遗存的地点多分布于半岛中南部，北部与辽宁接壤的地方主要产粟和黍，只有平壤附近的南京遗址发现过稻谷遗存。所以从辽东半岛传到朝鲜的路线，除陆路外，也可能通过岸边的水路。水稻在辽东半岛和朝鲜北部大约都不会是主要作物，其传播速度自然不会很快，这可以解释朝鲜出现栽培稻为什么比山东半岛又晚了一千多年的事实。

弧形接力的第五站当是从朝鲜南部渡海到日本九州。日本的绳文文化同朝鲜的栉目文陶器有相当的关系，到绳文文化后晚期这种关系更为密切，日本的栽培稻正是在这个时期出现的，年代同朝鲜早期栽培稻非常接近。如唐津市菜畑遗址第 8 层上、下部的碳－14 年代分别为 1010±90BC 和 1280±100BC。其中所出炭化稻米几乎全部是粳稻，即所谓日本稻。只有约 10% 较细长，测定者认为可能是生长不足所致，而不一定代表另一亚种[1]。

此后栽培稻从九州又传到本州等地，很快发展为日本的主要农作物。

由于这条弧形传播路线的前几站方向基本是朝北的，较北的山东半岛、辽东半岛和朝鲜北部气候都较温凉，降水量也不十分充沛，水稻难以成为当地的主要农作物。人们有时种植，有时不种植，所以传播的速度很慢。又因气候关系使籼稻难以生长，从而使稻种日趋变为单一的粳稻。等到后来从朝鲜北部往南再到日本，方向转而朝向东南，气温渐趋上升，降水量更为丰富，水稻很快发展为当地的主要农作物，传播速度自然也大为加快，这就是为什么栽培稻在日本出现的时间十分接近于朝鲜的原因，也是日本稻为什么会是单纯的粳稻即日本稻的原因。假如不是走这一路线，而是从华南、江浙或山东半岛通过海路直接传入日本，日本的稻作农业就会早出现一千年乃至三四千年，而且除山东这条路线外，也不应是单一的粳稻，反而应是单一的籼稻或至少以籼稻为主，这些都同实际情况不符

---

〔1〕　大村武：《出土炭化米》，《菜畑·分析考察编》，日本唐津市，1982 年。

合。何况栽培稻的传播同野生稻的自然扩展不同，必须有人作为载体。人们不仅需要携带稻种，还需要有稻作经验、技术和相应的农具。而且人们不能只是种稻，他们还要有衣食住行，还要进行社会交往，他们也会有自己的特殊爱好和信仰，这些因素或多或少都会在物质遗存上反映出来。直到目前，我们并没有在哪一处朝鲜或日本的早期稻作农业遗址中发现过像华南、江浙或山东史前文化因素的确实证据，所以中国史前栽培稻通过这几条海道传入朝鲜或日本的可能性是很小的。

［原载《北京大学学报》（哲学社会科学版）1989 年第 2 期］

中国史前的稻作农业

前些年关于中国史前稻作农业的研究，主要集中在它的起源和传播方向两个方面。至于当时的农业工具、耕作方式、发展阶段、地方差异、水田稻作农业体系的形成及其对社会各方面的影响等问题则涉猎甚少。有的甚至还没有提到研究日程上来。这种情况表明中国史前农业的研究虽已有了较大的进展，但需要探讨的问题还很多，有些方面则有待深入，因而今后的任务还很艰巨。为了把问题引向深入，不仅要有考古学家的努力，还需要农学、遗传学、第四纪地质学与地貌学乃至民俗学等方面学者的通力合作。特别是有些基础性的工作应该尽可能做好。最近日本佐贺大学农学部的和佐野喜久生教授将日本、韩国和中国的一部分史前和古代的稻谷和稻米进行了统一的照相与测量，从而为各处稻谷遗存的比较研究提供了一个具有统一标准的较好的基础。不过这次照相测量的标本所属遗址甚少，在中国 18 个遗址中真正属于史前的只有 10 处，还不足全部遗址 146 处的十分之一。希望这个工作以后能继续做下去。

下面我想把中国史前稻作农业研究的基本情况作一概括并谈点自己的看法。

一　史前栽培稻遗存的基本情况

根据不完全的统计，从 1954 年首先发现湖北京山屈家岭遗址的稻谷稻壳遗存以来，直到 1993 年年底，中国史前栽培稻遗存的出土地点已达 146 处（附表）。若是按照地区统计，长江中下游有 105 处，约占 71.9%；黄河与淮河流域共 21 处，约占 14.4%；包括广东、福建和台湾在内的华南地区有 9 处，云南 9 处，接近云南的四川西昌 1 处，东北的辽宁 1 处。由此可知长江中下游的史前栽培稻遗存是最丰富和最密集的。

如果把上述遗址按照年代排比，长江中下游的地位将会更加突出。其中属于新石器时代中期（约公元前 7000～前 5000 年）的遗址有 11 处：长江中游占 10 处，淮河上游 1 处。属于新石器时代晚期（约公元前 5000～前 3000 年）的遗址有

54 处：长江中游 25 处，长江下游 20 处，黄淮流域 9 处。属于铜石并用时代（约公元前 3000～前 2000 年）的遗址有 63 处：长江中游 28 处，长江下游 24 处，黄淮流域 9 处，华南仅 2 处。到了青铜时代（约公元前 2000～前 500 年），长江中下游、淮河流域和黄河中下游均已进入成文历史时期，一些早期文献如《诗经·国风》等多次提到稻米或稻谷生产的情况。考古发现的稻谷遗存也有不少。但正式报道的不多，本文一概未予统计。这一时期除长江中下游和黄淮流域的稻作农业继续有所发展外，一个重要的现象就是向周边地区扩展，主要是向华南和西南扩展。因此本文特别把周边地区公元前 2000～前 500 年的栽培稻出土地点作了统计，共有 18 处，其中福建 3 处、台湾 4 处、四川西昌 1 处、云南 9 处、辽宁 1 处。上述情况无疑是一个明确的启示，说明中国的稻作农业很可能是从长江中下游发源，然后才逐步向周围扩展的。

二　彭头山与城背溪

在中国发现的史前稻作遗存中，年代最早因而也最引人注目的首推彭头山和城背溪两处的资料。新近发现的河南舞阳贾湖的炭化稻米也十分重要，因标本正在测试研究中，本文暂置不论。彭头山遗址位于湖南省北部的澧县大坪乡，面积约 1 万平方米。1988 年冬进行发掘，发现在一些红烧土块中包含有许多稻谷壳和稻草痕迹，有些陶器胎壁中也夹杂许多稻壳碎屑。这些红烧土乃是房屋墙壁的残块，那墙壁则是用掺稻草和稻谷壳的泥土抹成的，正因为被火烧成了红烧土，才使那些稻谷壳等遗存保存下来。其中有 4 粒形状较完整的稻谷壳经和佐野喜久生测量分别长 5.43、5.88、5.89 和 6.24 毫米，比较接近于短粒形的粳稻。

彭头山稻作遗存的年代，经北京大学考古系实验室用常规碳－14 方法和加速器质谱碳－14 方法测量并经过适当调整，大约落在公元前 7000～前 5500 年[1]，是至今所知世界上年代最古老的稻作遗存。在彭头山附近并且同属于澧县的李家岗、曹家湾和下刘家湾遗址稍后也发现了稻谷遗存。同样性质的遗址还有八十垱、黄麻岗等处，如果进行发掘，估计也会发现稻作遗存。这类遗址现在已被统称为彭头山文化。比彭头山稍晚，同样也分布在湖南省北部的临澧县胡家屋场和岳阳县坟山堡，也都发现了稻谷遗存。这类遗址一般被列入石门皂市下层文化，实际上相当于彭头山文化晚期，年代约为公元前 5500～前 5000 年。

彭头山文化的稻作遗存并不是孤立的。早在 1983 年秋季，北京大学考古系同

---

〔1〕　严文明：《中国史前稻作农业遗存的新发现》，《江汉考古》1990 年第 3 期。

湖北省博物馆合作在湖北西部进行考古调查发掘时，曾经试掘了宜都县（现改名为枝城市）的城背溪和枝城北等属于新石器时代中期的遗址，后被命名为城背溪文化。当时在枝城北遗址的红烧土块和陶片中都曾发现稻谷壳碎片。后来在整理城背溪遗址的资料时，又发现陶片中也夹有稻谷壳碎片。1986 年，林春在对城背溪遗址进行复查时，在一件圜底钵口部残片的内壁发现有十几粒稻壳痕迹[1]。1990 年，她又采集到一件残陶支脚，里面夹有 4 个稻谷壳。其中较完整的 1 粒长宽为 6.1 毫米×3 毫米，其余 3 粒均略残，经李璠鉴定应属于粳稻，看来与彭头山的稻谷十分接近。

城背溪文化的年代，就目前已发现的遗存来说，相当于公元前 6500～前 5000年左右。其中城背溪属早期，枝城北属晚期。而城背溪文化同彭头山文化分布地区相邻，文化特征相近，实际上应是一个文化的两个地方类型。在这个文化分布范围内多处发现稻作遗存，说明长江中下游早在公元前第七千年就已有了稻作农业。这个年代距农业起源的时间应该不远了。因此这个发现应比河姆渡和罗家角稻作遗存的发现更进了一大步，证明长江中下游的确应是稻作农业起源的重要地区。

三　稻作起源的边缘理论

宾福德（L. R. Binford）在论及西亚农业的起源问题时，曾提出过一种边缘理论，认为农业是在最适于其野生祖本植物生长的地区周边首先发展起来的[2]。哈兰（J. R. Harlan）根据他对野生小麦分布区的研究，证明小麦的种植的确不是在其野生祖本的分布区，而是在周围条件较差的地方首先发生的[3]。虽然宾福德依据其假设的所谓封闭型人口区和开放型人口区的模式来论证农业起源的方法并不可取，但哈兰所提出的事实却是不可回避的。

有趣的是中国稻作农业也是在野生稻分布的边缘首先产生的，长江中下游就是这样一个边缘地带。这究竟是怎么一回事呢？

我们知道作为栽培稻直接祖本的普通野生稻（*Oryza rufipogon*）的习性是喜欢

[1]　长办库区处红花套考古工作站、枝城市博物馆：《城背溪遗址复查记》，《江汉考古》1988 年第 4 期。

[2]　〔日〕森本和男著，宋小凡译：《农业起源论谱系》（下），《农业考古》1989 年第 2期。

[3]　J. R. Harlan, 1977. The Origins of Cereal Agriculture in the Old World. *Origins of Agriculture*, Mouton Publishers.

水生开阳的环境，故多生长在热带多雨地区，少数可分布到亚热带边缘。现时中国的普通野生稻最集中的地区是在海南岛、广东和广西的部分地区，北纬24°以北便已比较稀少了。这一分布区的北界，大体与最冷月1月平均最低温度为4℃的等温线相重合。这是因为普通野生稻的越冬抗寒能力较弱，从而限制了它分布的北界。但个别野生稻品种也有越出这一边界的，例如湖南的茶陵和江西的东乡都已发现普通野生稻，后者的位置已达北纬28°14′，1月平均最低温度已不足2℃。在全新世早期，平均气温较现在略低，野生稻分布区的北界一般不会越过南岭，个别品种也许在南岭以北能够生存。考虑到那时土地基本上没有开发，野生稻资源不会像现在那样遭受人为的破坏，绝对数量应该比现在多。即使如此，长江流域的野生稻也应该是十分有限的。

华南在全新世早期便已有不少居民，他们通常居住在洞穴、河边或海边河口地带，遗址中多见贝壳及蚝蛎啄等工具，还有鹿等野生哺乳动物的骨骼，表明其经济是狩猎、采集和捕捞水生动物，至今还没有发现农业痕迹。这种状况一直持续到了新石器时代晚期。现知华南最早的稻作遗存是在广东北部的石峡文化中发现的，年代不超过公元前3000年。根据石峡有比较发达的农业工具这一点来看，当地农业的发生也许还可提早一些，但其幅度也很有限。特别是考虑到石峡文化的许多因素与江西的樊城堆文化相像或者比较接近，其稻作农业很可能就是从江西那边传播过来的。何况石峡文化在当时仅分布在广东北部不很大的一个区域，华南其余大部分地方仍然未见农业痕迹。就是到了商周时代，华南的采集经济也还是比较发达的。

华南史前农业迟迟得不到发展的原因主要有两个。一是当地天然的食物资源十分丰富，而且全年都能获取。野生稻在各种可食植物中差不多是最难采集也最难加工的，其味道在当时的人看来也不见得是最好吃的。因此平常采集就不会很多，在野生稻到处都有的情况下更不必去进行人工的栽培与繁殖。二是华南多山脉丘陵，地形分割比较破碎，缺乏较大的平原或三角洲（现在的珠江三角洲的陆地大部分是近数千年淤积起来的），因而史前文化长期没有明显的发展，人口不多，在很长时期内都未能形成人口的压力。这样也就难于产生发展农业的社会动力。

长江流域的情况就大不相同了。那里四季分明，夏秋植物生长茂盛，食物资源十分丰富，冬季则寒冷而干燥，天然的植物性食物已很难得到，狩猎动物也难保总有收获。人们需要寻求一种能够解决冬季食物供应的办法。长江中下游有比较广阔的冲积平原，史前文化易于发展，随之人口也会较快地增加起来，使得天然食物在冬季供需矛盾越来越大。那里的野生稻尽管不多，人们为着扩大食物的来源也会去采集。当他们在采集中进一步发现其耐储藏的优点时，就会加意地保护、培养乃至繁殖，稻作农业就是这样出现的。由于人们对于稻种的采集，解决了普通野生稻无法安全过冬的问题，因而种植范围可以很快地扩大起来，以至传播到纬度很高的地方。由于这些地方稻谷的生长几乎完全依赖于人工栽培，人们对于土地的选择（后来还有对土地的加工）和对稻种本身的选择，以及稻谷生长过程中的管理都会使栽培稻逐渐改变其野生祖本的若干特性，形成真正的栽培稻。而这在野生稻资源十分丰富的华南地区是难以做到的。这就是为什么仅有少量野生稻谷生长的长江中下游，早在公元前六七千年的彭头山文化与城背溪文化时期就已有了比较发达的稻作农业，而在往后的几千年内一直处于中国稻作农业最发达的中心地区的主要原因。

四　关于籼稻与粳稻的纠葛

过去有一种理论，以为从普通野生稻只能培养出籼稻，而粳稻则是在籼稻传播到气候较温凉地区后逐渐演化出来的。如果这个理论能够成立，那么越早的稻谷就应属籼稻，后来往北传播才会出现粳稻。遗憾的是过去发现的稻谷遗存绝大部分没有经过种属鉴定，从而难以做出准确的判断。不过从已鉴定的少部分标本中也可大致看出一些端倪。

在长江下游，已经鉴定的几处较早的稻谷遗存差不多都是籼粳共存而以籼稻为主的。例如河姆渡遗址籼稻占 60.32% ~ 74.59%，属于马家浜文化的罗家角籼稻占 64.74% ~ 76.26%，草鞋山籼稻占 60%。属于崧泽文化的崧泽和属于良渚文化的钱山漾与摇城也大抵如此。只有属良渚文化的庙山未见籼稻。长江中游的情况则颇为不同，例如年代最早的彭头山和城背溪的稻谷就是近粳的，属于屈家岭文化的屈家岭、放鹰台、冷皮垭、黄楝树以及属于石家河文化的石家河等处都是属粳。长江中游和下游这两个地方的纬度相同，气候生态环境也基本相同，只是文化系统有所不同。假如彭头山与城背溪近籼，那还可以说得过去。但事实却是近粳，总不能说河姆渡、罗家角的籼稻是由彭头山、城背溪的粳稻演化出来的吧。假如真可以那样变的话，为什么到长江下游就变成籼稻，而在本地往后的发展中却仍然是粳稻呢？假如我们设想两地的稻米各有其起源，一个起自近粳的野生稻，一个起自近籼的野生稻，以后又受到粳稻区的影响，这问题就可自圆其说了。但这在事实上是可能的吗？农学家的研究似乎给这个问题的解决提供了一线希望。

早在 1948 年，周拾禄先生就认为粳稻应是从中国某种一年生的野生稻培育而成，而籼稻则可能是由印度传入的。1987 年，日本农学家森岛启子等指出普通野

生稻 *Oryza rufipogon* 可以分为印度型和日本型即籼粳两型，而中国的野生稻偏粳[1]。但她所用野生稻标本可能包含有后期栽培稻种质的干扰，即所谓杂合型者。王象坤则用 ESDX 法测试将野稻分为纯合与杂合两类，认为只有纯合的才是原生的野生稻，而这种野生稻确有籼粳之分。大致上是分布偏北者（江西、湖南和广西北部等处）以粳型为主，而偏南者（广东、海南岛等地）则有较多籼型或偏籼者。东乡的野生稻即多年生匍匐性的偏粳型品种[2]。既然如此，像彭头山和城背溪那样早就出现近粳型栽培稻就不是什么奇怪的事情了。这并不排除某些籼稻被引入气候温凉地区而逐渐粳型化的可能性。据此粳稻的产生可能是两种途径都存在的。

由此来看，尽管我们把长江中下游当作一个大的起源区，而中游和下游也还是有区别的，是一个大的起源中心的两个亚区。此后在稻作农业向北传播的过程中，籼稻被自然气候条件所限而粳稻得到了较好的环境，所以黄河流域及其以北的都是粳稻。华南的稻谷如果都是由于当地野生稻育成便应当只有籼稻，而事实上广东石峡除有籼稻外还有粳稻，台湾的芝山岩更是只有粳稻。这明显说明华南的稻作农业是由长江中下游传播过去的。

五　中国史前稻作农业的发展阶段与地方差异

在划分稻作农业的发展阶段时，一般应考虑耕作方式、农业工具、稻谷品种、生产水平以及稻作在整个生产经济中的地位等情况。但限于资料和现时的研究水平很难进行这样全面的分析，阶段的划分自然也很难做到细致与准确。根据现有资料，大体划分为三个阶段也许是比较恰当的。

第一阶段可称为耕前期，大约相当于新石器时代早期到中期的前段，绝对年代可能在公元前八九千年至前六千年左右。这一阶段在考古学上是最难确定的。目前所知的考古学遗存只有长江中游的彭头山文化和城背溪文化，其年代分别是公元前 7000～前 5500 年和公元前 6500～前 5000 年左右。这两个文化的石器大部是打制的。彭头山文化中还有不少类似细石器的小石片，磨制石器仅有斧和小型锛，没有明确可指为农具的石器。由于当地土质呈微酸性，对有机质有一定腐蚀

[1]　Hiroko Morishima, Lilian U. Gadrinab, 1987. *Are the Asian Common Wild-Rice Differentiated into the Indica and Japanica Types?* Crop Exploration and Utilization of Genetic Resources, Taiwan.

[2]　才宏伟、王象坤、庞汉华：《中国普通野生稻是否存在籼粳分化的同工酶研究》，《中国农业科学》1993 年第 1 期。

作用，骨、木器都不易保存，当然也就不可能发现任何骨质或木质农具。很可能这时还根本不会翻地，只是找到那些同野生稻生长环境类似的低湿沼泽地进行撒播、看管和收获。因而这是一种最原始的耕前农业。

这个时期究竟是从什么时候开始的？现在不得而知。但从彭头山文化与城背溪文化已有一定规模的定居村落，在野生稻不可能很多的情况下能够将稻谷壳和稻草大量地应用于房屋建筑和陶器制造等来看，似乎还不能算是稻作农业的开始时期而应该有更早的源头。从逻辑来推测，稻作农业的起源应该从有意看护并及时收获野生稻开始，这时还只能算是高级采集经济。当人们感到野生稻不敷需要而有意播种繁殖时，农业就发生了。这最初的农业同高级采集经济相比，无论从工具（当时可能还没有专门的农具）还是稻谷本身的形态来讲都是很难区分的。所以说这一阶段大约开始于公元前八九千年完全是一种推测。

第二阶段可称为耜耕期，大约相当于新石器时代中期的后段到晚期，绝对年代可能在公元前6000～前3000年左右，有的地方可能延续得更晚一些。长江下游的河姆渡文化、马家浜文化和崧泽文化，长江中游的大溪文化和屈家岭文化，长江中下游间的薛家岗文化、樊城堆文化以及华南的石峡文化等都属于这一发展阶段。

在河姆渡文化和马家浜文化中都发现过一些骨铲，是用牛等大型食草动物的肩胛骨改制而成的。根据它的形状和使用痕迹可以推断是一种挖泥的农具，因此可称为骨耜。河姆渡遗址出土的骨耜颇多，单是第一次发掘就发现了90件。这说明当时平整与翻耕田地已成为一项重要的工作。水田同旱田不同之处就是必须做到基本水平，否则高处的禾苗得不到水而低处的禾苗会被淹死。为了使平整水田的任务不致太重，推测当时已有很小的田块以便通过灌排控制水量，这是耜耕水田的基本要求，也可以说明这一阶段稻作农业的基本特点。

除河姆渡和罗家角之外，其他一些较晚的文化遗址中一般不见骨耜而只有少量石铲。这可能有两个原因：一是骨耜已逐渐为石铲所代替了，那么这种石铲也应当称为耜，是平整与翻耕用的农具；二是骨耜不易保存，即使别的文化遗址中除石耜外也还使用一些骨耜，因为朽烂而没有发现。总之不能因其他文化遗址中没有骨耜，就否认它们还属于耜耕农业的范畴。

这时期的遗址中有时可见到少量石刀，当是受黄河流域旱作农业区影响而使用的一种收割农具。但因数量极少，当时收割很可能主要是用手捋的。

在河姆渡遗址中发现过木杵，湖北红花套大溪文化的遗址中发现过木杵的痕迹和被烧烤过的地臼。《易·系辞》曾记载黄帝尧舜之时"断木为杵，掘地为臼"。这大概是稻作农业区粮食加工的主要方法。

这个时期稻作农业已有显著发展，一是专门农具的出现与耕作制度的变化已如上述，二是农业村落的大量出现与规模的扩大，三是稻作农业区的显著扩大。以河姆渡遗址为例，那里有许多干栏式的长屋，是一个不小的村落。那里发现的稻谷遗存之多是惊人的，在第一次发掘的十几个探方 400 多平方米的范围内，稻谷、稻谷壳和稻草堆积成层，其厚度达 20 ~ 50 厘米。由此可见当时的稻谷生产已有相当的规模。在马家浜文化和大溪文化的许多遗址中，房屋的地面与墙壁中也常掺和大量的稻草与稻谷壳，在陶器泥坯中也常掺和大量稻谷壳的碎屑，证明在长江中下游稻作农业已有很大的发展。在此基础上往南传播到了广东，往北则先后到达淮河与黄河流域，其总面积已比第一阶段扩大了许多倍。

第三个阶段是犁耕期，大约相当于铜石并用时代，绝对年代在公元前 3000 ~ 前 2000 年左右。正如前面已经谈过的那样，无论从遗址的规模还是从分布的密集程度来看，这个时期稻作农业的中心仍然在长江中下游地区。不过这时向南北又都有一些扩展，其分布范围已很接近于现今我国稻作分布的格局。

这时期农具的改进，以长江下游的良渚文化表现得比较明显。在良渚文化的遗址中已多次发现三角形石犁铧，证明当时已出现犁耕。在泥水田里用石犁翻耕是比较容易的，在旱地或已干涸的水田中翻耕就困难多了。这大概是长江下游率先实行犁耕的一个重要原因，同时也是在当时犁耕还不能完全代替耜耕的重要原因。良渚文化中除石犁外还有石耜，长江中游的石家河文化中则还没有发现石犁而只有石耜。所以这时的犁耕农业仅仅是最初级的，同时还广泛流行耜耕。

在良渚文化中与石犁一起还出土过一些破土器，也许是用于开沟的，说明当时加强了水的管理。有的地方还出土耘田器，说明当时已注意中耕除草。这些措施自然会大大提高农业生产率。良渚文化中广泛流行的双鼻壶和单把带流杯等，制作特别精美，当是酒器。这是当时粮食生产达到一个新的水平的重要标志。说明当时的稻米除供直接食用外，还可以有相当的剩余用来酿酒了。

不过各地稻作农业的发展是很不平衡的。除长江中下游一直是稻作的中心外，其他地区都发生得比较晚。黄河流域是以粟、黍为主要作物的旱地农业区，水稻传入以后仅仅作为补充性粮食作物，所以发展一直很慢，且在品种上限于粳稻。华南稻作农业之所以出现较晚，而且在整个食物生产中所占比重远不如长江中下游，主要是因为那里野生食物资源特别丰富，从而抑制了栽培稻的生产。而云南稻作较晚则是由于那里的新石器文化不甚发达，在地理位置上又离长江中下游较远的缘故。

（原载《周秦文化研究》，陕西人民出版社，1998 年。后收录在《农业发生与文明起源》，科学出版社，2000 年）

附表　中国史前稻谷遗存出土情况一览表

时期	文化及年代	遗址	稻谷遗存出土情况	发表出处
新石器时代中期（约7000~5000）	彭头山文化（约7000~5000）	湖南澧县彭头山	陶片及红烧土中夹稻壳	农考 1989/2
		湖南澧县李家岗	陶片中夹稻壳屑	农考 1991/1
		湖南澧县曹家湾		农考 1991/1
		湖南澧县下刘家湾		农考 1991/1
	皂市下层文化（约5500~5000）	湖南临澧县胡家屋场	一件陶支脚上掺有稻谷颗粒	农考 1991/1
		湖南岳阳坟山堡	稻壳	文报 1992/6，14
	城背溪文化（约6500~5000）	湖北枝城城背溪	陶器中夹稻谷壳	农考 1993/3
		湖北枝城枝城北	陶片和红烧土中夹稻壳	农考 1989/2
	老官台·李家村文化（约6500~5000）	陕西西乡李家村	红烧土中夹稻壳	农考 1986/1
		陕西西乡何家湾	红烧土中夹稻壳	农考 1986/1
	裴李岗文化（约6500~5000）	河南舞阳贾湖	房屋和窖穴中出土炭化稻米，粳型为主，植硅石鉴定也得到同样的结果	文天 1994/3
新石器时代晚期（约5000~3000）	河姆渡文化（约5000~4500）	浙江余姚河姆渡第3、4层	大量稻谷、稻壳、稻草，少量炭化米及个别的稻穗，其中有籼稻、粳稻和数粒野生稻	考学 1978/1
		浙江桐乡罗家角第4层	稻谷，稻壳，陶片中夹稻壳末	浙考 1981
		浙江慈溪童家岙	陶片中夹稻壳	东南 1990/5
	马家浜文化（约4500~3700）	浙江鄞县董家跳	陶片中夹稻壳	东南 1990/5
		浙江舟山白泉	陶片中夹稻壳	考古 1983/1
		江苏吴县草鞋山下层	炭化稻米，籼粳比约为3:2	文丛（三）
		江苏常州圩墩	炭化稻米，稻谷	农考 1986/1

时期	文化及年代	遗址	稻谷遗存出土情况	发表出处
新石器时代晚期（约5000~3000）	马家浜文化（约4500~3700）	浙江桐乡罗家角第3层	炭化稻米，稻谷，有籼粳二型，其中籼型约占64%~76%	浙考1981
		江苏海安青墩下层	稻壳	考学1983/2
		浙江宁波八字桥	陶片中夹稻壳	考古1979/6
		上海青浦崧泽下层	炭化稻米，以粳为主，籼稻较少	考学1962/2
	马家浜——崧泽文化和北阴阳营文化（约4500~3300）	浙江宁波妙山	陶片中夹稻壳	东南1990/5
		浙江宁波五星	稻谷，稻草，稻谷印痕	东南1990/5
		浙江鄞县蜃蛟	稻谷，稻草	东南1990/5
		江苏丹徒磨盘墩	炭化稻米，粳稻	农考1986/1
		江苏南京庙山	稻壳，稻谷痕迹	考学1959/4
		江苏高邮龙虬庄	炭化稻谷，粳型	南京博物院资料
	崧泽文化（约3700~3300）	浙江宁波慈湖	稻谷，陶片中稻谷印痕	东南1990/5
		江苏无锡仙蠡墩	稻壳	文参1955/8
		江苏无锡前山	炭化稻谷	无锡博物馆资料
	青莲岗文化青莲岗期（约5000~4000）	江苏连云港二涧村	红烧土中夹稻壳	农考1985/2
	大溪文化（约5000~3000）	湖北枝江关庙山	稻壳	考古1983/1
		湖北枝城红花套	红烧土和陶片中夹稻壳	农考1982/1
		湖北江陵毛家山	红烧土中夹稻壳，稻草	考古1977/3
		湖北监利柳关	稻壳	江汉1984/2
		湖北监利福田	稻壳	农史（二）
		湖北松滋桂花树	稻壳	农史（二）
		湖北秭归龚家大沟	稻壳	江汉1984/1

续附表

时期	文化及年代	遗址	稻谷遗存出土情况	发表出处
新石器时代晚期（约5000～3000）	大溪文化（约5000～3000）	湖北云梦龚寨	稻壳，稻草	考古 1987/2
		湖北云梦胡家岗	稻壳，稻草	考古 1987/2
		湖南澧县三元宫	稻壳痕迹	考学 1979/4
		湖南澧县丁家岗	稻壳	湖南（一）
		湖南华容车轱山	炭化稻米，稻壳	湖南（三）
		湖南新晃大洞坪	陶片中夹稻壳	农考 1988/1
		湖南澧县都督塔	稻穗，稻壳	农考 1991/3
		湖南澧县刘卜台	陶片中夹稻壳	农考 1991/3
		湖北荆门荆家城、北公咀、道师湾、烟堆、陈家湾、叶家湾、三百钱、万家湾、窑堰、踏车畈共10处遗址	陶片中夹稻壳	考古 1992/6
	仰韶文化（约5000～3000）	河南淅川下王岗	稻壳	考古 1979/5
		河南淅川下集	稻壳	考古 1979/5
		河南郑州大河村	稻谷痕迹	农考 1982/2
		河南洛阳西高崖	稻壳	农考 1986/1
		陕西华县泉护村	似稻壳痕迹	考古 1959/2
		陕西西乡何家湾	红烧土中夹稻壳	农考 1986/1
		河南汝州大张	稻壳?	文天 1994/3
		湖北枣阳雕龙碑	稻谷	文报 1991/4，14

续附表

时期	文化及年代	遗址	稻谷遗存出土情况	发表出处
铜石并用时代（约3000~2000）	良渚文化（约3300~2100）	浙江吴兴钱山漾	稻谷，籼稻，粳稻	考学 1960/2
		浙江杭州水田畈	稻谷	考学 1960/2
		浙江萧山蜀山	红烧土中夹稻壳	河探 306 页
		浙江萧山跨湖桥	稻壳	河探 306 页
		浙江海宁赞山	红烧土中夹稻壳	河探 306 页
		浙江嘉兴双桥	稻谷，稻壳	河探 306 页
		浙江嘉兴大坟	稻谷，稻米	文物 1991/7
		浙江仙居下汤	稻谷壳碎屑	考古 1987/12
		江苏吴县摇城	炭化稻米（籼、粳）	农考 1983/2
		江苏苏州越城	稻壳	农考 1986/1
		江苏吴江龙南	炭化稻谷、稻米，以粳稻为主	农考 1992/1
		江苏句容城头山	稻壳	农考 1986/1
		江苏江浦龙山	稻壳	农考 1986/1
		江苏武进寺墩	陶片中夹稻壳	考古 1984/2
		江苏沙州蔡墩	陶片中夹稻壳	考古 1987/10
		江苏沙州徐湾村	陶片中夹稻壳	考古 1987/10
		江苏江宁小丹阳	稻谷	南京史志 1986/6
		江苏无锡锡山	稻谷	文参 1956/1
		江苏无锡施墩	稻谷	文参 1956/1
		江苏江阴南楼	稻谷，稻草	无锡文博 1990/2
		上海马桥	稻谷印痕	考学 1978/1
	安徽铜石并用时代文化（约3000~2000）	含山仙踪	稻谷（籼和粳）	农考 1987/2
		含山大城墩	炭化稻谷	农考 1987/2
		肥东大陈墩	稻谷，粳型	考学 1957/1

续附表

时期	文化及年代	遗址	稻谷遗存出土情况	发表出处
铜石并用时代（约3000～2000）	山背文化和樊城堆文化（约3000～2000）	江西修水跑马岭	稻壳稻草痕迹	考古 1962/7
		江西九江神墩	红烧土中夹稻壳稻草	江汉 1987/4
		江西萍乡大宝山	稻壳稻草	考古 1982/1
		江西萍乡大安里	稻壳稻草	考古 1982/1
		江西永丰尹家坪	稻壳稻草	农考 1985/2
		江西清江樊城堆	稻壳稻草	农考 1993/1
		江西新余拾年山	稻壳痕迹	江汉 1987/4
		江西湖口文昌洑	红烧土中夹稻壳，稻谷，粳型	农考 1988/1
		江西湖口城墩坂	红烧土中夹稻壳	农考 1992/1
		江西湖口银珠山	红烧土中夹稻壳	农考 1992/1
		江西湖口下柳青	红烧土中夹稻壳	农考 1992/1
		江西湖口王狗墩	红烧土中夹稻壳	农考 1992/1
		江西湖口史家桥	红烧土中夹稻壳	农考 1992/1
	屈家岭—石家河文化（约3000～2000）	湖北京山屈家岭	红烧土中夹稻壳稻谷稻草，粳稻	考学 1959/4
		湖北京山朱家咀	稻壳	考古 1964/5
		湖北武昌放鹰台	稻壳	考学 1959/4
		湖北随州冷皮垭	稻米稻壳，粳型	农考 1986/1
		湖北云梦龚寨	红烧土中夹稻壳稻草	考古 1987/2
		湖北云梦胡家岗	红烧土中夹稻壳稻草	考古 1987/2
		湖北云梦斋神堡	红烧土中夹稻壳稻草	考古 1987/2
		湖北云梦好石桥	红烧土中夹稻壳稻草	考古 1987/2
		湖北郧县青龙泉	红烧土中夹稻壳稻草	考古 1961/10
		湖北天门石家河	红烧土中夹稻壳稻草，粳型	考学 1959/4
		湖南平江舵上坪	稻壳痕迹	农史（二）
		湖南澧县宋家台	红烧土中夹稻壳	农考 1991/3
		湖南怀化高坎垄	稻壳痕迹	农考 1988/1
		河南淅川黄楝树	稻谷（粳型）	生物史（五）
		河南淅川社旗谭岗	稻壳？	文天 1994/3

时期	文化及年代	遗址	稻谷遗存出土情况	发表出处
铜石并用时代（约 3000～2000）	龙山文化和中原龙山文化（约 3000～2000）	山东栖霞杨家圈	红烧土中夹稻壳，粳型	史前 1984/3
		山东日照尧王城	炭化稻，粳型	社科院考古所
		江苏赣榆盐仓城	稻谷	农考 1985/2
		安徽固镇濠城镇	稻谷	考古 1959/7
		河南汝州李楼	稻米，粳型	农考 1993/1
		河南禹县严砦	稻米，粳型	文天 1994/3
		河南渑池仰韶村	稻壳印痕	农考 1982/1
		陕西户县丈八寺	稻谷	人文杂志 1980/1
		陕西扶风案板	稻壳灰象	考文 1988/5、6
青铜时代（约 2000～500，仅录边疆地区者）		福建福清东张（约 1500）	稻草痕迹	考古 1965/2
		福建南安狮子山（约 1300）	稻壳痕迹	考古 1961/4
		福建永春九兜山（约 800）	稻谷，稻穗	厦门大学学报 1956
		台湾屏东垦丁（约 2500～1500）	稻壳印痕	浙江学刊 1990/6
		台湾澎湖赤嵌 B（约 2500～1500）	稻壳印痕	浙江学刊 1990/6
		台湾台北芝山岩（约 2000～1000）	稻米（粳）	文物 1986/2
		台湾台中营浦里（约 2000～1000）	稻谷，粳型	考古 1984/5
		四川西昌礼州（约 1500～1000）	炭化稻谷	农考 1982/2
		云南宾川白洋村（碳－14 年代为 1820±85）	稻谷稻草	考学 1981/3
		云南元谋大墩子（碳－14 年代为 1470±55）	稻谷稻草，粳型	考学 1977/1

续附表

时期	文化及年代	遗址	稻谷遗存出土情况	发表出处
青铜时代（约2000～500，仅录边疆地区者）		云南剑川海门口（碳－14年代为1335±155）	大量稻谷稻穗	考古1958/6
		云南昌宁营盘山（约1500）	稻米，籼型	文报1990/5，3
		云南晋宁石寨山（约1000）	稻壳印痕	考学1956/1
		云南昆明官渡（约1000）	稻壳，粳	考古1959/4
		云南耿马石佛洞（碳－14年代为975±110）	稻米，以粳为主，籼占5%	农考1983/2
		云南耿马南碧桥（碳－14年代为975±110）	稻米，以粳为主，籼占5%	农考1983/2
		云南江川头咀山（约1000）	稻壳痕迹	考古1978/1
		辽宁大连大嘴子（约1400～1000）	炭化稻米，粳稻	辽海1991/1

说明：

（1）表中括注的年代均为公元前。

（2）本表统计资料截至1993年年底。

（3）引用资料的发表出处用简称方法，凡刊名后面数字表示"年/期"，报名后面数字表示"年/月，日"，丛刊、集刊、辑刊后面括号内数字表示期数。书报刊简称和全称对照如下：

简称	全称	简称	全称
农考	《农业考古》	文天	《文物天地》
考学	《考古学报》	东南	《东南文化》
文参	《文物参考资料》	江汉	《江汉考古》
史前	《史前研究》	考文	《考古与文物》
辽海	《辽海文物学刊》	浙考	《浙江省文物考古所学刊》，文物出版社，1981年
文丛	《文物资料丛刊》	湖南	《湖南考古辑刊》
农史	《农史研究》	河探	《河姆渡文化初探》（林华东），浙江人民出版社，1992年
生物史	《生物史》第五分册（李璠），科学出版社，1979年	文报	《中国文物报》

史前稻作农业遗存的新发现[*]

　　去年（1988 年）10 月初，我应日本考古学协会的邀请，有幸参加了专门讨论稻作农耕起源和传播的静冈大会，并做了题为《中国稻作农耕的起源与展开》的学术讲演[1]。在那篇讲演中，我把在中国境内发现的大约 70 处史前稻谷遗存进行了分析，提出长江中下游和华南可能是一个大的农业起源区，其中尤以长江下游值得注意。同年 11～12 月，湖南省文物考古研究所组织发掘了该省北部的澧县彭头山遗址[2]，北京大学考古系曾派一名研究生参加了那次工作，结果发现了迄今所知年代最早的稻谷遗存。今年 5 月在长沙市召开的中国考古学会第七次年会上展示了那些稻谷标本和共存的其他遗物，引起了代表们的极大兴趣。会后我和几位代表随即驱车去考察了彭头山和附近几个遗址，留下了十分深刻的印象。

　　彭头山遗址现属澧县大坪乡，位于洞庭湖西北岸的澧阳平原上。南临澧水，北近武陵山余脉，周围都是平地。遗址为一低矮的土岗，高出周围约三四米，现存面积约一万平方米，大部分为现代村落所占。发掘表明那里是一处较单纯的新石器时代遗址，不同层次的文化遗存虽可看出一些差别，但总体面貌仍基本相同，应属于同一个考古学文化，现已被命名为彭头山文化。

　　彭头山遗址是目前在长江中游新发现的一系列新石器时代遗址中年代较早的一个。北京大学考古系曾对该遗址的部分标本进行了碳－14 年代测定，初步结果如表一。

　　彭头山陶器的原料一部分采用泥炭，其中碳形成的年代远比陶器为早，所以第一个标本的年代是不能代表陶片本身的年代的。最后一个标本所在地层的年代是最早的，但因含大量竹炭，而竹炭属 C_4 植物，碳－14 年代往往稍微偏年轻。因

---

　　*　本文为 1989 年 11 月 20～22 日在日本大阪经济法科大学举行的东亚社会与经济国际讨论会历史分会提交的论文。

[1]　严文明：《中国稻作农耕の起源と展开》，日本考古学协会设立 40 周年纪念文集《日本における稲作農耕の起源と展開》，静冈，1988 年。

[2]　裴安平：《彭头山文化的稻作遗存与中国史前稻作农业》，《农业考古》1982 年第 2 期。

表一　彭头山遗址碳 – 14 测年结果（北京大学）

实验室编号	标本	出土层位	碳 – 14 年代（距今）
BK87002	陶片	采集	9100 ± 120
BK87050	木炭	T11④	8200 ± 120
BK89016	木炭	T14②	7815 ± 100
BK89018	大量竹炭 少量木炭	T14⑥	7945 ± 170

此这几个数据所表示的碳 – 14 年代，很可能是距今 8500 ~ 7800 年。

为了同国内所测碳 – 14 年代进行对比，我系实验室主任陈铁梅曾将彭头山的一块陶片带到英国牛津大学考古实验室，先将陶片中的碳分离成 6 个组分，再分别由加速器质谱法进行测定，所得结果如表二。

表二　彭头山遗址碳 – 14 测年结果（牛津大学）

实验室编号	标本含碳组分	碳 – 14 年代（距今）
OXA1274	脂类物质	7055 ± 100
OXA1275	腐殖酸	8005 ± 80
OXA1277	富里酸	6250 ± 110
OXA1280	粗碳渣	9785 ± 180
OXA1281	细碳粒	7890 ± 90
OXA1282	极细碳末	8455 ± 90

从表二可以看出同一陶片中所含碳素的不同组分年代很不一致，这可反证将陶片中所有碳素统一测年结果的不可靠性。即使分成了不同组分，所得结果仍较分散。其中粗碳渣当为泥炭中物质，年代偏老应予排除；富里酸是陶片埋在地层中后腐殖质侵蚀的结果，年代明显偏近。其他数据约在距今 8500 ~ 7000 年，与常规碳 – 14 测年结果比较接近。不过碳 – 14 年代与真实年代并不是一回事，一般要获得较真实的年代需要用树轮年代进行校正。而这里所测结果年代较早，已超出目前各种树轮年代校正表的范围。我们知道碳 – 14 年代同真实年代的偏离，主要是由于地球磁场的变化，行星际磁场和太阳磁场的影响较小。这种偏离大体上形成一个正弦曲线。所以我们对年代较早不能用树轮年代校正的碳 – 14 年代，

可以用延长正弦曲线的方法去推测。由此推测的彭头山文化的年代大约是公元前7000～前5500年，与中原地区的磁山文化或磁山·裴李岗文化大致相当而稍稍偏早。在中国新石器时代的年代谱系中，应属于新石器时代中期的范围[1]。

彭头山遗址的下层曾发现有房屋基址、灰坑和墓葬。房基用黄砂土铺筑，平地起建，墙壁栽柱。根据柱洞的排列，居室面积约30平方米。这是迄今在中国发现的最早的房屋基址。它的构筑方式不同于长江下游的河姆渡文化和马家浜文化中的干栏式建筑，而与本地后续文化如大溪文化和屈家岭文化的房屋基址比较相近。

彭头山出土的石器大致可以分为三类：第一类是普通打制石器，形体较大，其中有砍砸器和盘状器等；第二类是很像细石器的小燧石器，但很少有第二步加工，基本器类有刮削器、尖状器和雕刻器等；第三类是磨制石器，除小型斧、锛、凿外，多属棒、管、珠一类装饰品。前两类石器数量较多而磨制石器较少，表明石器制作水平远不如磁山文化。磁山文化中不但磨制石器较多，而且经磨制加工的农具如石铲、石镰、石磨盘和石磨棒等十分突出，说明磁山文化的农业比较发达。彭头山的石器中没有明确可指为农具者，与遗址中发现较多的稻谷遗存的情况似不相符。不过年代比彭头山要晚而稻谷遗存则多得多的河姆渡遗址第4层中也很少有确指为农具的石器。那里发现的农具主要是骨锹和木锹等适于水田的耕作器具。彭头山遗址因为土壤微带酸性，地下水又不如河姆渡那样高，一般骨木器不易保存。所以我们不能因为暂时没有发现农具而断定当时就没有农具。不过由于彭头山稻谷遗存较河姆渡少而石器制作水平又较河姆渡为低，推测当时即使有农具也是远不如河姆渡发达的。

彭头山的陶器甚多，某些探方中陶片密结成层。但类型简单，主要是钵、罐、釜和支脚四类，除支脚外，几乎都是圜底器。它们分别担负饮食、盛储和炊煮的功能。支脚和小型器多为直接捏制，其他器物则似在模具上用泥片贴筑。一般底部甚厚，有的比口部厚两三倍，器内有压制的浅窝。少数罐有牛鼻形双耳。陶色多为红色或红褐色，胎多黑色，其中大部分应含泥炭，有些则掺稻谷壳等植物碎屑。陶器外表多饰很粗的交错绳纹，也有少量锥刺纹和划纹。其特征与湖北西部城背溪文化的陶器颇为相近。

彭头山最重要的发现当推稻谷遗存。在一些红烧土块中包含许多稻谷壳，一些陶器也是掺稻壳碎屑而烧成的，成为别具一格的夹炭陶器。初步观察那些稻谷

〔1〕 严文明：《中国新石器时代聚落形态的考察》，《庆祝苏秉琦考古五十五年论文集》，文物出版社，1989年。

壳，颗粒较大，形状也很接近于现代栽培稻，无疑是栽培稻的遗存，只是品种尚待正式鉴定。过去大家只知道河姆渡的稻谷遗存年代最早。现在由于彭头山的发现，便把栽培稻开始的年代一下子提早了一两千年，这不能不说是稻作农业起源研究的一项重要成果。

类似彭头山的遗址，在湖南澧县还有李家岗[1]、八十垱、下刘家湾和黄麻岗等处，现都被归入彭头山文化。在湖北则有宜都城背溪、枝城北[2]，秭归柳林溪、朝天嘴[3]等处，现被称为城背溪文化。实际上这两个文化地理位置相邻，文化特征虽有差别，但大部分是相近或相似的，又都是大溪文化的前身。很可能是属于同一考古学文化的两个地方类型，共同代表长江中游的新石器时代中期文化。值得注意的是北京大学考古系研究生1983年秋在湖北西部实习时，曾在宜都枝城北遗址采集到包含稻谷壳的陶片和红烧土，情形颇与彭头山相似，只是年代较晚而已（枝城北大体属城背溪文化晚期）。同时我们更联想到魏京武等在概述陕西农业考古资料时曾说："近年来我们在发掘西乡李家村和何家湾遗址时，在一些李家村—老官台文化时期的红烧土块中发现有稻壳印痕。"[4]所谓李家村—老官台文化一般称为老官台文化，主要分布于黄河水系的渭河流域，一部分跨越秦岭分布于长江水系的汉水中游。李家村和何家湾即位于汉水中游汉中盆地，与彭头山、枝城北等处同属长江中游的范围。老官台文化与磁山文化有许多相近之处，同属于新石器时代中期，绝对年代约为公元前6000～前5000年，比彭头山文化要晚，但仍比河姆渡文化为早。

彭头山、枝城北、李家村和何家湾等几处稻谷遗存的发现，证明我国确实存在着比河姆渡早得多的稻谷遗存，并且很早就向北扩展到了秦岭的南坡，这是十分耐人寻味的。

当河姆渡的史前稻谷遗存发现之时，尽管其年代已达公元前四五千年，是当时所知世界上最早的栽培稻遗存。但由于其形态已接近于现代的栽培稻，数量又巨大，并且伴出了大量的水田农具，所以不少人推测当地还应有更早的稻谷栽培

---

〔1〕 湖南省文物考古研究所、湖南省澧县博物馆：《湖南省澧县新石器时代早期遗址调查报告》，《考古》1989年第10期。

〔2〕 长办库区处红花套考古工作站、枝城市博物馆：《城背溪遗址复查记》，《江汉考古》1988年第4期。

〔3〕 国家文物局三峡考古队：《湖北秭归朝天嘴遗址发掘简报》，《文物》1989年第2期。

〔4〕 魏京武、杨亚长：《从考古资料看陕西古代农业的发展》，《农业考古》1986年第1期。

历史，而长江下游及其附近甚至有可能是稻作农业起源的一个中心[1]。

不过，考古发现的进程有时会带有一些偶然性，时至今日，在长江下游寻找更早稻谷遗存的工作还没有多大进展，在长江中游则随着一系列新石器时代中期文化的发现而获得突破。这是否意味着我们原来的设想已不太符合实际而应当有所改变呢？我想至少暂时还不能这样说。

因为第一，长江中游与下游的气候条件基本一致，地理环境和生态系统也基本相同。历史上都曾有过野生稻的记载，而近年在全国范围调查野生稻的过程中，又分别在湖南和江西发现了普通野生稻[2]。江西的普通野生稻发现于东乡县，处于长江中游与下游分界的九江口以东，实际上已属长江下游。这就是说，长江下游同中游一样，都有直接从野生稻培育成栽培稻的自然条件。

第二，长江下游的新石器文化同长江中游的新石器文化虽有一定联系，但自始至终都是两个独立的系统。长江下游主要是河姆渡—马家浜—崧泽—良渚系统，长江中游则主要是城背溪（以及彭头山）—大溪—屈家岭—石家河系统，各自相应阶段的文化发展水平都很接近。只是近年在长江中游发现了一系列新石器时代中期的遗存，包括彭头山文化（也许还包括较晚的石门皂市下层文化）和城背溪文化等，年代最早的已可上溯到公元前7000年左右，而长江下游勉强可归入新石器时代中期最晚阶段的河姆渡文化最早仅在公元前5000年左右。河姆渡文化一开始就是以一种发达的形态出现的，它既是属于具有独特面貌的长江下游新石器文化系统的，自然就不是从别的地方迁去的，因而它的前面必定还有一段发展的历史。目前在河姆渡文化以前存在的缺环应是考古发现中暂时的不足，而不是文化发展中固有的缺失。当这段暂时的缺环被新的考古发现所填补后，稻谷遗存究竟能追溯到多早就会比较清楚。

第三，从所发现的稻谷遗存和农具来看，河姆渡的稻作农业已是相当发达的，比彭头山和城背溪文化的稻作农业发达得多。长江中游的稻作农业是在大溪文化时才得到显著发展的，时间比河姆渡文化为晚。以此来推测，河姆渡文化以前与彭头山文化相应年代的稻作农业应比长江中游发展得高，至少不应更低。稻作农业起始的年代自然也不能更晚。

由此可见，彭头山等处早期稻谷遗存的发现，并不意味着早先关于长江下游

---

〔1〕　严文明：《中国稻作农业的起源》，《农业考古》1982年第1、2期。日文译文载《中国稻作の起源》，六兴出版社，1989年。

〔2〕　全国野生稻资源考察协作组：《我国野生稻资源的普查与考察》，《中国农业科学》1984年第6期。

及其附近可能是稻作农业起源地的假设有什么不妥。人们反倒应该从这个事实中得到启发，以加强在长江下游寻找更早稻谷遗存的信心。当然我们也可根据新的事实，把探索中国稻作农业起源地的范围稍稍放宽，使之包括整个长江中下游，甚至还包括华南地区。这一想法以前虽也多次谈到[1]，但却是逐渐明确起来的。

很多人注意到华南在稻作农业起源中的地位。例如安藤广太郎即认为华南是稻作农业起源地之一[2]，丁颖更是根据普通野生稻的广泛分布及其与栽培稻的亲缘关系，认定栽培稻种起源于华南[3]。近年来在广东和广西发现了一系列中国最早的新石器时代遗存，更是引起许多学者的注意。野生稻的分布和较发达的史前文化，这是稻作农业起源的两个基本条件。但具有这两个条件还只能说明华南存在着最早培育水稻的可能性，是否已成为事实则还需要有考古发现的直接证据。目前的情况是，在华南虽然发现了许多新石器时代早期的遗址，但多表现为洞穴和贝丘而缺乏平地遗址。贝丘遗址中有大量采食软体动物后剩下的贝壳，洞穴遗址中也往往有大量贝壳，此外还出土鱼、鳖、鹿、猪、牛、象等遗骨。除广西桂林甑皮岩出土猪骨属家畜外，其他动物均系野生。同出的生产工具除石斧、石锛、石凿等手工工具外，主要有蚝蛎啄（打制石器）、石矛、石网坠、骨镞和骨鱼镖等。说明当时的经济主要是捕鱼、狩猎和采集，而没有明显的农业痕迹。直到石峡文化之时才发现稻谷遗存，说明当时确已种稻，但那已是公元前3000年以后的事了。

根据这一情况可以做出两种不同的推测。一种推测是华南在公元前3000年以前还不曾栽培水稻。因为从遗址的特征来看当时经济主要是渔猎和采集水生动物，没有证据说明曾以稻米为食。即使在人们的食谱中包含有少量稻米，也完全可以从采集当地普遍生长的野生稻来解决。只有当人口增长到单靠渔猎、采集不足以维持生计之时，才注意用人工方法来培植水稻，就像在石峡文化时期看到的那样。

另一种推测是华南远在新石器时代早期就可能栽培水稻了，只是因为其他食物资源比较丰富，稻作农业长期没有显著发展，因而在遗址中很难发现。考古发

〔1〕　严文明：《中国稻作農耕の起源と展開》，日本考古学協会設立40周年紀念文集《日本における稲作農耕の起源に展開》，静岡，1988年；严文明：《中国稻作农业的起源》，《农业考古》1982年第1、2期，日文译文载《中国稻作の起源》，六興出版社，1989年；严文明：《略论中国栽培稻的起源和传播》，《北京大学学报》（哲学社会科学版）1989年第2期；严文明：《再论中国稻作农业的起源》，《农业考古》1989年第2期。

〔2〕　〔日〕佐佐木乔编，廉平湖译：《稻作综合研究》，农业出版社，1959年，13、14页。

〔3〕　丁颖：《中国栽培稻种的起源及其演变》，《农业学报》1957年第3期。

现总有一个过程，今天没有发现的东西明天不一定不能发现。不能过分地拘泥于现有考古发现而认定华南稻作农业发生得很晚，而应充分估计到华南野生资源丰富的条件，使人们有可能很早就从采集、管理到学会栽培。因此今后在田野考古发掘时要花大力气寻找稻作农业的早期遗存。

在目前，两种推测都有相当的合理性。但即使华南很早就栽培水稻，也是在很长时期都不甚发展，在经济生活中不占重要位置。这和长江中下游所在的华中地区是大不相同的。

根据粗略统计，至今在中国已发现史前栽培稻遗存的地点有 80 多处，其中长江中下游即占 64 处，黄淮流域 8 处，云南、福建、台湾共 7 处，真正属华南的广东只有 2 处。这固然与长江中下游考古工作开展较多有关系，但所占比例如此之高，加之所发现稻谷遗存最早，数量巨大，就不能完全用考古工作开展较多来解释，而是在很大程度上反映了历史的真实。究其原因，应与长江中下游的气候和生态环境有很大关系。

长江中下游同华南相比，冬夏的差别要显著得多。就是夏季炎热，植物性食物生长茂盛；而冬季寒冷干燥，草木凋零，人们很难从大自然直接索取植物性食物，对动物的捕猎也难以保持经常而稳定的收获。随着文化的发展和人口的增加，这个矛盾就会日益尖锐起来，选择既能食用又耐储藏的植物来加以培育已成为社会的必须。长江中下游既有普通野生稻可供采集，人们自然会逐渐了解其食用价值和能耐储藏的品格。又由于长江中下游野生稻远不如华南那样普遍，因而更增加了用人工方法加以繁殖的必要性和迫切性。这大概是长江中下游稻作农业产生得较早并且发展得比较快的一个根本原因。

再者，水稻的两个基本亚种之一的粳稻比较喜欢温凉性气候，其种质同普通野生稻相距甚远，故不太可能从华南等地直接培育。长江下游则有种质与粳稻相近的两种野生稻即穭稻和浮稻，气候相对于华南来说也温凉一些，特别是近年已多次发现年代甚早的粳稻遗存，故可大致推定长江中下游是粳稻起源最重要的地方。

长江中下游既具有如此重要的地位，为什么在讨论稻作农业起源时还要把华南包括进去呢？因为彭头山的稻谷遗存虽已到了公元前 7000 年左右，仍不能说那就是最早的栽培稻，人们开始种稻的历史可能更古，至少可以追溯到全新世早期。而当时的气温比现在要低些，长江流域的降水量比现在少些。再以前的更新世晚期更是处于大理冰期，长江流域肯定不适于普通野生稻的生长。只是在进入全新世气候逐渐转暖之后，作为栽培直接祖本的普通野生稻才会传到长江流域。这可能是自然的过程，也可能包含有人为的努力。如果稻作农业的起源是在普通野生稻传入长江流域之后，自然长江中下游就是起源地，华南可能不占重要地位。如果是发生在普通野生稻传入长江流域之前，华南事实上就将是第一起源地，长江中下游则是进一步发展和培育粳稻的地方。在这个问题暂时还得不到解决之前，把长江中下游与华南统一看成一个大的农业起源区还是比较妥当的。

（原载《江汉考古》1990 年第 3 期。后收录在《史前考古论集》，科学出版社，1998 年）

我国稻作起源研究的新进展

近年来，中国考古学界和农学界在稻作起源的研究中有不少新的成果。其中一些是在与外国同行的合作中取得的，从而大大推动了这一课题的深入发展。

一　贾湖栽培稻的发现

我在这里特别要提出贾湖栽培稻遗存的发现及其鉴定结果对稻作起源研究的重要意义。贾湖遗址位于河南省舞阳县城北 22 千米，适当淮河支流沙河南岸的阶地上。河南省文物考古研究所于 1983～1987 年在这里进行了大规模的发掘，发现了一个属于新石器时代中期（公元前 7000～前 5000 年）的裴李岗文化遗址。它的文化遗存可分三期，每期都有大量稻谷遗存出土[1]。根据碳－14 测定并作适当校正，其年代约为公元前 6800～前 5700 年，跟长江中游的彭头山文化的年代相近。

贾湖的稻谷遗存主要发现于窖穴中。一些窖穴底部有深黑色灰烬与泥土混杂在一起，其中包含有许多炭化稻米（图一），也有少量稻谷。其次是倒塌房屋的墙壁残块的涂层中掺杂了许多稻谷壳，还有一些陶器的胎土中也掺杂有稻壳碎屑，表明当时稻谷生产已是人们生活中的重要内容。这些稻米的长宽比多为 2∶1，用扫描电镜观察稻谷的表面形态与结构，大部分与现代粳稻基本相同，少量则与籼稻相近。1994 年年初，徐州师范大学进修教师陈报章在北京大学地质系孢粉实验室对贾湖各期的 9 个标本进行了植硅石分析，发现有大量的扇形、哑铃形和双峰乳突硅酸体[2]。前二者见于水稻叶片，后者见于水稻颖壳。扇形体中有 49% 为粳型，22% 为籼型，29% 为过渡型。为了对双峰乳突的属性进行判别，选用了现

---

〔1〕　张居中：《舞阳史前稻作遗存与黄淮地区史前农业》，《农业考古》1994 年第 1 期。

〔2〕　陈报章、张居中、吕厚远：《河南贾湖新石器时代遗址水稻硅酸体的发现及意义》，《科学通报》1995 年第 4 期。

图一　舞阳贾湖出土的炭化稻米

代栽培稻的籼、粳两个亚种和普通野生稻各两个品种进行测定，发现籼稻的双峰乳突粗大、尖锐，其基部的丘状隆起较薄而不明显；粳稻的双峰乳突细小而丘状隆起肥厚，普通野生稻的这两个部分的特征正好在两者之间。这一结果不但找到了判别稻谷种属的一种新方法，而且支持了近年来一些学者提出的籼稻和粳稻都起源于普通野生稻的假说，从而引起学术界的普遍关注。比照贾湖的双峰乳突形态，多是接近于粳稻的，这同稻谷外形的观察和扇形硅酸体测定的结果是相符的。

　　不过陈报章对双峰乳突的观察仅仅是初步的。后来北京农业大学的张文绪教授又多次对稻谷稃面的双峰乳突进行研究，发现它虽然是一种固定结构，但也会受到某些物理或化学因素的损坏，不像是硅酸体那样难以化解的内质。因此对古稻双峰乳突进行观察和测量时，首先要注意其形态是否完整，否则会得出不正确的结论。尽管如此，双峰乳突的研究仍然不失为判别水稻种属的一种有效的方法。为了使判别更加准确，他用双峰距、峰角、垭角、垭深和深距比五个指标将双峰乳突划分为锐型和钝型，每型又分为三个亚型。凡深距比在 10 以下，峰角在 80° 以下，垭角小于 150° 者为锐型，大于以上各指标者则为钝型。籼稻为锐型，粳稻为钝型，普通野生稻则多为锐型略偏钝。这一方法的引进对于探索稻作农业的起源，具有十分重要的意义。

　　贾湖遗址属于裴李岗文化。这个文化的生业主要是旱作农业，种植粟和黍，有一套规范化的制作精巧的农具。贾湖遗址除出土稻米外，也还有粟，有裴李岗文化典型的农具：舌形石铲、带锯齿的石镰、带乳突状足的石磨盘和石磨棒。只是因为地理位置偏南，离稻作农业的中心区长江中游不远，当地又是沙河、灰河和北汝河交汇之处，泥沼发育，适于种植水稻，所以才出现那种水旱混作的农业形态。贾湖位置既已达北纬 33°36′，稻作农业水平也已越过刚刚起源的那种原始状态，可见长江中游以彭头山文化和城背溪文化为代表的稻作农业水平也不会太低，还应有一个更早的起源阶段。而这个更早阶段的遗址理应在长江中游去寻找，这是参加贾湖稻谷遗存鉴定会议的各位学者的共识。

二　河姆渡野生稻的辨识

当 1976 年第一次披露浙江北部的河姆渡遗址发现了公元前 5000～前 4500 年左右的稻谷遗存，而且数量巨大，保存状况极佳，还伴出有大量水田农具时，曾经引起学术界的极大关注。一些学者提出长江下游及其附近很可能是稻作农业起源地之一，我也曾撰文加以论述。考虑到河姆渡稻作农业的发展水平已经远离刚刚起源的初始状态，历史上又有不少记载谈到江浙地区有野生稻，那里的气候和生态环境也适于野生稻的生长。当人类文化发展到一定阶段，并且通过采集对野生稻的特性有了一定认识之后，接着便用人工方法来加以培植，应该是顺理成章的事。不过历史记载的野生稻年代并不十分古远，而且究竟是不是栽培稻的直接祖本普通野生稻，也是无法加以证明的。甚至也不能排除那些所谓野生稻只是栽培稻野性化的产物。因而长江下游起源说的证据还不能说是十分有力的。1993 年，中国水稻研究所的汤圣祥和日本国立遗传所的佐藤洋一郎等在浙江农业大学用扫描电镜对出自河姆渡的 81 粒稻谷进行观察，发现除 70 粒可断定为栽培稻外，还有 4 粒（一说 5 粒）普通野生稻[1]。后者外形瘦长，有长芒，芒上的小刚毛又长又密，小穗轴脱落的斑痕甚小而且光滑，显然是自行脱落而非人工脱粒所致（图二）。这些都是普通野生稻的典型特征。由此可知在公元前 5000～前 4500 年左右的河姆渡文化时期，在浙江北部不但有比较发达的栽培稻，也还有普通野生稻生长着。这种野生稻当然是更早时期就有的野生稻的自然延续而不太可能是从外地引进的。这就是说，在河姆渡文化以前的江浙地区，只要人类文化发展到一定水平，完全有条件在当地直接驯化野生稻，从而开始稻作农业的过程。考虑到河姆渡文化本身具有鲜明的特色，不像是从长江中游传播到下游的产物。所以当前在长江中游已然发现更早稻谷遗存且极有可能是稻作农业的起源地的情况下，也不宜把长江下游及其附近排除在稻作起源地区之外。

---

〔1〕　汤圣祥、闵绍楷、佐藤洋一郎：《中国粳稻起源的探讨》，《中国水稻科学》1993 年第 3 期。

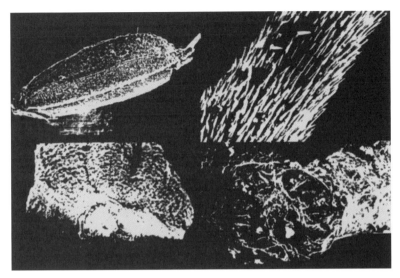

图二　余姚河姆渡出土野生稻的显微结构及其与栽培稻的对比
上左. 炭化野生稻谷粒　上右. 炭化野生稻的长芒
下左. 炭化野生稻的小穗轴　下右. 河姆渡栽培稻的小穗轴

三　玉蟾岩与仙人洞——更早栽培稻的探索

　　1993 年和 1995 年，湖南省文物考古研究所在该省道县玉蟾岩进行了两次发掘，前后发现了 4 粒稻谷壳。碳 – 14 测定的年代在公元前 1 万年以前，是目前所知世界上最早的稻谷遗存。

　　玉蟾岩遗址在一座石灰岩残丘下部的洞穴中，相对高程约 5 米。周围地势平坦开阔，水源充足，宜于水稻生长。洞中出土遗物主要是打制石器和骨、角、牙、蚌器等，有的骨器是磨制的，蚌器穿孔，还有少量的尖圜底陶器，表现出新石器时代最早时期的文化面貌。与文化遗物伴出的动物遗骸以鹿类和鸟类为最多，还有其他哺乳类、鱼类、龟鳖类和螺、蚌等软体动物。通过浮选和筛选还发现有几十种植物种子和果核。这表明当时人们的经济生活是以采集和渔猎为主的，水稻的种植仅仅占很小的比重。所出稻谷粒长同于野生稻而粒幅稍宽，稃毛和稃肩特征近于籼稻，双峰乳突则近于粳稻（图三）。张文绪认为这是栽培未久、尚保留部分野生稻特征而籼粳尚未完全分化的古稻。

　　与玉蟾岩的发掘同时，由中国和美国学者合组的农业考古队也分别于 1993 年和 1995 年发掘了江西万年仙人洞和吊桶环两个遗址。吊桶环下部（F～P 层）属于旧石器时代晚期，上部（C～E 层）为新石器时代早期。在旧石器时代之末的 F～H 层出土了大量野生稻植硅石，新石器时代各层都有一些接近栽培稻的植硅石。特

图三　道县玉蟾岩出土稻谷外形
1. 1993 年出土稻谷的内稃　2. 1995 年出土稻谷的外稃

别是 C 层的几个活动面上有大量栽培稻的植硅石。仙人洞下部也有旧石器时代晚期的地层，有野生稻植硅石；上部属新石器时代早期，有近栽培稻的植硅石，只是数量比吊桶环少。两处遗址孢粉的分析也倾向于同一结论。

　　仙人洞和吊桶环都处于大源盆地的边缘，二者相距仅有 800 米，旁边有小溪流过，环境条件十分优越。这两个遗址的新石器时代层的文化面貌十分相似，都以打制石器为主，只有少数局部磨光。同出的有大量骨、角、牙、蚌器，骨针和骨鱼叉都磨制得很好，蚌器穿孔。陶片不多，器形多为直口圜底或尖圜底。上面有用草筋压印或用竹片刮划的条纹和各类绳纹。其总体发展水平接近于玉蟾岩而延续的时间较长。所测碳－14 年代数据比较分散，若经适当的调整，可能在公元前七八千年至一万年以前。由于两个遗址的出土遗物十分相似，推测它们属于同一人们的群体。仙人洞较大，紧靠小溪，所以螺蚌堆积较多。洞内有不少烧火的地方，应是住人的主要场所。吊桶环有成千上万的动物骨骼的碎片，又有较多的水稻植硅石，当是狩猎后的屠宰场和收割后的打谷场。那时的经济应是以采集和渔猎为主，兼有少量的水稻种植，和玉蟾岩的情况基本相同。正是由于这三处遗址的发现，把水稻栽培的起始年代一下子又提前了几千年。

四　长江流域起源论的确立

1982 年，我曾根据在中国发现的 30 多处史前栽培稻遗存的年代、分布及其与野生稻的关系等，提出长江下游及其附近应该是稻作农业起源的一个中心。鉴于当时的资料还不很充分，未知的因素还有不少，所以我在提出这一论点后接着就说："当然，人们不应仅仅根据这一事实，就反过来认为河姆渡是一切水稻的起源中心。因为考古发现常常要受到遗址保存情况和工作开展的程度的制约，不能因为某地现时尚未发现较早的遗存，就断定那里本来就不曾有过早期的东西。"[1] 1989 年中国史前栽培稻遗存已发现近 70 处，野生稻的调查研究也有了较大的进展。于是我进一步提出应把长江中下游都作为稻作农业的起源区，也不排除华南在起源中的某种作用[2]。到 1993 年年底，中国史前稻作遗存已发现达 140 多处，更早的遗存也已露出端倪，起源中心和逐步扩大分布的情况已比以前看得更加清楚[3]。加上前面几节谈到的情况，我们已经有相当大的把握把长江流域特别是它的中下游作为稻作农业起源的一个十分重要的中心。之所以这样说，是考虑到印度和东南亚也可能有另外的起源中心。如果真是那样的话，长江流域自然就不是唯一的起源中心。不过这些地方的稻作农业究竟是如何起源的问题至今还很不清楚，即使日后通过考古发现而得到证实，若就其对后来稻作农业影响的深度和广度来说，也是远远比不上长江流域的。

根据各地稻作遗存的年代及其发达程度，有必要对过去因资料限制而画的分布图作适当调整（图四）。

公元前 1 万年以前至前 7000 年的新石器时代早期，可视为稻作农业的萌芽期或发轫期。现知属于这一时期的遗址还只有玉蟾岩、仙人洞和吊桶环三处。可以预期以后还会有新的发现，特别是长江下游还会有新的突破。可以根据这一设想来勾画出稻作起源区域的大致范围。

新石器时代中期（公元前 7000～前 5000 年）稻作农业得到初步发展，已成为人们食物资源的重要组成部分。不少地方还用稻壳和稻草作为涂抹墙壁的泥土的掺和料，用稻壳碎屑作制造陶器的掺和料。这时期稻作农业的中心区当在长江

---

[1]　严文明：《中国稻作农业的起源》，《农业考古》1982 年第 1 期，30 页。

[2]　严文明：《再论中国稻作农业的起源》，《农业考古》1989 年第 2 期。

[3]　严文明：《中国史前の稻作農業》，《東アジアの稲作起源と古代稲作文化》，佐賀大学，1995 年，209～214 頁。

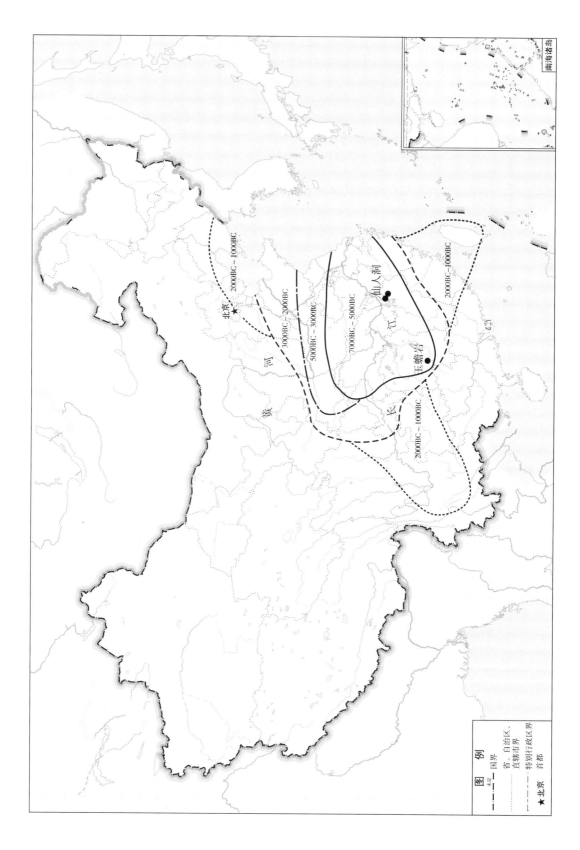

图四　中国史前稻作农业分布区逐期扩大的形势图

中游的彭头山文化和城背溪文化范围内，现在已有十几处发现了稻作遗存。其中湖南澧县八十垱发现有大批稻谷，并且似有水田埂的遗迹。这时期稻作农业的分布区域已扩大到北纬 33°左右。本来是以旱作农业为主的裴李岗文化和老官台文化的南部边缘也已开始种稻。据此可以把这一时期作为稻作农业的确立期。

新石器时代晚期（公元前 5000～前 3000 年）是稻作农业发展的重要时期，发现有稻谷遗存的地点约有 60 处之多，其中长江中下游约有 50 处，其余在黄淮流域。早年发现的河姆渡遗址稻谷遗存之丰富已是大家所熟知的。最近在湖南澧县城头山和湖北江陵阴湘城的大溪文化的围壕里也发现了大量保存甚好的稻谷和稻米，同出的还有粟、薏苡、大麻、葫芦和豆角等。江苏吴县草鞋山更发现了公元前 4000 多年前的稻田。田块尽管很小，但是有许多块连成一片，并有水沟和储水坑等灌溉设施。澧县城头山大溪文化的遗存中也有类似稻田的遗迹。各种迹象表明，这时稻米已成为人们的主要食粮，至少在长江中下游地区已是如此。我们可以把这一时期称为稻作农业的发展期。

进入铜石并用时代（公元前 3000～前 2000 年）稻作农业又有显著的发展，至今发现有稻谷遗存的遗址有 70 多处，其中长江中下游约 60 处，其余在黄淮流域、四川和广东北部。在长江下游的良渚文化中已率先使用石犁，并且有破土器、耘田器、镰和爪镰等一整套农具。一个以稻作农业为主的农业体系到这时应已基本成立。这时在长江中下游乃至四川盆地都出现了一系列环壕土城等大规模土建工程，如果没有发达的农业，是无法为这些工程的建设者提供大量粮食的。据此可以把这一时期称为史前稻作农业的兴盛期。

中国稻作农业向东南、西南和东北的传播都是进入历史时期才发生的。现在一些文献中关于福建、台湾和云南等地所谓史前稻谷遗存的统计，其年代都属于公元前第二千纪的青铜时代。而且那些遗址很小，文化不甚发达，稻作农业仅仅处在很低的水平上。

上面的叙述很清楚地表明长江流域，特别是它的中下游一带，不但是稻作农业的起源地，而且一直是最发达的地区。至于稻作农业的扩展方向首先是向北到达黄淮流域，并与当地原有的旱作农业混杂在一起。直到很晚的时期才传播到东南、西南和东北，进而传入朝鲜和日本的。为什么稻作农业首先发生在长江流域，并且首先往北传播而不是往南呢？我想不外有以下几个原因。

第一，长江流域文化比较发达，食物需求量比较大。特别是那里四季分明，在漫长的冬季里食物比较缺乏。这就需要寻找一种可以长期储藏，整个冬季都可以享用的食物。稻谷正好符合这种需求。

第二，长江流域是普通野生稻分布的北部边缘地区，自然状态下生长的数量不多。正是因为如此，才有必要加以人工培植。也只有经过人工培植，稻种才能安全过冬而得以继续大量繁殖。这种在野生祖本分布范围的边缘首先被栽培的事实，如果同下面第四条的分析结合起来，从理论上加以概括，可以称之为边缘起源论。

第三，黄淮流域同样有较发达的史前文化，对食物的需求量大。那里有比长江流域更长的冬季。尽管早已种植粟、黍等旱地作物，但当了解到水稻也是一种可以长期储藏的粮食作物，并且因为人工培植解决了安全过冬的问题以后，在水源比较充足的地方就会积极引种。但毕竟那里降水量较少，主要适于旱作农业。所以水稻传入虽早，在整个农业中的比重却始终只占次要的位置。

第四，中国的华南、东南与西南纬度较低，气候炎热多雨，冬季很短也不太冷，有些地方甚至长夏无冬。植物生长茂盛，禽兽和可食的水生动物也很多。加上史前文化并不发达，人口不多，通过采集和渔猎完全可以解决人们对食物的需求，不一定要用人工的方法增加食物生产。这就是为什么那里长期没有发生农业的缘故。只有当文化发展到一定程度，并且在外来农业文化的影响下，才会逐步发展以稻作为主的农业。这已经是很晚时期的事了。

我们看到一些早期的稻作农业遗址多数分布在沼泽或平原与低矮丘陵的交接地带，原因是那里有各种生态系统的食物资源，适于早期人类生活。同时又是普通野生稻生长的地区，易于进行水稻的培植。可见稻作农业的沼泽起源说是有道理的，而山地起源说则不符合考古发现的实际情况。一个时期以来，一些学者力主从印度阿萨姆到中国云南的高山地带是稻作农业起源地，其论据主要是那里有多种野生稻，现代栽培稻的品系又特别发达，许多大江大河都从那里发源，可以把不同的稻种传播到印度、中国和东南亚各地。须知稻作农业是一种文化现象，必须在人类文化发展到一定高度，产生了培植谷类作物的社会需要，才会变成社会的行动。阿萨姆—云南山地史前文化很不发达，食物资源又较丰富，不太会产生种植稻谷的迫切需要。即使偶尔种植也不会很快发展起来，更没有力量向距离很远的文化发展水平很高的地区传播。所以山地起源说是不能成立的。

五　问题和讨论

在关于稻作农业起源问题的讨论中，种属的鉴定是一个十分重要的环节。可惜过去发现的稻谷遗存绝大多数没有经过正式鉴定；已经鉴定的少数标本中，又因方法不同而常有不同的结论。例如河姆渡遗址的稻谷，游修龄根据外形分析认为是典型的籼稻，周季维同样根据外形认为是籼粳并存，以籼为主。张文绪和汤圣祥选择外形似籼的三粒稻谷测定其双峰乳突，认为粳型特征显著，是处在籼粳分化十字路口的古稻。又如过去根据外形判断草鞋山的稻谷，认为籼稻与粳稻数量比为3∶2。但汤陵华和佐藤洋一郎等对同一遗址出土的炭化稻米，包括细长和短圆的两种都进行 DNA 分析，认为全部属于粳稻。过去对长江中游一些遗址稻谷的形态鉴定，也都说属于粳稻。有些学者根据这种情况，认为过去根据外形鉴定属于籼稻的，也都有可能属于粳稻。现在讨论稻作农业的长江起源，仅仅是解决了粳稻的起源问题，而籼稻起源于印度，与长江起源没有关系。不过最近张文绪对湖南澧阳平原几处遗址稻谷的鉴定又提出了新的问题。他对彭头山和汤家岗稻谷双峰乳突的测定表明都属于锐型，粒形细长，认为应属似籼型品种[1]。顾海滨对湖南澧县城头山大溪文化的稻谷稻米进行形态分析，认为可能为籼的远多于可能为粳的。双峰乳突的分析也大致反映了这一结果。因此不能简单地认为长江只是粳稻的起源地而与籼稻无关。这里还涉及对野生稻的研究，王象坤和森岛启子等人认为普通野生稻有偏籼和偏粳的差别，江西东乡的野生稻即偏粳的一种。因此籼稻和粳稻很可能是分别由两种野生稻演化而来的[2]。佐藤洋一郎则把普通野生稻中的一年生者分离出来，学名叫 *O. nivara*，认为它是印度稻的祖本；而一般普通稻的学名是 *O. rufipogon*，是中国稻的祖本[3]。看来要弄清楚何种野生稻才是栽培稻的直接祖本也还有待于进一步的努力。在目前栽培稻标本的鉴定资料较少，鉴定方法不太一致，而野生稻的研究又还存在诸多问题的情况下，是很难得出明确结论的。

　　　　（原载《考古》1997 年第 9 期。后收录在《农业发生与文明起源》，科学出版社，2000 年）

〔1〕　张文绪、裴安平：《澧阳平原几处遗址出土陶片中稻谷稃面印痕和稃壳残片的研究》，《中国栽培稻起源与演化研究专集》，中国农业大学出版社，1996 年。

〔2〕　才宏伟、王象坤、庞汉华；《中国普通野生稻是否存在籼粳分化的同工酶研究》，《中国农业科学》1993 年第 1 期；H. Morishima，1987. *Are the Asian Common Wild-Rice Differentiated into the Indica and Japanica Types*? Taichung，Taiwan，China.

〔3〕　佐藤洋一郎：《DNAガ语る稻作文明》，日本放送出版协会，1996 年。

河姆渡野生稻发现的意义

据汤圣祥等报道，他们用浙江省博物馆提供的 105 粒出自河姆渡遗址的稻谷，抽取其中保存较好的 81 粒，利用浙江农业大学的扫描电镜进行观察，发现其中除 70 粒可断定为栽培稻外，还有 4 粒（一说 5 粒）普通野生稻。这一结果已经一再发表[1]，为本次会议提供的报告则有比较详细的描述[2]。这几粒稻谷的外形较瘦长，有长芒，芒上的小刚毛又长又密，小穗轴脱落斑痕小而光滑，显系自行脱落的痕迹，凡此都落入普通野生稻特征的范围之内（见本卷《我国稻作起源研究的新进展》图二）。这一发现引起了学术界的普遍注意，认为是给稻作起源于长江下游说增加了支持[3]。

河姆渡的稻谷遗存数量甚多，保存良好，为科学研究提供了极为有利的条件。又因其年代久远，形态变异甚大，与其共存的农具及相关的遗物特别丰富，因而对于研究稻作农业的起源及其早期发展具有非常重要的意义。正因为如此，在河姆渡稻谷遗存发现之后不久，学术界便提出了稻作农业的起源地应在长江下游及其附近的观点[4]。从那以后，关于稻作农业起源的研究又有了长足的进展，新的考古发现一个接着一个。首先是湖南澧县彭头山遗址的发掘，把水稻起源的时间向前推进了一千多年[5]，那是 1988 年秋季的事。在此以前，湖北宜都的城背溪、枝城北和陕西西乡的李家村也都发现过同时期的水稻遗存；稍后在澧县彭头

〔1〕 汤圣祥、闵绍楷、佐藤洋一郎：《中国粳稻起源的探讨》，《中国水稻科学》1993 年第 3 期；佐藤洋一郎、汤陵华等：《中国江蘇省の遺跡および浙江省・河姆渡遺跡から出土した植物遺体の分析結果について》，《東アジアの稲作起源と古代稲作文化》，佐賀大学，1995 年。
〔2〕 汤圣祥、佐藤洋一郎、俞为洁：《河姆渡碳化稻中普通野生稻谷粒的发现》，《农业考古》1994 年第 3 期。
〔3〕 游修龄、郑云飞：《河姆渡稻谷研究进展及展望》，《农业考古》1995 年第 1 期。
〔4〕 严文明：《中国稻作农业的起源》，《农业考古》1982 年第 1、2 期。
〔5〕 裴安平：《彭头山文化的稻作遗存与中国史前稻作农业》，《农业考古》1989 年第 2 期。

山附近的李家岗、曹家湾、八十垱、下刘家湾等地同样也发现了同时期的稻谷遗存。这使得人们更加明确了长江中游在农业起源上的重要地位，从而提出长江中下游甚至华南都是稻作农业的起源地区的观点[1]。不过，上述遗址中的稻谷遗存大抵都是掺和在陶器泥坯中的碎稻壳末，或者是掺和在抹墙的泥土中的稻壳，因为房屋失火把墙壁烧成为像砖头一样硬的所谓红烧土，使稻壳的形状得以保存下来。这样的稻谷遗存因为太碎，即使完整也因受到挤压而变形，难以从形态上进行鉴定，因而有人曾经怀疑它们是否是野生稻[2]。加上在这些出土稻谷壳的遗址中没有发现农具，也更加深了人们的怀疑。不过从另一方面看，既然出土稻谷遗存的遗址那么多，有些遗址中发现的稻壳数量也很不少，似乎人工栽培的可能性还是很大。如果说湖南等地区还可以采集到野生稻的话，陕西南部恐怕就不大可能了。所以大多数考古学家还是相信彭头山文化时期已经出现了栽培稻。1994 年年初，在北京大学地质系进修的陈报章对河南舞阳贾湖遗址的许多标本进行了检测和鉴定，发现了许多炭化稻米和水稻的植物硅酸体，并且认定它们属于栽培稻的粳型亚种[3]。贾湖遗址属裴李岗文化，实测碳 - 14 年代为公元前 7041 ~ 前 5707 年，大致和彭头山文化同时。贾湖位于淮河上游北纬 33°36′，遗址中除发现稻谷遗存外，还有许多炭化粟粒，而裴李岗文化是普遍种粟的。遗址中也发现有裴李岗文化中常见的农具如带锯齿的石镰和带乳状足的石磨盘等，却没有发现稻作农具。也许初期的稻作农业不需要石质农具，而木质或其他有机质农具又不易保存，这或许可以解释为什么彭头山等遗址至今没有发现农具的原因。1994 年 6 月，在北京农业大学召开了一次贾湖稻作农业的研讨会。我在会上谈到稻作农业起源研究的历史时，说我们已经迈上了第三个台阶。第一个台阶是 20 世纪 50 年代屈家岭文化稻谷遗存的发现，暗示我国南方可能成为探索稻作农业起源的地区之一。第二个台阶是 70 年代河姆渡稻谷遗存的发现，得知在公元前 5000 年就已经有了比较发达的农业，从而提出了长江下游及其附近应当是稻作农业起源地区之一的观点。第三个台阶就是彭头山和贾湖等一系列遗址的发现，把栽培稻产生的年代又提前了将近两千年。这是一件了不起的事情。我还特别强调：我们现在正在向第四个台阶攀登，假如我们取得成功，中国稻作农业起源的问题就应该

〔1〕　严文明：《再论中国稻作农业的起源》，《农业考古》1989 年第 2 期。

〔2〕　和佐野喜久生：《東アジアの古代稲と稲作起源》，《東アジアの稲作起源と古代稲作文化》，佐贺大学，1995 年。

〔3〕　陈报章、王象坤、张居中：《舞阳贾湖新石器时代遗址炭化稻米的发现、形态学研究及意义》，《中国水稻科学》1995 年第 3 期。

基本解决了。但是这一步很难，我们将尽全力冲刺。现在我可以说，我们已经取得了初步的成功。1993年和1995年，湖南省文物考古研究所对本省道县玉蟾岩遗址进行发掘时，分别发现了几粒稻谷。据张文绪教授鉴定，其中一粒接近野生稻，另一粒则接近栽培稻。后者的粒形、稃毛和稃肩特征近于籼稻，粒长同于野生稻而粒宽近于粳稻，双峰乳突也近乎粳稻[1]。该洞穴遗址的年代估计已近公元前1万年。与此同时，在江西万年仙人洞同样早的地层中，也发现了近于栽培稻的花粉与植硅石。这两处发现至少给了我们一个强有力的信息，即稻作农业的起源可以上推到公元前1万年，而起源的地点似乎就在长江中游一带。其实江西万年已经位于九江口以东，应该属于长江下游的边缘了。照这么说，也可以把起源地定在中下游地区。不过长江下游的主体还应该是江浙地区，如果那里没有起源的可能，把中下游连在一起也还是有些勉强的。

本来长江下游起源说就是因为河姆渡的发现而提出来的，后来因为长江中游发现了更早的稻谷遗存，河姆渡在探索稻作农业起源问题上的重要性似乎降低了。人们一直期待江浙地区会发现更早的稻谷遗存，这一愿望虽然至今没有实现，却在河姆渡稻谷遗存中发现了野生稻，其意义当不亚于发现更早的栽培稻遗存。以前我在论证水稻的起源地可能在长江下游及附近地区时，就是以当地原本是野生稻的分布区为前提的。我没有直接的证据，只好从古气候、生态环境和历史上有关野生稻的记载来加以推测。现在河姆渡野生稻谷遗存的发现，无疑是对那种推测的一个证实，从而也就是对长江下游起源说的一个支持。加上前面谈到的在中游地区的那些发现，把水稻的起源地区定在长江中下游应该是比较合适的。

我们设想，无论从气候、土壤、地形和动植物群落等自然地理的一切因素来看，长江中游和下游都是不可分割的，所以在自然地理上都被划分为华中区。既然如此，当中游的江西、湖南发现野生稻时，也就意味着下游有生长野生稻的可能。何况在江苏和安徽都有一些线索。同样的道理，当下游的河姆渡发现了七千年前的野生稻时，也就意味着中游在几千年甚至更早以前就可能生长野生稻，不然在玉蟾岩和仙人洞的发现就不好理解了。不过在更新世早期，长江中下游的气候还比较温凉，野生稻不可能有大面积的分布。野生稻的中心区在华南，长江中下游不过是它向北分布的边缘地带。这里有一个食物比较缺乏的漫长的冬季，人们需要找到一种既能增产又耐储藏的食物，稻米正好就是这样一种理想的食物。如果将野生稻加以栽培，就能较好地解决这个矛盾。这就是我过去提出的所谓边

〔1〕 张文绪、袁家荣：《湖南道县玉蟾岩古栽培稻的初步研究》，《作物学报》1998年第4期。

缘理论[1]。河姆渡野生稻的发现和江西、湖南早期稻谷遗存的发现，都是对边缘理论的有力支持。

最近几年，关于稻作农业起源的研究进展十分迅速。除考古学界不断有新的发现外，农学家和遗传学家的研究也日益深入。对稻谷扇形体植硅石的研究曾经开辟了鉴别野生稻与栽培稻和栽培稻中籼稻与粳稻的新途径，但不甚精确。对双峰乳突植硅石的研究则大大提高了鉴别的准确率。同工酶和 DNA 分析在稻谷的种属鉴别和分类学研究上也都有了很大的进展。不同学科间合作的必要性已经为越来越多的人所认识，并且已经取得了明显的效果。现在的关键问题还是要在江浙一带发现更早的新石器时代遗址和伴生的稻谷遗存，我们期待这一发现的时刻早日来临！

（原载《河姆渡文化研究》，杭州大学出版社，1998 年。后收录在《农业发生与文明起源》，科学出版社，2000 年）

---

[1]　严文明：《中国史前の稻作農業》，《東アジアの稻作起源と古代稻作文化》，佐賀大学，1995 年，209～214 頁。

杨家圈农作物遗存发现的意义

　　1981 年 9 月至 11 月，我带领北京大学考古实习队与山东省文物考古研究所合作，对栖霞县杨家圈遗址进行了较大规模的发掘，发现了大汶口文化晚期和龙山文化的遗存，而以龙山文化的遗存较为丰富[1]。该处龙山文化的房屋大多被火烧毁，墙壁和屋顶的草筋泥都被烧得像红砖一样结实，习惯上称之为红烧土。当时的居民在清理废墟时，把大量红烧土填进废弃的坑穴中，因而在发掘这些坑穴时就发现了大量的红烧土。仔细观察这些坚硬而发红的建筑残块，得知其厚度多在 20 厘米左右，恰好是墙壁厚度的一小半。靠里的一面凹凸不平，有明显的圆木或木板印痕；靠外的一面比较平整，表面还有厚约 1 厘米的外皮。草筋泥中掺杂了许多谷类作物的草叶和少量谷壳，墙皮中主要是掺杂小米一类的皮壳。我当时拿着这些红烧土块简直兴奋不已，因为我意识到这一发现不仅对于研究山东半岛的史前农业十分重要，而且对于廓清中国稻作农业究竟是通过什么道路传播到朝鲜半岛和日本这一颇多争论的问题也是具有关键意义的。为了得到一个比较权威性的判断，我们随即把出自 H6 和 H9 的部分红烧土块送交中国科学院遗传研究所李璠先生鉴定。李璠先生的结论是：H6 和 H9 的红烧土块中"都有稻壳的印痕，稻粒已灰化，稻颖壳椭圆形，具二脉，颖壳宽为 3 ~ 3.5 毫米，长为 5 ~ 6 毫米。现代粳稻谷粒宽为 3.2 ~ 3.5 毫米，长为 6 毫米；籼稻谷粒宽为 2.5 毫米，长为 6.5 ~ 7 毫米。杨家圈稻谷的形态特征与现今的粳型稻种相似（椭圆形），而与籼型稻种（长扁形）有较明显的不同。在土块中还有稻叶、茎秆的印痕，脉纹清楚。因此断定其为普通栽培稻种（*Oryza sativa*），并可能属于粳型稻种。"后来我们又将 H6 和 H9 的其他红烧土提交日本佐贺大学农学部的和佐野喜久生教授鉴定，他在两块土中各发现有十几个稻壳，并对其中比较完整的两粒进行了测量，知其长为 6.29 毫

---

[1]　北京大学考古实习队、山东省文物考古研究所：《栖霞杨家圈遗址发掘报告》，《胶东考古》，文物出版社，2000 年。

米，标准偏差（±S.D.）为0.03，宽为3.27毫米，标准偏差为0.04，长宽比为1.93，标准偏差为0.03，长宽积为20.5，标准偏差为0.13。结论同样是粳型稻。

交给李璠鉴定的出自H6的另一块红烧土的草筋泥中掺杂了粟、黍的皮壳和茎叶，外墙皮中则有大量粟粒和颖壳，脉纹印痕清楚。其中粟的粒度较小，宽1.2、长1.2~1.3毫米；黍的粒度较大，宽1.5、长2毫米。现代粟宽、长都是1.5~2毫米，黍宽2.2、长2.5毫米。据此可以断定龙山文化时期的杨家圈居民除了栽培粳稻以外，同时还种植粟（*Setaria italica* L.）和黍（*Panicum miliaceum* L.）两种旱地作物。

直到目前为止，在山东半岛所发现的最早的新石器时代文化是后李文化和北辛文化，年代约当公元前6000~前4500年。从遗址的状况和生产工具中包含有农具等情况来看，当时应该有了比较发达的旱地农业。紧接北辛文化之后的大汶口文化（约公元前4500~前2600年）中已不止一次发现了谷物遗存，例如在广饶博家和胶县三里河都发现过粟的遗存，长岛北庄则有黍和粟两种谷物遗存。三里河的粟是发现在一个窖穴里的，窖穴上盖了一所小房子，可以说是一个小小的粮库[1]。到了龙山文化时期，即大约公元前2600~前2000年的时期，除了继续种植粟和黍以外又开始种植水稻。杨家圈只是最先发现的一处，后来日照尧王城等处也都发现了稻谷遗存。不过限于气候条件，主要是降水量不足，山东基本上属于旱地农业区，稻作农业仅仅是作为旱地农业的一个补充。直到现在，山东仍然是以旱地农业为主，只有在水源比较充足的局部地方才有水稻的种植。

山东肯定不是稻作农业的起源地，那么它的稻作农业最初是从哪里传入的呢？这只要考察一下山东周围史前农业的状况就可以明白了。山东的西部与河南、河北两省相连，河南的稻作农业出现得很早，大约在公元前7000~前5000年的裴李岗文化时期就已经从长江中游传入了。舞阳贾湖就出土了属于这一时期的稻谷和炭化稻米遗存[2]。其后在仰韶文化和龙山文化的遗存中也不止一次地发现过稻谷遗存。据说在河北任丘哑巴庄遗址的龙山文化灰坑中发现过大量栽培稻的植物硅酸体。河南与河北中南部都属于黄河流域的中下游，自然环境与山东基本相同，山东的史前稻作农业是否就是从河南、河北传入的呢？这在目前来说至少还缺乏证据。因为山东发现的史前稻作农业遗存都在东部沿海一带，与河南、河北相距较远，难于发生直接传播的关系。在山东西部发现稻作遗存以前，很难说山东的

〔1〕　中国社会科学院考古研究所：《胶县三里河》，文物出版社，1988年，9~11页。
〔2〕　河南省文物考古研究所：《舞阳贾湖》，科学出版社，1999年。

稻作农业是从河南或河北传入的。

山东南部紧邻江苏省。江苏南部应该包括在稻作农业起源区之内，而江苏北部则应属于第一级传播区，那里发现过许多出土史前稻作遗存的地点，其中包括属于马家浜文化（约公元前 4500～前 3700 年）的海安青墩和属于青莲岗文化（同样约公元前 4500～前 3700 年）的高邮龙虬庄，以及属于龙山文化（约公元前 2600～前 2000 年）的赣榆盐仓城等处。龙虬庄的稻谷经过鉴定基本上属于粳稻，山东尧王城和杨家圈的稻谷也属于粳稻。这几处遗址构成了一条由南向北的传播路线，其史前文化也多有相似之处。由此可见山东东部的稻作农业是从江苏北部传入而不太可能是从河南或河北传入的。

江苏的淮河以北和山东省一样都属于暖温带半湿润气候，年降水量约 600～1100 毫米。在新石器时代，这里的气温比现代略高，但较长江流域仍然稍低，有利于水稻的粳型化。这就是为什么淮河以北的史前栽培稻多属粳稻的原因。至于山东半岛和辽东半岛之间仅有宽一百余千米的渤海海峡，中间又有庙岛群岛串联起来，南北交通并不困难。两地史前文化至少在公元前 3500 年左右就发生了接触和交流，从各种迹象来看，南面对北面的影响更大一些。后来到龙山文化时期，山东半岛对辽东半岛的影响有所加强；到岳石文化时期（约公元前 2000～前 1600 年）甚至有些人群移居到辽东半岛南端，从而把稻作农业也带了过去。前些年在大连大嘴子发现的炭化稻米便是一个很好的证明。那些稻米发现在属于羊头洼文化的一所房子内的陶罐里，碳 - 14 测定其年代为公元前 1157～前 923 年，比杨家圈的稻谷为晚。和佐野喜久生对这批稻米进行了测定，并且同杨家圈的稻谷进行了比较研究。杨家圈的稻谷长 6.25～6.30、宽 3.25～3.30 毫米，长宽比约 1.91。而大嘴子炭化米平均长 4.22、宽 2.18 毫米，长宽比约 1.98。游修龄对大嘴子炭化米测定的结果是长宽比为 1.80～2.27，平均为 2.00[1]。虽然米和谷的长宽比可能有点差别，基本上都还可以归入长粒型的粳米。至于江苏东海县焦庄西周时期的炭化米长 4.54、宽 2.98 毫米，长宽比为 1.62，是典型的短粒型粳米。日本早期的粳米也有长短之别，例如九州西北的菜畑稻米长宽比为 1.69，板付为 1.59，都是短粒型的粳米；而稍南靠近有明海筑后川一带的八女吉田的稻米长宽比为 1.83，八女岩崎为 1.81，则是粒型较长的了。从这些情况来看，稻作农业从长江下游的江苏起，向北经过山东、辽东传入朝鲜半岛和日本的过程应该发生过不止一次，每次传播的稻米种类可能不尽相同。尽管如此，这些稻谷还都属于粳稻范畴，这是北路说赖以建立的重要证据之一，也是杨家圈稻谷遗存发现的重要意义之所在。

---

〔1〕　游修龄：《对大嘴子遗址出土炭化米的鉴定意见》，《辽海文物学刊》1991 年第 1 期。

假如像有些所谓中路说的学者主张的那样，以为还有一条从长江口直接向日本传播的路线，由于长江下游有较多的籼稻，那么日本就应该有籼稻，而事实上不是如此，可见这条路线是不存在的。

（原载《東アジアの稲作起源と古代稲作文化》，佐賀大学，1995年。后收录在《农业发生与文明起源》，科学出版社，2000年）

杨家圈出土的农作物遗存

　　杨家圈龙山文化的房屋大多被火烧毁，墙壁和屋顶的草筋泥都被烧得像红砖一样结实，习惯称之为红烧土。当时的居民在清理废墟时，把大量红烧土填进废弃的坑穴中。因而在发掘这些坑穴时就发现了大量的红烧土。仔细观察这些土块，发现其厚度多在 20 厘米左右，适当墙壁厚度的一小半。一面有木板或圆木印痕，另一面比较平整，表面还有厚约 1 厘米的外皮。草筋泥中掺杂了许多谷类作物的草叶和少量谷壳，墙皮中主要是掺杂小米一类的皮壳。我们将 H6 和 H9 的部分红烧土块送交中国科学院遗传研究所李璠先生鉴定，他认为 H6 和 H9 的红烧土块中"都有稻壳的印痕，稻粒已灰化，稻颖壳椭圆形，具二脉，颖壳宽为 3～3.5 毫米，长为 5～6 毫米。现代粳稻谷粒宽为 3.2～3.5 毫米，长为 6 毫米；籼稻谷粒宽为 2.5 毫米，长为 6.5～7 毫米。杨家圈稻谷的形态特征与现今的粳型稻种相似（椭圆形），而与籼型稻种（长扁形）有较明显的不同。在土块中还有稻叶、茎秆的印痕，脉纹清楚。因此断定其为普通栽培稻种（*Oryza sativa*），并可能属于粳型稻种"。后来我们又将 H6 和 H9 的其他红烧土提交日本佐贺大学农学部的和佐野喜久生鉴定，他在两块土中各发现有十几个稻壳，并对其中较完整的两粒进行了测量，知其长为 6.29 毫米，标准偏差（±S. D.）为 0.03，宽为 3.27 毫米，标准偏差为 0.04，长宽比为 1.93，标准偏差为 0.03，长宽积为 20.5，标准偏差为 0.13。结论同样是粳型稻。

　　李璠鉴定的 H6 中的另一红烧土块中掺杂了粟、黍的皮壳和茎叶，外墙皮中则有大量粟粒及颖壳，脉纹印痕清晰。其中粟的粒度较小，宽 1.2、长 1.2～1.3 毫米；黍的粒度较大，宽 1.5、长约 2 毫米。现代粟宽、长都是 1.5～2 毫米；黍宽 2.2、长 2.5 毫米。据此推断杨家圈龙山文化时期除栽培稻谷以外，还种植粟（*Setaria italica* L.）和黍（*Panicum miliaceum* L.）两种小米。

（原载《耕耘记——流水年华》，文物出版社，2021 年）

东北亚农业的发生与传播[*]

　　人们通常所称的东北亚包括中国的东北地区、俄罗斯的远东地区、朝鲜半岛和日本各岛，大体上是环绕着日本海的一些地区。早在旧石器时代，人类即已在这里广泛地居住。这里的远古居民主要是属于通古斯人种的各个支系。到新石器时代，这里是最先发明陶器的地区之一，在文化上也形成了相当鲜明的特征。例如这里的房子几乎都是单间半地穴式的；在墓葬构筑上往往使用各种石块；石器中除磨制的以外，长期使用细石器，磨盘和磨棒也十分流行；那种饰压印或刻划纹饰的筒形陶罐更是这一地区新石器文化的显著特色。由此可见，把东北亚作为一个单独的文化区来进行研究是很有必要的。

　　但东北亚毕竟是一个很大的地理范围，南北纬度跨越近30°，即从北纬30°到北纬60°左右，使南北气候明显不同。加上地形复杂，地理位置上也有近海和离海较远的区别。因此半岛和海岛上多属温带海洋性季风气候，大陆上则有部分地区为温带大陆性季风气候。由此造成各地的生态环境有较大的差别，给人类的经济活动带来了较大的影响。

　　关于东北亚新石器时代文化的分区与分期问题，大贯静夫曾经进行过比较全面的分析，并且把文化分区同经济类型相联系，只是没有谈到日本[1]。大致说来，中国东北南部是"之"字纹筒形陶罐流行的地区，朝鲜半岛西部是刻划纹或篦纹圜底罐流行的地区，这两区的文化大约都是以农耕为主的稳定性生产经济文化。东北北部松嫩平原的昂昂溪文化和黑龙江中游地区的新彼得罗夫卡文化与奥西诺沃文化等流行凸弦纹陶罐，可能是以狩猎为主的漂泊性采集经济文化。中国三江平原的新开流文化和俄罗斯阿穆尔河下游一带的孔东文化、鲁德纳亚文化等流行编织纹陶罐，且多贝丘遗址，可能是以渔捞为主的稳定性采集经济文化。日

---

　　[*]　本文为1992年11月13日在韩国圆光大学举行的东亚文化国际学术讨论会上的发言。
　　[1]　大贯静夫：《东北亚洲中的中国东北地区原始文化》，《庆祝苏秉琦考古五十五年论文集》，文物出版社，1989年。

本则流行绳纹陶器，是渔猎和植物性食物采集并重的稳定性采集经济文化。这种划分自然只是相对的，各种经济成分在各区之间往往还有交叉的现象，而且随着时间的推移，农业经济不断发展和扩张，使原先的经济文化格局发生了很大的变化。

现有考古资料证明，本区农业发生年代最早的地区当在中国东北南部的辽河流域一带。在那里发现的新石器文化从早到晚依次有兴隆洼文化、赵宝沟文化和红山文化等。兴隆洼文化的典型遗址有内蒙古敖汉旗的兴隆洼和林西的白音长汗等处[1]。两地都发现有环壕村落遗址，房屋都是单间半地穴式，大量使用筒形陶罐，农具有锄、铲、刀、磨盘和磨棒等，说明当时已经有了比较发达的农业。遗址中还发现有猪、鹿等动物遗骸及鱼镖和植物果核等，说明当时的经济活动是多方面的，农业只是其中的一种。

兴隆洼文化的年代，据兴隆洼 F119 等房址所出木炭所测的 4 个碳 – 14 年代数据，经 1988 年第 13 次国际^{14}C 会议通过的高精度校正表校正，约为公元前 6210 ~ 前 5420 年[2]。最近的考古发掘表明在白音长汗等地还有比兴隆洼文化更早的以素面陶为特征的文化遗存，而且也已有了农业工具。据此可知在辽河流域早在公元前 6000 年以前便已有比较发达的农业了。

兴隆洼和白音长汗至今还没有看到是否发现农作物遗存的报道，但在地域相邻，文化性质也相近，只是年代略晚的辽宁沈阳新乐下层文化中却发现了黍的谷粒[3]。这些黍子是发现在 2 号房基的地面上的，成片分布，且都已炭化。但新乐遗址中除有较多的石磨盘和石磨棒外，似乎没有别的农业工具。因而这些黍究竟是新乐居民自己种植的，还是从兴隆洼文化那里交换来的，现时还难以做出明确的判断。

赵宝沟文化基本上是继承兴隆洼文化而发展起来的[4]；或许可视为一种晚期的兴隆洼文化。它有类似兴隆洼文化的聚落遗址，农业工具更为发达，其中凸

---

〔1〕 中国社会科学院考古研究所内蒙古工作队：《内蒙古敖汉旗兴隆洼遗址发掘简报》，《考古》1985 年第 10 期；郭治中、包青川、索秀芬：《林西县白音长汗遗址发掘述要》，《内蒙古东部区考古学文化研究文集》，海洋出版社，1991 年。

〔2〕 中国社会科学院考古研究所：《中国考古学中碳十四年代数据集（1965 ~ 1991）》，文物出版社，1992 年。

〔3〕 沈阳市文物管理办公室：《沈阳新乐遗址第二次发掘报告》，《考古学报》1985 年第 2 期。

〔4〕 刘晋祥：《赵宝沟文化初论》，《庆祝苏秉琦考古五十五年论文集》，文物出版社，1989 年。

弧刃石铲磨制精良，当是红山文化中所谓石耜的祖型。

红山文化基本上是继赵宝沟文化发展起来的。它有规模更大和分布更加稠密的聚落遗址，农具中石耜、石刀、陶刀、石磨盘和石磨棒等，不但数目较多，而且制作也更精美和定型化。尤其是那种似烟叶或鞋底的所谓石耜（过去曾被称为石犁）是一种良好的翻地农具。在内蒙古赤峰四分地红山文化遗址中曾发现过炭化的粟粒[1]，不少红山文化遗址中发现过猪骨。

由此可见，在辽河流域及其附近，从兴隆洼文化直到红山文化，即大约从公元前6000年或更早一些，直到公元前3000年左右，一直存在着旱地农业，并且一直在向前发展。种植的作物有黍和粟，伴随着饲养的家畜则主要是猪。这一农业模式同黄河流域的史前农业模式十分相似。如果说多少有些不同的话，主要是在经济成分中辽河流域渔猎经济比较发达（常见细石器和鱼镖等），在加工谷物方面，黄河流域从磁山文化时期大量使用磨盘、磨棒到后来很少使用，而辽河流域一直没有多大变化。这样就给我们提出了一个十分重要的问题：辽河流域的农业是当地自行产生的还是从黄河流域传播过来的呢？换言之，在我们所划定的东北亚范围内是否也曾有一个独立的农业起源中心，还是只不过是一个传播扩展地带呢？

农业起源是人类社会发展中的重大事件，需要有许多条件的结合，所以最早的农业起源中心并不多。我曾全面分析过中国史前考古的有关资料，认为主要有两个农业起源中心：一个是以长江中下游为主的稻作农业起源中心，后来逐步发展为以稻作为主的水田农业体系；另一个是以黄河中游为主的粟作农业起源中心，后来逐步发展为以粟、黍种植为主的旱地农业体系[2]。在这个体系中，粟看来是起源于中原的，黍的起源地除中原外，也许还要偏北一些，即更加干燥和寒冷一些的地区。辽河流域很可能包含在这一地区之中。如果这一分析不致大错，辽河流域对粟作农业来说应是第一传播区，对于黍的栽培来说则不完全是一个接受者而可能也是一个创造发明者。不过即使这样，它也不是一个独立于黄河中游之外的另外一个农业起源中心，而不过是同一中心的边缘部分。所以辽河流域的史前农业应是华北史前旱地农业体系的组成部分。它的出现乃是本区农业发生的第一个浪潮。

大约在公元前第四千年或稍早一些直到第三千年，以种植粟、黍为主要内容的旱地农业逐渐东传，经过鸭绿江进入朝鲜半岛的西部地区。这次传播的第一站

〔1〕　李璠：《中国栽培植物发展史》，科学出版社，1984年，62页。

〔2〕　严文明：《中国农业和养畜业的起源》，《辽海文物学刊》1989年第2期。

到达辽宁东部，在那里发现的东沟下层文化有较多的农业工具，年代约为公元前四千多年[1]。类似东沟下层文化的遗存在朝鲜西北部的美松里下层等处也有发现，它们之间显然有密切的文化关系。但往前到汉江、大同江流域一带的弓山文化，陶器特征就有很大的不同。该文化一到四期都流行圜底器，同中国东北和俄罗斯远东区均以平底器为主的风格很不相同。说明这个文化就是在朝鲜半岛本土生长起来的[2]。

金元龙教授曾将整个朝鲜半岛的新石器文化分为早、前、中、后四期[3]，其中早期尚无农业的痕迹，前期和中期是所谓栉目纹陶即篦纹陶的发达时期，同时也是旱地农业的发生和发展时期。他认为这时期农业的发生，是与华北地区新石器文化积极接触的反映。或者更确切地说，是华北旱地农业通过东北南部传入朝鲜半岛的结果。弓山文化的一至三期，大体就相当于朝鲜新石器文化的前期和中期。

弓山文化第一期的年代约与后洼下层文化相当。遗址中曾出土石磨盘等谷物加工工具，并有用鹿角制作的据说是锄和掘土棒的东西，但不能肯定是否即农具。所以这时大概还只是有了农业的萌芽。

弓山文化第二、三期是农业发展的一个重要时期。这时的农具有掘地或翻土用的石耜和石锄，收割用的石镰和牙镰等，早先已有的石磨盘和石磨棒这时也显著地多起来了。石耜在智塔里的房基和文化层中都有出土，一般是通体打制，刃部磨光，有明显的使用痕迹。整体形态很像红山文化的鞋底形石耜，所以也曾被称为石犁。这时期的陶器纹饰中往往流行一种重环形的篦纹，颇似红山文化中的重环形彩陶纹饰。这或许可以证明两者间确实有过一些关系。智塔里的2号房址中曾出土过炭化的粟和稗[4]，一说还出土过黍[5]，总之都是旱地作物。这是在朝鲜半岛所发现的年代最早的谷类作物，其种类与华北和辽河流域的基本相同，可见朝鲜半岛的早期农业应是从辽河流域传播过来的。这是本区农业发展的第二个浪潮。

〔1〕 许玉林：《东北地区新石器时代文化概述》，《辽海文物学刊》1989年第1期。

〔2〕 朝鲜民主主义人民共和国社会科学院考古研究所：《朝鲜考古学概要》第一编第2章第2节，平壤，1977年。

〔3〕 金元龙：《韓国考古学概説》（日文版），六興出版株式会社，1984年，32～74页。

〔4〕 蔡熙国：《朝鮮民主主義人民共和国における稲作の始源と展开》，《東アジアの社会と経済，'89国際学術シンポジウム報告書》，大阪经济法科大学出版部，1991年。

〔5〕 郑云飞：《朝鲜半岛稻作农业史略》，《农业考古》1992年第1期。

　　大约从公元前第二千年起，中国东北南部首先进入青铜时代，稍后朝鲜半岛、东北北部和俄罗斯远东地区也陆续从新石器时代晚期过渡到青铜时代。

　　辽河流域首先进入青铜时代的是夏家店下层文化，辽东地区则是双砣子第二期文化，年代大体相当于夏代至商代早期。二者以后又分别发展为夏家店上层文化和羊头洼文化。在夏家店下层文化中，磨制石器已占显著优势，但仍有少量打制石器和细石器。其中农具有石铲、石锄、石刀和石镰等，形态已与商代农具没有多大差别，说明当时农业生产已有较大的发展。在辽宁北票丰下遗址中发现过成堆的炭化黍和粟[1]。在辽东半岛的大连郭家村上层相当于龙山文化的遗存中也发现了炭化的粟[2]，最近的鉴定又说有黍[3]。看来这时的作物还是传统的黍和粟。双砣子第二期文化的农业工具有显著发展，形态也大体上与夏家店下层文化相似。大量的半月形双孔石刀乃是这个时期颇具特征的收割农具。

　　我们注意到从小珠山中层文化起，山东半岛的史前文化因素便已大量传入辽东半岛。从龙山时代起，这种向北传播的趋势显著加强。郭家村上层、双砣子一期以及四平山积石冢等实质上属于龙山文化，双砣子二期等则属于岳石文化，它们都可能是从山东半岛渡海到辽东半岛移民的产物。这样，辽河流域的文化和山东半岛的文化在辽东地区便汇合在一起，一直影响到朝鲜半岛，从而引发了一场重大的变化。这种变化表现在农业生产方面就形成了第三个发展的浪潮。这时期作物品种增加了，农业工具改进了，有农业的地区也显著扩大了。在农作物中，除传统的黍和粟外，又新出现了稻谷、高粱、大豆、小豆和大麦，还可能有小麦。从而构成一种新型的复合农业体系。

　　稻谷的种植业很明显是从山东半岛传入辽东半岛的。过去我们在山东半岛栖霞县杨家圈龙山文化遗址的两个灰坑中都发现过稻谷的皮壳，年代当为公元前2400年左右。前不久大连市考古人员又在该市大嘴子遗址上层的3号房基中发现了六罐谷物，经鉴定分别是稻谷和高粱[4]。大嘴子上层的文化性质大体相当于

　　[1]　辽宁省文物干部培训班：《辽宁北票县丰下遗址1972年春发掘简报》，《考古》1976年第3期。
　　[2]　辽宁省博物馆、旅顺博物馆：《大连市郭家村新石器时代遗址》，《考古学报》1984年第3期。
　　[3]　许明纲、刘俊勇：《大嘴子青铜时代遗址发掘纪略》附录一，《辽海文物学刊》1991年第1期。
　　[4]　许明纲、刘俊勇：《大嘴子青铜时代遗址发掘纪略》附录一，《辽海文物学刊》1991年第1期。

双砣子三期或羊头洼文化的早期，年代为公元前1400～前1000年左右[1]。山东半岛和辽东半岛的自然地理条件和生态环境几乎完全相同，中间仅隔一个渤海海峡，海峡中还有庙岛群岛相连，在这里渡海是最方便不过的。在龙山文化和岳石文化向辽东半岛进行移民的浪潮中把稻作农业的技术也带过去是很自然的事。

水稻从辽东半岛传入朝鲜西部看来也不是一件困难的事。因为这两个地方的气候和生态环境都很相似，陆路上紧密相连，中间只隔一条鸭绿江。而且从两地都流行所谓支石墓和半月形石刀等情况来看，这时的确也存在着文化交流。平壤南京遗址稻谷遗存的发现，应该就是这条传播路线的一个直接证明。南京遗址位于大同江岸边，1979年至1981年进行发掘。那里属新石器时代的31号房址中出粟，属青铜时代的11号房址出黍，36号房址则出稻、粟、黍、高粱和大豆，这些粮食堆积于房子中部，直径约一米，其中被火烧过的炭化稻谷有数百粒。蔡熙国根据房屋早于出美松里型壶的青铜时代第二期地层而推断其年代为公元前13～前12世纪左右[2]。但是沈奉瑾指出它的碳－14年代为公元前999年[3]，这年代不知是否经过树轮校正。假定是原始数据，则经过校正后当可达到公元前1150年左右，同蔡熙国的估计也很接近。

现在在韩国发现稻米的年代较早的遗址首推1970年发现的京畿道欣岩里[4]，在其12和14号房基中发现了炭化稻米，同出的还有黍、粟、大麦，据说还有高粱。12号房基的碳－14年代为公元前1260年和公元前670年，不知哪个数据接近实际。8号房基的碳－14年代是公元前945～前930年，但不知是否与12号房基同时。不过从遗物看，二者都不会比南京遗址36号房址晚过许多。其次是忠清南道松菊里遗址中的第54地区1号房址中出土炭化稻米，第50地区2号房址、第54地区2号房址和第55地区的窑址所发现的陶器上也都有稻壳的痕迹。第54地

---

〔1〕 大嘴子上层有两个碳－14数据，经校正后分别为1431BC～1264BC和1157BC～923BC，见中国社会科学院考古研究所：《中国考古学中碳十四年代数据集（1965～1991）》，文物出版社，1992年，70页。

〔2〕 蔡熙国：《朝鮮民主主義人民共和国における稲作の始源と展開》，《東アジアの社会と経済，'89国际学术シンポジウム报告书》，大阪经济法科大学出版部，1991年。

〔3〕 沈奉瑾：《韓國先史時代稲作農耕》，《韓國考古学報》第27辑，1991年。

〔4〕 1991年5～9月，忠北大学先史文化研究所曾在汉城附近的高阳一山家瓦地的泥炭层中发现保存完好的粳稻籽粒，碳－14年代为公元前3070～前2480年；又汉城大学的任孝宰教授于1991年5月在金浦郡金浦的泥炭层中也发现了稻粒和稻草，碳－14年代为公元前2230年。由于泥炭层中往往包含年代很早的碳素，用碳－14方法测年的结果往往比实际年代为早。所以这两处发现不宜作为韩国最早的水稻的证据。

区一长方形房址中木炭的碳－14年代为公元前715年和公元前615年。从遗物看，至少不晚于欣岩里的14号房址。此外在晋阳大坪里、山清江楼里和陕川凤溪里出土的稻壳痕迹也应属于青铜时代前期。据说，最近在汉城附近的金浦平野泥炭层中也发现了古代稻米，详细情况还不太清楚。

通观朝鲜半岛所发现的古代稻米遗存，大致有以下几个特点：第一，形状全部是短粒形，如南京稻长宽比为1.7，欣岩里为1.62，松菊里为1.79和1.53，均小于2.0，应属粳稻或称日本稻，这与山东半岛和辽东半岛稻谷的品种是一致的；第二，与稻米同出的往往有粟、黍、高粱等旱地作物，这与辽东半岛的大嘴子稻米与高粱同出，山东半岛的杨家圈稻谷与黍、粟同出的情况也是一致的，说明当时这几个地方都是实行的水旱兼有的复合农业；第三，从稻谷出土地点的年代来看，山东半岛最早，其次为辽东半岛，再次是朝鲜半岛，这很清楚地显示了传播的路线和方向。

旱地作物中的高粱和大麦等大概是从西方传播过来的，虽然我们现在还不能确切地知道传播的路线和准确的时间，但在青铜时代都已到达中国东北南部和朝鲜半岛则是没有疑问的。至于大豆，则在朝鲜咸镜北道的五洞和平壤南京遗址都有发现，据说中国史前遗址中也有大豆的痕迹[1]，但详细情况不知。在中国历史传说中，大豆称菽或荏菽，是神农所播的五谷之一。周人所奉祀的始祖后稷也是农业的发明者并被尊为农神，他播种的作物中也有大豆。春秋时期齐桓公时曾将燕山一带的山戎所种植的大豆引进到中原地区栽培，说明东北南部原本有比较优良的大豆品种。直到现在，中国东北和朝鲜半岛仍是大豆的重要产区。说不定在史前时期这里就是大豆的原产地之一，这是今后田野考古中应当特别注意的一个问题。不论怎样，在青铜时代，中国东北南部和朝鲜半岛的农作物种类是比从前多得多了，似乎产量也增多了。

这时期农业发展的第二个标志是农具的改进。磨制很好的双孔石刀不但到处可见，而且数量也十分可观。这种收割农具从中国东北南部到整个朝鲜半岛的普遍发现和形制上的相当一致性，说明两地的农业有十分密切的关系。

这时期农业发展的第三个标志是农业区域的扩大。这种扩展大概是沿着两个方向进行的。一支朝东北方向通过吉林、黑龙江和朝鲜东北部一直扩展到俄罗斯远东区。黑龙江宁安东康发现过炭化的黍和粟[2]。朝鲜咸镜北道茂山郡虎谷洞15号房址发现过黍和高粱，同时期的其他遗址有粟；同道会宁郡五洞发现过黍、

〔1〕 石声汉：《中国农业遗产要略》，西北农学院古农学研究室，1972年。

〔2〕 黑龙江省博物馆：《东康原始社会遗址发掘报告》，《考古》1975年第3期。

大豆和小豆[1]。俄罗斯远东地区的青林子文化中发现有粟和猪骨，年代在公元前第二千年后半到第一千年前半。这个文化东边沿海的马尔加里托文化年代稍早，也有农业痕迹[2]。现在看来，这一支因受地理环境的限制只发展了旱地农业，没有增加新的作物品种，而且农业在整个经济中的比重也不很大。另一支朝东南方向通过朝鲜半岛直达日本。前面讲到的作物品种的增加和农业工具的改进也主要是发生在这一支。它的进一步的扩展给日本的社会经济生活带来了极大的影响（图一）。

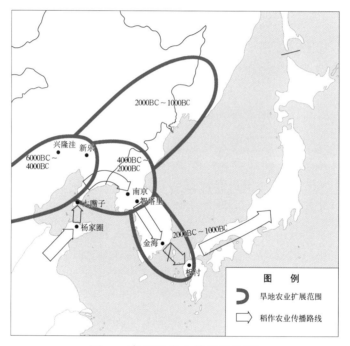

图一　东北亚农业传播示意图

在整个东北亚范围内，日本各岛的自然地理条件和生态环境是最适于发展农业生产的，但却是农业发展最晚的一个地区。在整个绳文时代，日本的经济一直是以渔猎采集为主的，到弥生时代则以稻作农业为先导，整个社会、经济、文化都急速地发展起来。其原因盖在于日本不是农业的原始发生地，同半岛又还隔着一个朝鲜海峡和对马海峡，早期的农业不易传播过去。只是在东北亚农业发展的第三个浪潮的强力冲击下，日本的经济才发生根本性的改变。

---

〔1〕　郑云飞：《朝鲜半岛稻作农业史略》，《农业考古》1992 年第 1 期。

〔2〕　冯恩学：《苏联滨海和黑龙江中下游地区的青铜时代》，《辽海文物学刊》1990 年第 1 期。

本来在日本和朝鲜半岛之间从很早起就存在着文化交流。旧石器时代不用说了，到新石器时代，当日本逐渐同大陆分离后，同半岛并没有完全中断关系。例如在釜山附近的东三洞遗址一期地层中就出土过日本绳文时代前期的塞之神式、轰式和曾畑式陶片，那里出土的日本式刮削器更是用长崎与佐贺地方产的黑曜石制造的。反之，曾畑式陶器也明显受到了朝鲜箆纹陶的影响。之后约当绳文时代中期的阿高式陶片和贝饰等又在东三洞第 3 层发现。但这种往来多是发生在渔民间的，只有海岸边才能看到一些影响。其原因我想是因为半岛南部的农业还不十分发达，人口还不很多，还没有要到海外去开辟新的耕地的必要。同时日本九州的气候生态条件并不十分适宜于旱地农业，所以早先朝鲜半岛的旱地农业并没有或至少是没有大规模地传到日本的迹象。

但是，在第三个农业发展浪潮的激发下，朝鲜的社会、经济、文化已经发生了很大变化，农业在整个经济中的地位越来越重要。稻作农业在向南传播的过程中，因为气候条件良好而发展得特别快。与此同时人口也急剧增长起来，而可耕地大部分已被开发，只有渡海才有可能开辟大片新的耕地。由于过去已经存在过一些交往，朝鲜人对日本或至少是对九州多少有些了解。到了绳文晚期，一部分人就渡海移居九州北部。这些在日本历史上被称为渡来人的人带去了他们自己已很熟练的农业技术，包括整套农具和以稻作为主兼有旱作的所谓杂谷类型的复合农业模式，带去了高度发达的文化，包括青铜器和紧接着而来的铁器的使用，大规模集落所体现的新的社会组织形式乃至新的风俗习惯和宗教信仰等等。这种高度的文化逐渐同日本原有的文化相融合，从而出现了一种崭新的文化即弥生文化。这一变化虽然有一个过程，而且大致能看得出来从九州北部经过关西、关东逐步向东北地方发展的迹象，但总的说是发展得很快的。其所以能够相当快地完成这个转变，我想一是因为朝鲜半岛的文化比日本原有文化高得多，在二者接触和融合的过程中具有明显的优势；二是因为朝鲜海峡很近，路又很熟，古朝鲜人可以延绵不断地大批涌入九州，从而形成一股渡来人的强大势力，这才有可能对日本社会进行如此重大的改变。假如像有些学者所主张的稻作农业是从中国的南方经琉球群岛传入日本，或者从长江口渡海直接进入日本，即使有这种可能，也只能是偶发事件和极少数人的行为，如何能造成日本社会如此重大的改变呢？

综上所述，东北亚农业的发生和传播先后依赖于两个农业起源中心。首先是黄河中游旱地粟作农业起源中心经辽河流域传入辽东和朝鲜半岛，然后又经吉林、黑龙江传入俄罗斯远东地区。接着是长江中下游水田稻作农业起源中心经山东半岛与旱地农业合流，再经过辽东半岛和朝鲜传入日本[1]。由于气候条件的原因，在稻作农业北传时不得不放弃籼稻而仅仅选择粳稻，并且不得不仍以旱地农业为主而只是维持少量的稻作。同样也是由于气候条件的原因，在稻作农业南传时比例越来越大，到达日本的早期虽仍有不少旱地作物，但已是稻作为主。以后稻作更占绝对优势，而稻种则仍然是单一的粳稻即日本稻。假如从长江口或华南传入日本，无论如何会以籼稻或印度稻为主而不会是现在这个样子。这一事实很好地说明了朝鲜半岛在日本农业乃至社会的发展上曾经起过多么大的作用。其实就整个东北亚的农业发展来说，朝鲜半岛也是起着一种关键性的作用。等到朝鲜和日本的农业先后发展起来以后，那里农人的技术、经验和精心培育起来的优良品种自然也可以反馈过来影响朝鲜和中国的农业。当海上的交通逐步打开以后，人们设想的从长江口直抵日本的所谓中路和从台湾经琉球进入九州等地的南路等传播路线可能会发挥实际的作用，但这同最初从朝鲜半岛传入日本所发生的巨大作用是不可同日而语的。

（原载《农业考古》1993 年第 3 期。后收录在《农业发生与文明起源》，科学出版社，2000 年）

---

〔1〕 严文明：《中国稻作的起源和向日本的传播》，《文物天地》1991 年第 5、6 期。

中国稻作的起源和传播[*]（上）

在农业起源的研究中，稻作起源占有很重要的位置。这是一个世界性的课题，各国农学家、考古学家和民族学家等都做过许多调查研究，发表过许多很好的见解。相比之下，中国关于稻作起源和传播途径的研究起步较晚，调查也不够深入，只是近年来随着史前稻作遗存的不断发现和对野生稻资源的普遍调查才有了比较迅速的进展。

所谓稻作的起源，主要是指亚洲栽培稻的起源。至于非洲栽培稻，一般认为起源于西非的尼日尔河流域，起源时间晚，传播范围也很狭小，对人类文化历史的影响无法同亚洲稻作相比。许多农学家承认，亚洲栽培稻是多型性的，但都属于同一个生物种（Species）。因此，在稻属的许多野生种中，只应有一个是它的直接祖本。大家认为，这个直接祖本应是普通野生稻（*Oryza sativa* f. *spontanea*），它现在主要分布在印度、东南亚和中国南方。人们在探讨稻作农业起源地时理所当然地把目光限制在这个范围内。

由于普通野生稻喜欢生长在低湿和日照充足的环境里，所以过去一些学者多认为印度奥里萨邦、中南半岛的湄公河三角洲或中国南方的珠江三角洲等低湿平原沼泽地带可能是栽培稻最初的培育地。但近年来一些学者倾向于山地起源说。例如日本农学家渡部忠世先生即主张起源于印度阿萨姆至中国云南的山丘地带，中国的农学家柳子明主张起源于中国的云贵高原，张德慈主张起源于从喜马拉雅山麓的恒河沿岸，通过上缅甸、泰国北部、老挝直到越南北部和中国南部的狭长地带。中国的一些年轻的农学家则特别强调云南在稻作农业起源中的作用。不难看出，在农学家的各种观点中，不论是低湿地起源说还是山地起源说，也不论包括的范围有多大，具体位置又如何的变动，一个共同点是都认为只有一个起源中心，然后向其他地方传播。有些考古学家也持有相似的观点，我们可以统称为单中心起源说。

---

[*]　本文为 1991 年 2 月在日本大阪举行的东亚稻作农业的流传国际学术讨论会上的发言。

与上述观点相反，许多考古学家主张多中心起源说，有些农学家也持有相似的观点。例如丁颖就曾将亚洲栽培稻分为中国系统、印度系统和南洋系统[1]，俞履圻认为"目前无从证明印度的籼稻品种是从中国引去的，可能中国与印度的籼稻品种是各自起源的"[2]。日本学者冈彦一也说"栽培稻是多元起源或分散起源的"[3]。正如我以前指出过的那样，怀特（R. O. Whyte）等也持有类似的观点[4]。

我认为必须强调指出的是，稻作起源同整个农业起源一样是一种文化现象而不是一种单纯的自然过程。既然大家都同意普通野生稻与栽培稻在遗传上的亲缘关系最近，理所当然是栽培稻的直接祖本，那么普通野生稻的形成并从其他野生稻中分离出来的时间必定比稻作起源的时间早得多。即使它是在某个地区首先形成的，在它被人类种植以前也应有足够的时间扩散到自然生态条件允许的范围，即大体上相当于现代野生稻的分布范围。因此，仅仅从考察各种稻谷品系的地理分布来找出多型态分布中心，或用杂交亲和性的高低来确定原生品系的分布区，或者根据同工酶酶谱的变化来探讨各品系的原生地区，即使完全正确，也不足以证明栽培稻就是起源于某个地区。何况这些方法还有许多不确定因素，远不是没有争议的。

由于历史上的气候是波动的，普通野生稻的分布范围也会受到影响。在全新世早期，中国南岭以北的地方气候还比较温凉，普通野生稻在自然生态条件下很难安全越冬，因而南岭很可能是那时分布的北界。但在气候最适宜期，中国长江流域和黄河流域的年平均气温比现在还要高2~3℃，普通野生稻的北界可达秦岭—淮河一线。这大概是中国历史上关于野生稻的记载多在长江中下游甚至更北的缘故。

存在着可以栽培的野生稻只是稻作起源的必要条件之一而不是重要条件，同时还必须有发展程度较高的史前文化，这个文化的居民对野生稻的可食性和生长习性具有相当的认识，并且产生了栽培野生稻的社会需要。没有这样的社会需要，即使有个别人从采集野生稻到试着种植野生稻，也不会发展为持续的社会行为，不能认为这就是稻作农业的开始。只有野生稻资源并不丰富而史前文化已有较高发展水平的地区，才是迫切需要栽培的地区。而这种地区在印度、中国和东南亚都是存在的，所以我同意稻作起源不止一个中心。

就中国的情况而论，目前就存在着华南起源说、云南起源说和长江起源说，

［1］ 丁颖：《中国水稻栽培学》，农业出版社，1961年。

［2］ 俞履圻：《中国栽培稻种的起源》，《作物品种资源》1984年第3期。

［3］〔日〕冈彦一著，徐云碧译，游修龄校：《水稻进化遗传学》，《中国水稻研究所丛刊之四》，1985年。

［4］ 严文明：《中国稻作农业的起源》（续），《农业考古》1982年第2期，54页。

究竟哪一种说法的理由比较充分呢？

先说云南或云贵高原。其实贵州至今没有发现野生稻的记录，云南虽有三种野生稻，但主要是与栽培稻关系疏远的疣粒野生稻（*O. meyeriana*）和药用野生稻（*O. officinalis*），普通野生稻仅在靠近缅甸的南部边境的个别地点才有分布。所以云南栽培稻的多型性不能直接从与当地普通野生稻的关系来进行说明。云南地形极为复杂，形成许多不同的区域性生态环境，同时也使得史前文化彼此分割而难于交流，在整个新石器时代一直没有发展出一支水平较高并具有较大影响的考古学文化，目前在云南发现的最早的稻谷遗存是得自宾川白羊村遗址的，碳－14 年代为 1820 ± 85BC。我们虽然不能说今后不会有更早的稻谷遗存发现，但要证明云南或云贵高原是栽培稻起源区还是十分困难的。

华南主要是指南岭以南的地区，包括广东、广西和海南岛，有时也指台湾和福建的一部分。这个地区有相当一部分在北回归线以南，气候炎热多雨，大多终年不见霜雪，年降水量在 1500 毫米以上。这里有许多低湿沼泽地，是普通野生稻的主要分布区，其中以海南岛和广东南部最为密集。这里的新石器时代文化发生得很早。广西柳州大龙潭贝丘遗址下层人骨的碳－14 年代分别为 8560 ± 150BC 和 9500 ± 150BC[1]。广东英德青塘圩洞穴遗址群的年代也很接近。但华南地区新石器时代早期以洞穴遗址和贝丘遗址为主，很少发现位于平地或沼泽地带的露天遗址，其经济形态主要是狩猎、采集和捕捞水生动物。即使到了新石器时代晚期，在野生稻分布十分密集的珠江三角洲仍多贝丘遗址而很少农业痕迹，反而在粤北山地的曲江石峡遗址发现了稻作遗存。至于野生稻分布最密集的海南岛，至今还没有发现可确证属于新石器时代的遗存。这对稻作起源华南说不能说是有利的证据。

在我看来，华南稻作农业之所以长期得不到发展，恰恰是因为那里野生稻资源和其他食物资源十分丰富，加上气候的季节性变化比较小，人们可以在任何时候通过狩猎、采集或捕捞得到比较充足而稳定的食物供应。即使有人从采集中熟悉了野生稻的生长习性和食物价值，偶尔产生了人工培植的念头而实行之，也会因为没有迫切的社会需要而难以延续和发展。只有当史前文化发展到相当的高度，随之人口有较大的增长，自然食物资源已难以满足整个社会的需要时，农业才会迅速发展起来。而首先发展起来的可能是偏北的山前地带，因为那里野生稻资源较少，气候的季节性变化也较明显。为了满足冬季（淡季）的食物供应，有储藏价值的稻米自然是很好的对象。这样在广东的两个新石器时代晚期文化中，有较

---

〔1〕　黎兴国、刘光联、许国英等：《柳州大龙潭贝丘遗址年代及其与邻近地区对比》，《第四纪冰川与第四纪地质论文集》（第四集），地质出版社，1987 年。

发达的稻作农业者是北边的石峡文化而不是南边的西樵山文化，就是不难理解的了。

　　长江流域的自然生态环境同华南有相似的一面，又有很不同的一面。在夏季两地都是炎热多雨，适于稻谷的生长，其他食物资源也很丰富。但一到冬季，长江流域就比较寒冷，普通野生稻不能安全过冬，其他食物资源也比较少了。如果在人类文化还不很发达、人口十分稀少的情况下，传统的狩猎、采集经济是可以维持下去的。一旦文化的发展和人口增长超过了一定的限度，传统的经济模式就会难以适应，迫使人们开辟新的食物来源。人们从长期的采集活动中已经熟悉了许多可食的植物，其中也会包括野生稻。在其他食物还比较充裕的时候，人们可能并不特别看中野生稻，因为它比起其他食物来并不特别好吃，而一下子要收获足够的数量，并且把壳除净再做成熟饭，也比加工其他食物要麻烦得多。但稻米和其他谷类作物的最大优点是能够长期储藏，能够满足非收获季节的食物供应，并且对整个食物构成起一种调节和稳定的作用。所以尽管加工比较麻烦，人们还是会注意它、利用它。而长江流域野生稻资源远不如华南那样丰富，许多地方野生稻无法安全过冬。为了满足日益增长的需要，人们只好自己来种植它。由于人类的干预，种子越冬的问题便很容易解决，从而很快在无法自然繁殖野生稻的地方也种植起来了。由此看来，长江流域在稻作起源及早期发展中应比华南起着更重要的作用。

　　考古发现的实际情况显然有利于长江流域（主要是长江中下游）起源说。据不完全统计，至今在中国已发现史前栽培稻遗存的地点接近90处，其中长江中下游即将近70处，几乎占80%。位于华南广东的仅有2处，加上福建、台湾和云南总数也不过10处，其余都在黄淮流域（图一）。不但如此，现在发现的稻谷遗存最丰富和年代最早的也都在长江中下游。20世纪70年代发现的河姆渡遗址，曾以其稻谷遗存与稻作农具的丰富和年代的古老而震动学术界。其后不久又发现了年代同样古老的罗家角遗址，并且有大致相同的农具和稻谷遗存，只是数量较少。这两处遗址的年代大约在公元前5000～前4500年，是当时所知世界上最早的稻谷遗存发现地。

　　1983年，北京大学考古系与湖北省博物馆联合考古队在宜昌以东的长江岸边发现了城背溪、金子山、花庙堤、孙家河、栗树窝和枝城北等一系列早于大溪文化的遗址，加上在此前后发现的秭归柳林溪、朝天嘴和枝江青龙山等遗址[1]，现已统称为城背溪文化。在对枝城北的第一次调查中便已发现了掺稻谷壳碎末的

---

　　〔1〕　陈振裕、杨权喜：《宜都县城背溪新石器时代早期遗址》《宜都县枝城北新石器时代早期遗址》《宜都县花庙堤等四处新石器时代早期遗址》《枝江县青龙山新石器时代早期遗址》，《中国考古学年鉴》（1985），文物出版社，1985年。

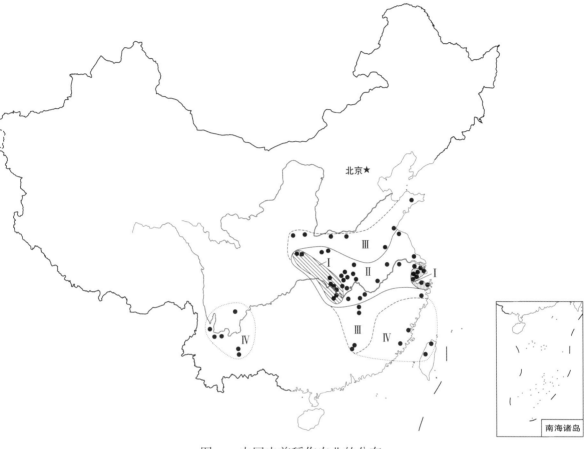

图一　中国史前稻作农业的分布

● 栽培稻遗存出土地点

Ⅰ新石器时代中期（约公元前 7000 年至前 5000 年）的分布区
Ⅱ新石器时代晚期（约公元前 5000 年至前 3500 年）的分布区
Ⅲ铜石并用时代（约公元前 3500 年至前 2000 年）扩大的范围
Ⅳ历史时代早期（约公元前 2000 年至前 1000 年）扩大的范围

陶片和夹谷壳的红烧土。1990 年在进一步整理城背溪的资料时，也发现有些陶片中掺入了稻谷壳的碎末。城背溪文化本身的分期有待进一步研究，但据初步分析，城背溪遗址（特别是它的下层）应是最早的，而枝城北可能是最晚的。由此可知城背溪文化中，从早到晚都有稻谷遗存的发现。

　　1986 年，魏京武等在一篇文章中提到在陕西西乡李家村与何家湾遗址中发现有夹稻谷壳的红烧土，都属于李家村—老官台文化[1]，其绝对年代大约为公元前 6000 ~ 前 5000 年，比河姆渡文化要早。

〔1〕　魏京武、杨亚长：《从考古资料看陕西古代农业的发展》，《农业考古》1986 年第 1 期。

　　1988年11月至12月，湖南省文物考古研究所发掘澧县彭头山遗址，发现有许多陶片中掺稻谷壳碎屑，有些红烧土块中也包含许多稻谷壳[1]。1989年5月在长沙市召开中国考古学会第七次年会时曾展示了那些稻谷壳标本和共存的许多陶器与石器，引起了代表们的极大兴趣。

　　彭头山遗址是一处比较单纯的新石器时代遗址，其相对年代不但早于大溪文化，而且早于比大溪文化还早的石门皂市下层文化。其绝对年代据碳-14测定的4个标本和用加速器质谱法将陶片中碳素分为6个组分别进行测量并加以适当调整的结果，大致为公元前7000~前5500年[2]，比老官台文化还早。这是目前所知世界上最早的稻谷遗存。

　　在彭头山遗址的附近已发现一系列新石器时代遗址，如李家岗、八十垱、下刘家湾和黄麻岗等处都是。其文化面貌与彭头山基本相同，现已被统称为彭头山文化。如果把彭头山文化同城背溪文化相比，仍然是大同小异，它们可能属于同一考古学文化的两个地方类型，可知城背溪文化的年代也应与彭头山文化相当。

　　在中国新石器时代文化的发展谱系中，如果划分为早晚两期，彭头山文化和城背溪文化（以及老官台文化）都应属于早期的偏晚阶段[3]；如果划分为早中晚三期，它们就是中期的典型遗存[4]。总之是处在承上启下的关键阶段。河姆渡文化大致也属新石器时代中期，只是属于中期的最晚阶段，与彭头山文化相差一两千年。

　　彭头山、城背溪以及枝城北等处的稻谷壳遗存大都是陶片中的炭化碎屑，在显微镜下观察往往能见到稻壳上特有的小方格子。红烧土中的稻壳遗存也因受到挤压变形，不易正确测量其长宽比。初步的印象是颗粒较大，较接近于栽培稻而不太像野生稻，只是暂时还不能确定究竟属于籼型（印度稻）还是粳型（日本稻）。结合各遗址的状况和出土器物，推断彭头山文化、城背溪文化和老官台文化所代表的长江中游的新石器时代中期已有稻作农业而不单纯是采集野生稻，大致是不会有问题的。

　　这一发现的重要意义在于，我们现在不仅找到了年代上比河姆渡早得多，而且在发展水平上也低得多的稻作遗存，已经很逼近稻作农业的起始阶段，从而把

〔1〕　裴安平：《彭头山文化的稻作遗存与中国史前稻作农业》，《农业考古》1989年第2期。
〔2〕　严文明：《中国史前稻作农业遗存的新发现》，《江汉考古》1990年第3期。
〔3〕　严文明：《中国史前文化的统一性与多样性》，《文物》1987年第3期。
〔4〕　严文明：《中国新石器时代聚落形态的考察》，《庆祝苏秉琦考古五十五年论文集》，文物出版社，1989年；严文明：《中国史前稻作农业遗存的新发现》，《江汉考古》1990年第3期。

稻作农业起源的研究又向前推进了一大步。接下来的问题自然是：既然这样早的稻谷遗存发现于长江中游，说明那里曾是稻作农业起源地的可能性很大；既然河姆渡已有比彭头山等发达得多的稻作农业，那么在它以前也必定有一个类似彭头山稻作农业的发展阶段。这样长江中下游都有很大的可能成为稻作农业的起源地，它们很可能是一个相互联系、相互影响、统一而不可分割的稻作起源中心。

根据现有资料，推测中国稻作农业发生之后，可能经历了以下几个发展阶段。

新石器时代早期（约公元前 10000～前 7000 年），由于气候回暖，普通野生稻逐渐向北扩散。在这个过程中有些多年生野生稻可能向一年生野生稻转化，同时开始了初步的分化。较南的南岭甚至华南一带可能发生一种与多年生普通野生稻十分相近的一年生野生稻，经人工培植后逐步演变为籼稻。较北的长江流域可能已出现有如今天在江苏北部生长的穭稻或安徽巢湖生长的浮稻那样比较接近粳稻的野生稻，经人工培植后逐步演变为粳稻。同时籼稻也很快传遍长江中下游。

新石器时代中期（约公元前 7000～前 5000 年），稻作规模仍很有限，分布地区主要还在长江中下游一带，籼、粳两个亚种基本形成。到中期的最后阶段大量骨、木农具出现，表明已出现田块制度和灌水、排水系统。

新石器时代晚期（约公元前 5000～前 3500 年），稻作在长江中下游得到迅速的发展，同时向南北邻近地区传播。石铲普遍取代骨铲，表明整治田块的工作有了很大的进步。

铜石并用时代（约公元前 3500～前 2000 年）稻作范围进一步扩大，最北达到山东半岛。农具已开始复杂化，如良渚文化中便已有了石犁和破土器，并有收割用的石刀和石镰，史前稻作农业已达到了鼎盛的时期。

进入历史时期，也就是中国的夏商周三代及以后，稻作农业才传入云南、福建、台湾等地，并进而传播到国外。（待续）

（原载《文物天地》1991 年第 5 期）

中国稻作的起源和传播（下）

　　关于日本最早的稻作技术，一般认为是从中国传入的。但究竟是在什么时候，通过什么途径，采取什么方法传入的，则有许多不同的看法。在这方面，日本的学者最为关心，发表过许多精辟见解。

　　根据多年来考古发现的资料，应该承认日本的农作物和农作技术，包括稻作农业在内，都是由外界传入而不是本土起源的。由于传入的时间比较晚，外界农业早已发展到成熟阶段，所以一经传入就发展很快，使日本的原始文化在短期内发生质的变化，即从绳文时代进入弥生时代。这样，日本的无农业阶段和有农业阶段，在考古遗存上是很容易区分的。如果是农业起源地，农业发生时期的考古遗存同还没有发生农业的考古遗存的差别并不显著，在估计农业发生的时间时可能有很大的出入，而日本的情况并非如此。因此，现在虽然有绳文中期农耕论甚至绳文前期植物栽培说，并没有充分的证据。比较可靠的还是绳文晚期后段或绳文时代向弥生时代过渡的时期。如果考虑到弥生时代与绳文时代的本质区别并不单纯在于几件陶器的形制变化，而主要是由一个比较封闭的社会变为一个开放的社会，由采集经济变为生产经济，由石器占统治地位到金属器具的广泛应用，那么把传统的绳文、弥生分界线稍稍提前，像佐原真先生主张的那样，我想是合理的。

　　有的学者主张，既然日本稻作农业发展得很晚，那时亚洲各国的稻作农业早已发展到成熟阶段，加上日本是一个岛国，稻作技术完全可能从各条路线和各个口岸输入而不必只有一条路线。但考古发现的事实是九州北部的稻作农业发生得比较早，然后才向日本其他地方传播，这无疑是指明最早传入的口岸就是福冈、唐津一带。近来有人主张有明海在稻作传入时起过重要作用，总之也还是在九州西北，而不是分散在各个口岸的。

　　至于最早是从哪条路线传到九州的，则有北路、中路、南路诸说。由于中国长江下游一系列史前栽培稻遗存的发现，不少学者便强调中路的重要性。由于吉野里聚落遗址的发掘获得了重要的成果，一些学者更主张中路的具体路线就是从中国江苏、浙江沿海口岸直通日本九州有明海登陆。如果真是这样，九州西北部绳文晚期和弥生前期的文化遗存中就应有马桥和吴越文化的某些因素。因为稻作技术的传播必须伴随着人的行动，人们不会只带稻种和栽培技术而不带任何别的文化因素。起码种稻的农具、收藏和加工稻谷的设备、做大米饭的炊器、食器等生活用具会伴随着稻作技术一起传播过去，才会实际形成稻谷生产并成为当地经济的重要因素。但实际上很难找到这些因素。例如马桥文化中翻地用的石犁、破土器、有肩石锄和收割用的石镰等都不见于绳文晚期的遗址中，吴越文化中的带齿铜镰和铜铧等也不见于弥生前期的遗址。至于陶器，无论从种类、形制到纹饰，完全是不同的风格。人们用绳文前期存在的石块、漆梳等来证明从江浙沿海直达九州的水路确实存在过，但那是远在稻作农业传入日本以前的事。如果那时海路就已开通，以后随着航海技术的进步和航海经验的积累，双方来往必然越来越多，为什么稻作农业要等那么晚才传到日本而别的东西都没有传去呢？为什么江浙一带也没有一点绳文文化的形迹呢？另一个证据就是弥生文化中存在着长脊短檐式屋顶的干栏式建筑，中国云南也有这种建筑。但云南石寨山铜贮贝器上的房屋模型与刻划图像最多是西汉中期的，要经过江浙一带传入日本必须经过许多省份。现知浙江绍兴发现的战国初期铜屋[1]及四川、湖南、贵州、广西、广东等地发现的大量东汉时期的干栏式房屋模型都没有长脊短檐的屋顶。可见云南的那种屋顶样式只是一种地方性的建筑形式，无法证明华中地区干栏式建筑的屋顶也曾采用过那样的形式。唯一的例外是江西清江营盘里发现的据说是属于新石器时代的陶屋模型[2]。那是一个残件，可能原是一个陶器的盖纽。由于要做成盖纽，各部分比例就无法严格按照实际情况来安排。比如它的下部就太细，无法当房子住，很像一个柱子顶上的望楼。而实际的望楼屋顶是否就是长脊短檐实难确定。由于下面没有桩柱痕迹，也无法证明它是干栏式建筑。由于共存器物不明，该模型的年代也不能确定。在这种情况下，怎么可以仅仅根据这一存在许多问题的孤例，来证明华中地区曾经存在着早于汉代的长脊短檐式屋顶的干栏式建筑，并且深深地影响了弥生文化的建筑呢？

　　我认为日本弥生文化中长脊短檐式屋顶的干栏式建筑应是弥生文化的人自己创造的。因为日本稻作农业发生初期的粮仓还是地穴式窖穴，这显然是从北方半干旱地区学来的。由于九州炎热而潮湿，谷物储藏在地窖里很容易霉烂，所以必须把谷仓架高起来，成为干栏式建筑。至于为什么会出现长脊短檐的屋顶，则可

---

〔1〕　浙江省文物管理委员会、浙江省文物考古所、绍兴地区文化局等：《绍兴306号战国墓发掘简报》，《文物》1984年第1期。

〔2〕　江西省文物管理委员会：《江西清江营盘里遗址发掘报告》，《考古》1962年第4期。

能与弥生人的风尚和审美观念有关，不必一定要到云南去学。如果一切文化因素不是继承先行文化就是从外面传入，怎么还能发展进步呢？

根据上述情况，我认为中路说的根据并不充分，南路说则更不充分。但这并不否认以后通过中路和南路可能有些交往，其中包括某些稻种和稻作技术的传入。只是说最初从这两条路线传入的可能性很小。

所谓北路实际上存在着三条路线：一条是陆路，即从河北经辽宁、朝鲜到九州；一条是半水路，即从山东半岛经辽东半岛、朝鲜到九州；一条也是半水路，从山东半岛经朝鲜中南部到九州。我认为应以第二条路线的可能性为最大。因为河北至今没有发现史前稻作遗存，即令史前少量栽培，要通过燕山山地传到辽宁殊非易事。如果是从山东半岛直达朝鲜西部海岸，则朝鲜西海岸应有明显的来自山东半岛的其他文化因素，但至今没有听到有关报道。正是考虑到这些情况，所以我曾经提出"最大的可能是从长江下游—山东半岛—辽东半岛—朝鲜半岛—日本九州再到本州这样一条以陆路为主，兼有短程海路的弧形路线，以接力棒的方式传过去的"[1]。

这一想法是我在发掘山东栖霞杨家圈遗址时发现了稻谷痕迹以后才逐步形成的。以前我们知道长江流域有许多稻谷遗存，对黄河流域是否有史前稻谷将信将疑。1980年秋，我曾主持发掘杨家圈遗址，在一个龙山文化的灰坑（H6）中发现有大量红烧土。这些红烧土的背面有木桩或木条痕迹，泥中掺许多草筋，表面再抹一层约2厘米厚的谷糠泥，很明显是木骨泥墙的房屋被火烧毁后的残迹。细审表面层的谷糠痕迹，明显是粟壳。而大量草筋中夹杂少量稻谷瘪壳，这种未灌浆的稻谷瘪壳不易脱落，所以侥幸地留下来。后来我曾将这些稻谷壳痕迹送请中国农业科学院作物品种资源研究所俞履圻教授鉴定，初步确定为粳稻。杨家圈的位置已达北纬37°18′，是现知中国史前栽培稻最北的地方。由于降水量不足，现在杨家圈附近已不再生产稻谷。龙山时代降水量可能稍多一点，也还是半干旱地区，山东半岛应以旱作农业为主，胶县三里河、莱阳于家店都发现过龙山时代的粟，杨家圈与稻谷同一灰坑中也有粟壳，说明当时只有少量稻谷生产。由于气候比较温凉，故只有粳稻而没有籼稻。

山东半岛和辽东半岛相距只有100千米，中间有庙岛群岛相联系，两边居民来往十分方便。近年来，我和我的同事们曾在这里进行了8年的考古调查发掘工作，得知两个半岛之间有非常密切的文化关系，无论是大汶口文化、龙山文化，还是岳石文化时期都是如此。而文化交流的主导方向是由南往北。在庙岛群岛和

---

〔1〕 严文明：《再论中国稻作农业的起源》，《农业考古》1989年第2期。

辽东半岛的史前遗址中都发现过粟、黍等旱地作物，那里的气候和自然环境与山东半岛基本相同，稻作农业自然也可以传播过去。

有趣的是，山东半岛史前文化的影响仅及于辽东半岛的南端。稍远一点的东沟后洼遗址虽与辽东半岛南端的史前文化十分相似，却已看不到明显的山东史前文化的形迹。这个事实说明，尽管山东史前居民完全有能力续航到鸭绿江口，却并没有那么做而只是往来于两个半岛的近端。那么推测他们渡海把稻作农业直接传到朝鲜的设想就显得缺少根据，而由长江口直达日本的设想就更是不可能了。

但如果比较辽东半岛与朝鲜西北部的史前文化及青铜文化，则不难看出两者有许多联系。同样从朝鲜西北到西南也有许多密切的联系。至于朝鲜西南同日本九州的联系，日本学者是非常熟悉的，这里就不必多说了。

从山东半岛到辽东半岛，再由辽东半岛到朝鲜，最后经朝鲜西南到九州西北，是一条非常迂回的路线。前一半传播方向往北，经过半干旱区，水稻只是作为各种粮食作物之一，而且是比较次要的一种，所以传播得比较慢。后一半传播方向往东南，气候渐趋温热多雨，所以水稻传播得快，发展得也快。

这种传播方式对每一个地方的居民来说，都只是为了就近开辟新的稻田，或向邻人学习种稻技术，并不知道远方有个特别适于种稻的日本，想方设法要把种稻技术传播过去。所以这种传播方式是接力棒式的、间接的而不是直达的。

这种传播方式可以解释为什么传到日本的都是粳稻而没有籼稻。因为在前半段不断往北的传播过程中，气候日益温凉，籼稻无法生长，传到日本就只剩了粳稻。假如是从江浙或通过台湾琉球直接传入日本，必然是籼稻和粳稻都有而以籼稻为主。这是中路说和南路说难以成立的一个重要理由。

这种传播方式还可以解释日本早期农业为什么是杂谷性的，即除稻谷以外还有许多旱地作物。因为在这条传播路线上，无论是山东、辽东还是朝鲜半岛也都是杂谷性的。如果是从中路的江浙直接传入日本，就不会还跟着许多旱地作物，这也是中路说难以成立的一个理由。

稻作传播是一种文化现象，必须有人作为载体，而人的行动又必定会在许多文化因素上反映出来。直到目前，我们还看不出有哪个日本早期稻作农业的遗址发现过明显属于山东、江浙或闽粤的相应时期的文化遗物。而我所主张的弧形路线上，这种证迹则比比皆是。这里我想特别介绍韩国李亨求先生的几篇文章，一是《渤海沿岸早期无字卜骨之研究——兼论古代东北亚诸民族之卜骨文化》[1]，

---

〔1〕　李亨求：《渤海沿岸早期无字卜骨之研究——兼论古代东北亚诸民族之卜骨文化》，台湾《故宫季刊》1981 年第 1 期。

二是《铜镜的源流——再论韩国青铜文化的起源》[1]，三是《关于东北亚的石墓文化》[2]，从不同的角度研究了史前和青铜时代中国、朝鲜和日本的文化关系。指出当时存在着一条从中国渤海沿岸经东北、朝鲜到日本的文化传播路线，而许多文化因素的传播都是经过几次传递，每次都经过一定改造的。他所研究的这条文化传播路线很接近于我们所说的稻作传播路线，他所谈到的传播方式也很像我们所讲的稻作农业传播方式。也许这才是古代中、朝、日之间实际存在的稻米之路吧！

（原载《文物天地》1991 年第 6 期）

---

〔1〕 李亨求：《铜镜的源流——再论韩国青铜文化的起源》，台湾《故宫学术季刊》1985 年第 2 期。

〔2〕 李亨求：《东北アジアの石墓文化について——渤海沿岸北路と东部及ひ韩半岛を中心に》（《关于东北亚的石墓文化》），奈良县立橿原考古学研究所·友史会，1990 年 7 月 14 日。

中国古代农业文化的东传对日本
早期社会发展的影响[*]

东方文化是在农业经济的基础上逐步形成和发展起来的，谈论古代的东方文化，自然不能不涉及农业文化的发展和传播问题。许多日本学者认为，日本古代文化是在公元前第一千纪中叶中国农业文化传入之后才迅速发展起来的。但中国农业文化究竟是怎样传入日本，又是怎样促进日本社会发展的？我们今天从这种东方文化的早期传播所带来的积极效果中可能得到何种启发，则是大家所关注的一个重要课题。

近年来的考古发现证明，在世界上少数几个农业起源中心之中，中国独居其二。华北是旱地农业起源中心，早在公元前第七千纪就已有了较发达的粟作农业；华中是水田农业起源中心，同样也在公元前第七千纪就已有了较发达的稻作农业。此后这两种农业逐步向周围扩展，并且形成两种农业体系。直到现在，除耕作技术有显著进步和作物种类略有改变外，依然保持着这两种农业体系。

日本直到绳文时代晚期（不早于公元前一千年）以前是没有农业的，到绳文晚期则在多处发现了稻谷遗存。及至弥生时代，稻作农业几乎在全日本得到了急速的发展。由于日本同中国乃是一衣带水的近邻，而它的农业一开始便是以种植稻谷为主的，很像是以华中为中心的稻作农业体系的延伸，所以日本有一部分学者主张稻作农业是从长江口渡海传到日本的，也有主张从台湾经冲绳传入日本的，这就是所谓中路说或南路说。当然也还有主张北路说的，即从山东半岛渡海传入九州，或者通过陆路经朝鲜半岛传入九州。北路说的难点在于，华北和东北都是属于旱地农业体系的，为什么传入日本的是水田稻作农业而不是粟作农业呢？

最近的考古发现证明，华北和东北不但有很发达的旱地农业，也有少量的水田稻作农业。特别是在山东半岛、辽东半岛和朝鲜半岛北部与南部相继发现了公元前两千多年到前一千多年的稻谷或稻米遗存后，一条从江淮流域经山东半岛、

---

[*]　本文为 1994 年 9 月 6 日在北京举行的 "'94 东方文化与社会发展国际研讨会" 上的发言。

辽东半岛、朝鲜半岛而到达九州乃至全日本的稻米之路事实上已经确立起来。

由于这一条路线的前一半是向北传播，纬度越来越高，气温越来越低，籼稻不易生长，所以在这条路线上发现的稻米都是粳稻。而日本的稻米从古到今都是粳稻，过去农学家给了一个名称叫作日本稻。现在一些学者提出应当正名改称中国稻，说明日本的水稻是从中国传播过去的。假如中路说或南路说可以成立，日本就不但会有粳稻，还应该有相当数量的籼稻，而事实并非如此。

这一传播路线的前一半向北进入旱作农业区，水稻只占很小的比例。稻作经验的积累和技术的传播都会受到很大限制，所以传播的速度非常慢。等到后一半向南传播时，由于气温越来越高，降水量越来越丰沛，十分有利于稻作农业的发展。所以稻作在整个农业中的比例越来越高，而传播的速度也越来越快。前半段用了两三千年，后半段只用了几百年。尽管如此，在日本最早的农业中也还包含少量旱地作物，日本学者称为杂谷型农业，后来才逐渐被淘汰了。假如中路说或南路说可以成立，就无法解释为什么要到公元前一千纪才传过去而不会更早一些；也无法解释为什么日本最早的农业中包含少量旱地作物的事实。

这一条传播路线可以分为若干区段。由于每一区段的自然环境、风土人情和文化传统都有若干差异，处在传播源头的人们对于最终的目的地并不了解。因而由他们进行长距离跋涉去传播稻作文化是不太可能的。从当时物质文化的总体来看，江浙地区同山东半岛有若干相似之处，山东半岛同辽东半岛、辽东半岛同朝鲜半岛、朝鲜半岛同九州岛之间都有若干相似或相同的因素，证明相邻的区段之间都有密切的文化关系。但江浙同辽东半岛之间就很难找到相似之处，更不用说它同朝鲜半岛和日本之间的关系了。这说明当时农业文化传播的方式乃是接力棒式的，一个区段一个区段辗转传递过去的。正如接力棒上会带上每个参赛者的汗渍一样，中国的农业文化在传播过程中也会带着各个区段的某些文化特点。例如在日本的早期农业文化遗存中便发现有窖穴和半地穴式房屋，这在九州一带的自然环境下是很不适用的，所以不久就被高仓和桩上家屋所代替了。假如中路或南路说可以成立，就无法解释在日本的登陆口岸为什么找不到一点吴越或闽越文化的东西，反而出现一些只有北方地区才有而江南根本没有的半地穴式房屋等因素。

以上叙述只是就考古学提供的证据而推导出来的逻辑结论。至于为什么只有这一条路线才能成立，还可以有更深一层的理由。

东方文化这个概念，是在各地方性文化相互接触、传播、影响乃至在一定程度上的融合才逐步形成的，而能否接触、传播并在实际上产生影响和融合都需要具备充分的主客观条件。农业文化的传播首先要依靠农人，而农人的特点就是同农田的紧密联系，不是万不得已是不会轻易搬迁的，更不易向遥远的地方迁徙。

即使偶尔迁移，也总是沿着可开发为农田的地段前进。这样农业的传播方式就必然是以依次向邻人传授为主，而不太可能采取近代那种远地殖民的做法。中路说者从海流和季风方向论证从长江口漂流到九州岛的可能性，似乎通过这样的方式就可以传播农业，实在是大谬不然。农民不会无缘无故地乘船在海上航行。能够在海岸边驶船的无非是渔民或海盗，他们缺乏农耕的知识和技能，即使偶尔漂流到日本，也无法传播农业。韩国南端海岸边和济州岛等地的史前文化同日本九州海岸边及小岛上的文化有很多相似的地方，证明在公元前几千年以来就存在着接触和相互影响。但朝鲜半岛的农业并没有因此而传到日本，说明渔民不能承担传播农业的任务。只是到朝鲜半岛进入青铜时代之后，经济发展，人口增加，社会开始分化，出现了最初的国家和军队，才有需要和能力向海外拓殖。第一个目标当然就是近在咫尺并且通过渔民早就有所了解的日本九州岛。可以设想这些来自朝鲜半岛的拓殖者中有军队，有官吏，也会有一些组织起来的农民和手工业者。他们带去了以稻作为主的农业，带去了以青铜器制造为代表的先进的手工业，还带去了管理经验。他们就是日本历史上常说的渡来人。我们看到与日本早期农业一起出现的，除了前述的储藏粮食的窖穴和半地穴式房屋外，还有在朝鲜半岛流行的收割农具三角形和直背弧刃形石刀、抉入式石斧、磨制石镞、石剑、高领陶壶和石棺墓等，说明当时确曾有相当一批人从朝鲜半岛到达九州等地，从而带来了朝鲜的文化，包括从中国传入朝鲜然后又经朝鲜居民改造或直接转运而传入日本的许多文化因素，例如铜剑、铜镜和后来的铁器等。日本的原住民开始可能是由躲避到多少有些接触，最后发现那些渡来人的文化确有吸引人的地方而开始学习仿效。这种建立在农业和青铜制造等手工业基础上的文化当然比日本原住民的狩猎—采集经济及其文化优越得多，而日本的狩猎—采集经济也已发展到了高峰阶段，只要有合适的可供栽培的农作物，即有可能向农业经济转变。所以日本的原住民并没有花太长的时间便加以接受，并且很快传播到整个日本列岛。此时渡来人已全面参与了日本人的生活，并且与原住民广泛地通婚，从而使日本人的体质也发生了变化。这就是日本历史上第一次具有深远意义的革命，是一种由朝鲜人带来先进的生产力与生产关系，从而使社会各个方面都发生深刻变化的特殊形态的农业革命。中国的农业文化及相关的文化因素只是这一革命所发生的渊源或远因，而不是直接的驱动者。从此以后，日本文化便成了整个东方文化的有机组成部分，并且与中国、朝鲜和东南亚等地的文化发生越来越密切的关系。东方文化的优越性和生命力也越来越在日本得到体现。

（原载《农业发生与文明起源》，科学出版社，2000 年）

稻作农业的起源与小鲁里稻谷*

　　1997～1998年之交和2001年秋，韩国忠北大学博物馆的李隆助教授等先后两次对忠北小鲁里旧石器时代晚期遗址进行发掘，在遗址旁的泥炭层中发现了不少古稻谷，测定年代为距今14800～12500年。李隆助先生十分重视，先后在菲律宾马尼拉举行的第四届国际水稻遗传学研讨会（2000年10月22～27日）和中国河南省文物考古研究所成立50周年学术讨论会（2002年7月28～31日）上作过报告，同时亲自与许多相关学科的学者进行了广泛的讨论。李先生也曾亲自将部分稻谷送到敝舍，使我有机会了解稻谷的一些情况。这次又专门召开国际研讨会来进行研究，让大家充分发表意见。对于东道主的盛情和周到安排，谨此表示衷心的感谢！

　　小鲁里位于韩国忠清北道清原郡玉山面的梧仓科学产业园的开发区，北依木岭山，南临锦江的主要支流湖川，地势低平，土壤肥沃，是忠清北道的主要粮仓。在古代想必也是重要的水稻产地。但年代是否能有那么早？究竟应该如何认识小鲁里的发现？我个人没有深入的研究，只能结合稻属植物和稻作农业起源研究的基本情况，来对小鲁里的发现谈一点粗浅的看法，错误的地方请大家批评指正。

一　稻属植物的基本情况

　　稻属植物的分类　世界上稻属植物的起源大约有几千万年，种类也相当繁杂，其分布遍及亚洲、非洲、大洋洲和中南美洲。有人曾经建议提升为亚科，但一般还是放在禾本科中的一个属。1931年R. J. 罗斯契维兹首先将稻属植物分为四个区组19个种，后来许多学者对其分类和命名提出了不少改进的意见，现在公认的是菲律宾国际水稻研究所的张德慈1976年提出的方案。这个方案将稻属植物分为20个种，其中只有两种是栽培稻，即亚洲稻和非洲稻。非洲稻的分布仅限于西非一个很小的地方，可能是由当地的长雄蕊野稻培育而成。世界上的稻米主要是亚洲稻，它虽

---

　　*　本文为2002年12月18日在韩国忠北大学举行的第一届亚洲农业起源与小鲁里遗址研讨会上的发言，会后做了部分修改。

然起源于亚洲，却已分布于全世界，除亚洲的东部和南部（约占产量的90％）以外，欧洲、非洲、美洲和大洋洲也都有少量的分布。因此我们研究稻作农业的起源，主要是研究亚洲栽培稻的起源。关于20种稻属植物的基本情况列为表一。

亚洲栽培稻与普通野生稻的关系　表一中的亚洲栽培稻又称普通栽培稻，染色体为$2n=24$，系AA染色体组。亚洲栽培稻为两个亚种，即籼稻和粳稻，或者称印度稻和日本稻，也有学者建议称印度稻为中国稻。张德慈曾建议除上述两个亚种外，还可分出另一个亚种爪哇稻，但多数学者认为分为两个亚种已可完全概括全部普通栽培稻，不必另立新的亚种。由于经过长期的栽培，稻谷的种类已经非常之多。从生态习性分为水稻和陆稻，而以水稻占绝对优势；从所含淀粉特性分有糯稻和非糯稻，而非糯稻占最大比例；以成熟期分又有早稻、中稻和晚稻的区别。其中每一类都有籼、粳之别，又都包含有许多品种，单是中国的水稻品种就已达到三万个以上。但追根溯源，它们的野生祖本都只是一个，就是普通野生稻。它广泛分布于南亚、东南亚和中国的南方，其学名曾有 *O. perennis*，*O. fatua* 和 *O. spontanea* 等，现已统称为 *O. rufipogon*。也有用 *O. spontanea* 指杂草型的普通野生稻，而用 *O. rufipogon* 专指多年生的普通野生稻的。这种野稻喜欢高温、多湿和开阳的环境，所以多生长在热带和亚热带的沼泽地带。一般为多年生，匍匐茎，分蘖繁殖，抽穗时间不一，籽实易于脱落。也有一些是一年生的，例如过去在中国安徽巢湖地区发现的浮稻和江苏北部发现的穞稻便都是一年生的野生稻。但它们是由多年生野稻演化而来，还是由野稻与栽培稻杂交而来，还需要进行研究。王象坤认为普通野生稻是一个大群体，其中有多年生的，也有一年生的。多年生普通野生稻中又可分匍匐型、倾斜型和半直型三种，一年生普通野生稻则可分倾斜型、半直立型和直立型三种。显然只有一年生直立型是接近于栽培稻的。他又提出要用同工酶检查野生稻究竟是原生的，还是次生的，或者是栽培稻野性化。酶谱上只有一条带的是纯合的，也就是原生的；有两条带的是杂合的，也就是次生的。显然只有原生的才可作为研究栽培稻起源的依据。

日本遗传研究所的森岛启子认为普通野生稻有偏籼、偏粳和中间型的区别。王象坤证实了她的看法，指出中国江西、湖南和广西北部的普通野生稻多数偏粳，海南岛的则以偏籼为主。这样看来，普通栽培稻的两个亚种似乎是从两种不同的普通野生稻培育出来的。不过籼稻和粳稻并没有严格的生殖隔离。有人用20份籼、粳杂交种种在云南元江海拔400米的地方主要表现为籼型，种在海拔1650米处主要表现为粳型，说明环境选择的确有重要的作用，丁颖的意见仍然是不可忽视的。

近年来佐藤洋一郎提出一个方案，主张粳稻起源于普通野生稻种即 *O. rufipogon*，

表一　稻属植物基本情况表

区组 Section	种系 Series	稻种 Species	遗传组 Genome	原产地 Origin	乳突类 Kind	乳突型 Type
Oryzae	Oryza	普通野稻 O. rufipogon（多年生）	AA	亚洲	双峰类	锐2
		印度野稻 O. nivara	AA	南亚	双峰类	锐2
		亚洲栽培稻（籼）O. sativa（hsien）	AA	亚洲	双峰类	锐2
		亚洲栽培稻（粳）O. sativa（keng）	AA	亚洲	双峰类	钝2
		长雄蕊野稻 O. longistaminata	AA	非洲	双峰类	钝2
		短舌野稻 O. barthii	AA	西非洲	双峰类	锐1
		非洲栽培稻 O. glaberrima	AA	西非洲	双峰类	钝2
		极短粒野稻 O. schlechteri	AA	新几内亚	双峰类	钝1
		长护颖野稻 O. longiglumis	—	新几内亚	—	—
	latifolia	药用野稻 O. officinalis	CC	亚洲南部	双峰类	钝2
		紧穗野稻 O. eichingeri	CC	非洲	双峰类	钝2
		小粒野稻 O. minuta	BBCC	东南亚	双峰类	锐3
		斑点野稻 O. punctata	BBCC	东非洲	多峰类	钝3
		宽叶野稻 O. latifolia	CCDD	中南美洲	双峰类	锐3
		高秆野稻 O. alta	CCDD	中南美洲	双峰类	锐3
		大颖野稻 O. grandiglumis	CCDD	南美洲	双峰类	锐2
		澳洲野稻 O. australiensis	EE	澳洲	双峰类	锐3
Granulatae	Granulata	颗粒野稻 O. granulata	XX	亚洲	瘤峰类	多皱
		疣粒野稻 O. meyeriana	XX	亚洲	瘤峰类	光滑
Ridleyanae	ridleyi	马来野稻 O. ridleyi	??	亚洲	单峰类	—
Angustifoliae	angustifolia	短药野稻 O. brachyantha	FF	非洲	凹痕类	—

而籼稻起源于印度野生稻 *O. nivara*[1]。但有人认为 *O. nivara* 乃是由 *O. rufipogon* 演化而来。何况中国和印度都有 *O. rufipogon* 和 *O. nivara*，中国史前栽培稻并不都表现为粳型而是籼粳并存，所以这样的划分恐怕也还有不少问题。

东乡野生稻发现的意义　在中国的多年生普通野生稻中，最靠北的已分布到江西鄱阳湖南岸的东乡县，为北纬 28°14′。具体地点在该县东南部东源乡刘家山南坡下的沼泽中。1993 年 9 月我去那里调查时得知原来的分布面积有几十亩，后来因为开荒造田绝大部分被毁掉了，现在只剩下两块合共只有两亩多的地方，用围墙保护起来了。我看到那沼泽中绿油油的一片，有的长在浅水里，有的长在干土上，虽然都能正常发育，但浅水里生长的明显旺盛一些。这些普通野生稻都是丛生，每丛有数百株，十分密集。稻茎下段匍匐，上段直立，高约 60～80 厘米。当时有的刚刚拔节，有的已经打苞，有十几株正在抽穗，个别的却已灌浆，时序很不整齐，这正是野生稻的一大特点。据说大部分要到十月份才会成熟，极易脱粒，大约七八成黄熟就掉下来了。我数了数抽穗的几株，每穗有 60 粒左右，有长芒，属偏粳型。这里北部比较开阔，一月平均气温只有 2℃，容易受到寒潮袭击。1970 年 1 月 5 日绝对最低气温曾达到 −14℃，而普通野生稻并未受到严重伤害，说明它的耐寒能力是很强的。据此推测由这种偏粳型的普通野生稻演变为分布纬度更高的一年生野生稻，如安徽巢湖的浮稻和江苏北部的穞稻等应该是可能的。而粳稻喜温凉的特性不一定是人工栽培后才获得的，可能在野生祖本时就已经初步具备。等到人工栽培后，一部分传播到纬度更高的北方地区，喜温特性进一步发展巩固，同籼稻的区别越来越明显，终于发展为两个亚种。史前时期一些稻谷遗存的籼粳差别不如后来的标本那么明显的事实，同这一假说是相合的。

东乡普通野生稻发现的意义在于它证实了长江流域有可能生长野生稻，因而有直接培育野生稻为栽培稻的条件。以往人们根据普通野生稻的习性及分布特点，认为只有在北纬 24° 以南才能正常生长，历史上记载的或近代人调查所见的野生稻，都不过是栽培稻野性化的结果。东乡的发现证明这种说法是没有根据的。

二　关于稻作农业起源的研究

宾福德与哈兰的假说　宾福德（L. R. Binford）在论及西亚农业的起源问题时，曾提出过一种边缘理论，认为农业是在最适于其野生祖本植物生长的地区周

---

[1]　佐藤洋一郎：《DNAガ语る稻作文明》，日本放送出版协会，1996 年。

边首先发展起来的[1]。哈兰（J. R. Harlan）根据他对野生小麦分布区的研究，证明小麦的种植的确不是在其野生祖本的分布区，而是在周围条件较差的地方首先发生的[2]。虽然宾福德依据其假设所谓封闭型人口区和开放型人口区的模式来论证农业起源的方法并不可取，但哈兰所提出的事实却是不可回避的。有趣的是中国稻作农业也是在野生稻分布的边缘首先产生的，长江中下游就是这样一个边缘地带。这究竟是怎么一回事呢？事情还得从普通野生稻的分布说起。

长江是普通野生稻分布的北部边缘　我们知道作为栽培稻直接祖本的普通野生稻（O. rufipogon）的习性是喜欢水生开阳的环境，故多生长在热带多雨地区，少数可分布在亚热带边缘。现时中国的普通野生稻最集中的地区是在海南岛、广东和广西的部分地区，北纬 24°以北便已比较稀少了。这一分布区的北界，大体与最冷月一月平均最低温度为 4℃的等温线相重合。这是因为多数普通野生稻的越冬抗寒能力较弱，再往北难以安全度过漫长的冬季。但个别野生稻品种也有越出这一界限的，例如前述江西东乡和湖南茶陵都已发现了多年生普通野生稻。由于湖南和江西的北部地势开阔，冬季寒风可以没有阻碍地从北部侵入，一月份的等温线在这里明显地向南呈舌形凸出。既然这里可以生长普通野生稻，江苏、浙江和四川等地就更有条件生长普通野生稻。只是由于长期的开发，多数野生稻资源已经被破坏了，以至于现在无法发现。即使如此，长江流域的野生稻资源毕竟比华南少得多。在全新世早期人们开始培育稻苗的时候，长江流域的气候比现在还要温凉一些，野生稻更不会很多，只能是其分布的北部边缘。

野生稻中心区难以发展农业的理由　栽培稻是由野生稻培育而来，而野生稻的中心区反而难以发展农业，这不是很奇怪的事吗？其实不然，试以华南地区为例来加以说明。因为那里的气候炎热多雨，长夏无冬，天然食物资源非常丰富，而且全年都能够获得。野生稻虽然到处都有，但在各种可食的植物中差不多是最难采集也最难加工的，其味道在当时的人看起来也不见得是很好吃的。因此平常采集就不会很多，更没有必要去进行人工的培育与繁殖，这样也就难以成为农业起源的重要地区。事实上确实如此。我们注意到华南在全新世早期便已经有一定数量的居民，他们通常居住在洞穴、河岸和海边河口地带，遗址中多见贝壳类堆积，还有鹿类等野生动物的骨骼，说明他们是以狩猎、采集和捕捞软体动物为生的，至今还没有发现农业的痕迹。这种状况一直持续到新石器时代晚期。现知华

---

〔1〕〔日〕森本和男著，宋小凡译：《农业起源论谱系（下）》，《农业考古》1989 年第 2 期。

〔2〕　J. R. Harlan, 1977. The Origins of Cereal Agriculture in the Old World. *Origins of Agriculture*, Mouton Publishers.

南最早的稻谷遗存是在广东北部的石峡文化中发现的，年代不超过公元前 3000 年。根据石峡遗址中有比较发达的农业工具来看，当地农业的发生也许还可以提早一些，但可能提早的幅度也很有限。考虑到石峡文化中许多因素与江西的樊城堆文化相近，有人认为它是从江西迁移过去的，它的稻作农业自然也是从江西传播过去的。再说石峡文化仅仅分布在广东北部一个很小的地方，华南其余大部分地方仍然没有农业的痕迹。就是到了商周的时代，华南的采集经济仍然占有较大的比重。

为什么山地起源说不能成立　20 世纪 70 年代初，日本京都大学的渡部忠世提出稻作农业的山地起源说，认为从印度东北部的阿萨姆、缅甸北部到中国云南的山岳地带是稻作农业的起源中心，佐佐木高明则提出照叶树林文化的概念相互配合，在农学界有相当的影响。山地起源说立论的根据，主要是因为那里有多种野生稻，现代栽培稻的品系也特别发达，许多大江大河都从那里发源，可以把不同的稻种传播到中国、印度和东南亚各地。渡部忠世还从泰国等地寺庙土坯墙上采集的稻谷标本排成若干系列，并名之曰扬子系列、湄公河系列等，以为稻作农业就是通过这些通道传播到现今亚洲的几个主要产稻区的。但那些稻谷都是年代很晚的标本，与稻作起源拉不上关系，更不能作为研究稻作起源的根据。须知稻作农业是一种文化现象，必须在人类文化发展到一定高度，产生了培植谷类作物的社会需要，才会变成社会的行动。阿萨姆—云南山地史前文化很不发达，食物资源又比较丰富，不会产生种植稻谷的迫切需要。即使偶尔种植也不会很快发展起来，更没有力量向距离遥远的、文化发展水平很高的地区传播。那里的史前文化并不是一个统一体而是各有特色，看不出那里的文化对周围先进地区有什么影响，反而是有若干因素受到了周围文化的影响。由此看来，那里稻谷多型性的特点，除了地形复杂而造成小气候复杂的因素以外，外部不同稻种的传入也可能是一个重要的原因。再说栽培稻的野生祖本是普通野生稻，在阿萨姆—云南山地的各种野生稻中，普通野生稻恰恰很少。普通野生稻生长在沼泽地带，而山区很少有这样的环境。可见山地起源说是不能成立的。

边缘起源理论的提出　我最初提出稻作农业长江流域起源说的时候，就曾经考虑到长江流域只是普通野生稻生长的北部边缘，它同野生稻生长的中心地区的作用应该有所不同。后来发现野生稻生长的中心区实际上难以成为农业起源的中心，而边缘区才有特别培育的必要。在 1994 年 7 月日本佐贺召开的讨论东亚稻作起源的国际会议上，正式提出了稻作农业起源的边缘理论[1]。这个理论的要点

---

[1]　严文明：《中国史前的稻作农业》，《东亚古代稻和稻作文化》，佐贺大学农学部，1995 年。

有二：第一，基于普通野生稻的生长习性，只有在它分布的边缘才可能进入北纬24°以北的亚热带地区，那里四季分明，冬季食物比较缺乏，需要某种可以储存到整个冬季都可以享用的食物作为补充，稻米正好符合这种需要；第二，普通野生稻的数量在边缘分布区肯定比中心区少得多，自然状态的产量不可能满足人们的需要，从而有必要加以人工培植，也只有通过人工培植，稻种才能安全过冬得以继续繁殖。这两点在野生稻的中心分布区是不存在的，所以稻作农业的起源首先应在其分布的边缘。

边缘论与长江起源论　边缘论既然是根据长江流域的实际情况而提出来的，当然最适合于长江流域。那里属于湿润的亚热带季风气候，是地球上同纬度地区气候条件最好的地方，又有广阔而肥沃的冲积平原，所以史前文化非常发达，随之人口也会较快地增加起来。但是那里冬夏差别十分显著，冬季气候寒冷，植物性食物非常稀少，狩猎动物也难保总有收获，需要寻求一种解决冬季食物供应的办法。那里的野生稻尽管不多，采集和加工又十分麻烦，但是因为它有耐储藏的优点，人们也只好不嫌麻烦地去收集。又因为野生稻特别容易繁殖，所以人们会加意地保护、培育，玉蟾岩和仙人洞等地处于萌芽状态的稻作农业应该就是这样出现的。由于人们对稻种的采集，解决了安全过冬的问题，因而种植范围可以很快地扩大起来，以至于传播到纬度很高的地方。由于这些地方稻谷的生长几乎完全依赖于人工栽培，人们对土地和稻种的选择，以及稻谷生长过程中的管理，都会使栽培稻逐渐改变其野生祖本的若干特性，形成真正的栽培稻。而这在野生稻资源十分丰富的华南地区是难以做到的。这就是为什么处在野生稻分布边缘的长江流域反而成为稻作农业最重要的起源中心的根本原因。

三　关于小鲁里出土的稻谷

小鲁里是一个旧石器时代遗址或旧石器出土地点，在它的近旁出土了多达59粒的稻谷和类似稻谷，自然是一件非常值得注意的事。发掘者做了很细致的工作，包括泥炭的分层、孢粉分析、系统的年代测定、稻谷形态的鉴定和 DNA 分析，甚至注意到杂草等植物遗存和昆虫的研究，这是做得很周到的。我个人没有得到详细的发掘资料，只能根据李隆助教授提供的比较简单的资料，谈一点很不成熟的意见，如果有不正确的地方，希望能得到李隆助教授和各位先生的指教。我认为根据目前的资料，有些事情可以肯定，有些则需要进一步的思考。

（1）小鲁里的59粒稻谷和类似稻谷，除第一次出土的一粒在下部泥炭层以外，其余59粒都是在中部泥炭层。可以说基本上是属于一个时期的。那一粒的层位关系究竟怎样，是不是需要重新检查一下？与稻谷一同出土的基本上没有其他人工制品，也没有人工遗迹或文化堆积。可见这个泥炭层是自然层而不是文化层。自然层中出土稻谷，而且有一部分栽培稻谷，是一件不太好理解的事情。泥炭形成的条件应该是植物茂盛的沼泽，是不是有人带着稻谷经过沼泽时（这是很难的）不慎洒落了？这需要在附近寻找人类活动的证迹。

（2）根据许文会教授的研究，在 59 粒稻谷中只有 18 粒可以确定为古稻也就是栽培稻，其余 41 粒被划为类似稻，古稻又被分为短粒的日本稻和长粒的印度稻两个亚种。但日本稻中也有长粒形的，因此还要看双峰乳突的形态。可惜绝大部分双峰乳突都已损坏，只有极少数保存尚好。从所见长粒形和短粒形的双峰乳突来看，基本上是一样的。就是乳突较小，乳突距离较宽，都像是日本稻。这是合乎情理的。因为印度稻一般生长在低纬度地区，早年似乎难以分布到朝鲜半岛一带。

（3）根据会议期间对稻谷实物的观察，小鲁里稻谷比较短宽而厚实，应该属于完全成熟的圆粒形栽培稻，不像起源时期的栽培稻，这跟测定的年代极早是一个明显的矛盾。从逻辑推理来看，即使一万多年以前已经开始种植稻谷，那时的稻谷也应该具有明显的原始性，也就是具有某些野生稻的特征，而在小鲁里的稻谷上完全看不出来。至于那些所谓类似稻，是不是有些是没有成熟的瘪谷，或者是表面磨损比较严重而不好辨认。这需要做进一步的研究。因为在稻属植物研究中，并没有类似稻的概念，同其他野生稻也无法类比。

（4）根据徐学洙先生对标本进行 DNA 分析的结果，与现代栽培稻和野生稻只有 39.6% 的遗传类似性。这里有些不太明确的地方：一是标本是不是包括了栽培稻和类似稻还是只有栽培稻；二是与现代野生稻和栽培稻相比是不是都是 39.6% 的遗传类似性。不管怎样，这个数字是很低的。如果真的只有 39.6% 的遗传类似性，很难说它还是稻谷。而从形态的观察和测量来看，至少其中的 18 粒是栽培稻应该是毫无疑问的。

（5）中部泥炭层的年代，根据韩国汉城大学 AMS 实验室和美国地质年代实验室所测 13 个泥炭样品测定的结果，大致落在 12780 ± 170BP ～ 14820 ± 250BP，中部层出土的类似稻用加速器质谱法测出的年代为 12500 ± 200BP。这一层前后相距 2300 多年，年代幅度是很大的，类似稻的年代最晚，也超过了 12000 年。这个年代大致相当于最老仙女木冰阶（Oldest Dryas），当时的年平均温度比现在要低 5 ～ 7℃。A 地区下部和 B 地区与 C 地区泥炭层的年代更早到 17000 乃至 36000 多年，这个年代已经进入了更新世晚期玉木冰期的盛冰期，年平均气温比现在低 7 ～ 15℃ 那样寒冷的气候，不知道能不能生长稻谷。我完全相信两个实验室年代测定的准确性，只是怀疑泥炭中是否有混杂更早的碳素或死碳的可能性。据我所知，与朝鲜半岛相邻的中国东北也是泥炭比较发达的地方，那里最早的泥炭不超过 10000年，发育得最好的时期约在距今 7000～5000 年，与小鲁里泥炭的年代有很大差距，很难进行横向对比。能不能采集一些泥炭样品进行孢粉研究，看看在植物群落上是否可以作些对比。还可以进行 O_{18} 研究，结合孢粉组合看看当时的气候是否与最后冰期的气候相符。因为如果气候太寒冷的话，稻谷是不容易生长的。

（6）据我所知，过去在韩国的泥炭层中也发现过较早的稻谷。例如 1991 年忠北大学先史文化研究所在汉城附近的高阳家瓦地的泥炭层中，发现有保存完好的稻谷，经鉴定属于日本稻，碳–14测定的年代为公元前 3070～前 2480 年。汉城大学的任孝宰教授同年在金浦郡的泥炭层中也发现了稻谷和稻草，碳–14 测定年代为公元前 2230 年。由于都是在自然形成的泥炭层而不是在文化层中出土的，没有共存的文化遗物来推定年代。加以泥炭中往往包含有一部分比实际年代更早的碳或死碳，所以多数学者采用慎重态度而不予引用。现在小鲁里稻谷的年代比以上两处还要早几千年，与整个稻作农业起源的大趋势不相符合。假如小鲁里稻谷的年代确实那么早，我们就得承认旧石器时代晚期的人们，在异常寒冷的气候条件下，培育出来了跟现代栽培稻非常相像的稻谷。整个稻作农业起源的理论和稻属植物的分类都需要重新考虑。这是多么重大的事情！

（7）基于以上分析，我个人认为有必要对小鲁里稻谷做进一步的研究。首先要对出土稻谷的泥炭层的形成条件，也就是古沼泽进行研究。了解沼泽的发育过程和古气候演变的关系。其次要通过植物硅酸体的研究看看沼泽中是不是有野生稻生长。因为野生稻喜欢水生开阳的环境，多半生长在沼泽中。只有当地有野生稻，人们才可能将它培育成栽培稻。最后也许是最重要的，就是要扩大考古调查和发掘的范围，要在附近找到从事稻作农业的人们的聚落遗址。从地形来看，似乎北边的可能性比较大。那里北依木岭山，南邻沼泽，是比较理想的居所。不要在泥炭层中寻找遗址，因为在沼泽中是无法住人的。为了使这些研究能够进行下去，需要把周围的环境好好地保护起来，同时要组织相关的学者进行较长时期的努力，以便寻找更加确实的证据而不必急于求成。在新的结果出来之前，需要采取慎重的态度。

（原载《农业考古》2003 年第 3 期）

稻作农业、陶器和都市的起源*

　　今天我们邀请日本、中国和美国的学者，包括考古学家、农学家和环境考古学家等聚集一堂，共同研究稻作农业、陶器和都市的起源，是很有意义的。我们讨论的课题在人类文化发展史上都占有十分重要的地位，过去有很多人研究，发表过许多有益的见解。但是近年来又有许多新的发现和新的研究成果，需要进行交流和讨论，有些问题要重新认识。各位都是走在研究前沿的学者，一定有不少新的信息和高明的见解。为了便于讨论，我不揣冒昧地先讲一点基本的情况和个人粗浅的认识，请大家不吝指正。

　　先说稻作农业的起源问题。在几种对人类文明有重要影响的粮食作物中，稻米和稻作农业的起源虽然很早就有人关心，提出过一些重要的见解，但进入实质性的研究则是比较晚的，争论也是比较多的，只是近一二十年才有决定性的突破。过去一般根据苏联植物学家瓦维洛夫的基因多样化变异中心即起源中心的意见，认为栽培稻起源于印度；也有人根据野生稻和现代栽培稻主要产区分布的情况，认为起源于中国南部和中南半岛。后来菲律宾国际水稻研究所的张德慈和日本京都大学的渡部忠世提出印度阿萨姆到中国云南的山地起源说，曾经有相当的影响。到20世纪70年代末和80年代初，由于中国浙江河姆渡发现了公元前5000~前4500年的大量稻谷遗存，加上在马家浜文化和大溪文化中也有较早的稻谷遗存，学术界提出长江流域特别是它的下游及其附近可能是稻作农业起源的中心之一，后来被人们概括为长江起源说。事隔不久，在长江中游的彭头山文化和城背溪文化中都发现了更早的稻谷遗存，年代达到公元前7000~前5000年，是当时所知全世界最早的稻作农业遗存，长江流域起源说遂逐渐为大多数人所接受。至于最近湖南玉蟾岩和江西仙人洞与吊桶环的发现，则把稻作农业起源的年代提到了公元前1万年以前。玉蟾岩采集的木炭和陶片经过碳 – 14 测定，年代分别为公元前 12470 ±

---

　　*　　本文为1998年3月18日在日本京都中日共同举行的稻作农业、陶器和都市的起源国际会议上的讲话。

270 年和公元前 13300±230 年，江西两处遗址的年代也差不多，比西亚开始种植小麦、大麦的年代还要早些。

为什么长江流域会成为稻作农业的重要起源地而不是在普通野生稻较多的华南或东南亚的某些地区呢？因为长江流域属于亚热带季风气候，那里冬季较长，食物比较缺乏，需要某种可以储存到整个冬季都可以享用的食物作为补充，稻米正好符合这种需要；长江流域虽然有普通野生稻，但数量比中心区少得多，自然状态的产量不可能满足人们的需要，有必要加以人工培植。也只有通过人工培植，稻种才能安全过冬而得以继续繁殖。这两点在野生稻的中心分布区是不存在的，所以稻作农业的起源首先应在野生稻分布北部边缘的长江流域，这是对考古发现证据的一种比较合乎情理的解释，通常被称为稻作农业起源的边缘理论。

稻作农业另一个重要的起源地应当在印度的恒河流域，那里的考古工作近年来也有了重要的进展。在恒河中游阿什哈巴德附近的比兰河谷的一些遗址中，属于公元前第九千年至第八千年的中石器时代或原新石器时代的地层中只发现有野生稻标本，到公元前第七千年至第五千年的新石器时代地层中则发现了栽培稻，所以印度栽培稻的起源当不晚于公元前第七千年。尽管比中国栽培稻的起源晚些，但没有任何证据证明它是由中国传播过去的。这个地方位于北纬 25°以北，而野生稻中心区的北界不超过北纬 24°，显然也是野生稻分布的北部边缘地带。我个人认为那里应该是一个独立的起源中心，只不过它对后来文化发展的影响没有长江流域那么大罢了。

大家知道栽培稻有两个亚种，即印度稻和日本稻，由于日本的稻作农业最早是从中国传播过去的，所以有的学者认为应该把日本稻改称为中国稻，中国学者则一般称为籼稻和粳稻。佐藤洋一郎通过 DNA 的分析研究了栽培稻与野生稻的关系，认为中国稻起源于普通野生稻，即多年生的 *O. rufipogon*，印度稻则起源于印度野生稻，即一年生的 *O. nivara*。而中国稻或称为日本稻本身又有热带与温带之分，热带日本稻是基本型，温带日本稻则是从热带日本稻分化出来的。不过有的农学家不同意这种说法，认为 *O. nivara* 不过是从 *O. rufipogon* 分化出来的一支，中国也有 *O. nivara* 的分布，假如籼稻是从 *O. nivara* 培育出来的话，中国也具备这种条件，不能认为中国只能培育粳稻。张文绪则通过稻谷颖壳双峰乳突的分析，认为中国古栽培稻是一个籼粳分化不明显的亚种，只是到公元前 3000 年才明显地分化为籼稻和粳稻。至于印度古栽培稻的情况怎样目前还不太清楚。这些从不同的研究方法而得出的不同结果尽管有些矛盾，仍然是很有价值的，使得学术界关于稻作农业起源的研究越来越走向深入。

再说陶器的起源问题。以往总以为陶器的产生首先是为烧饭之用，特别是为了煮那些不便于烧烤的小粒性食物，因而与农业的产生有关。但是后来发现西亚很早就有农业而没有陶器，日本很早就有陶器而没有农业，不能认为陶器的起源与农业的发生有什么必然的联系。如果说各地情况有所不同，有的地方与农业的产生有关系，有的地方则与相对定居的生活和集约的采集经济有关系，则是比较符合实际的。陶器起源之后如果又有了农业，当然会促进陶器的发展，这也是为许多考古资料所证实了的。至于人们最初怎么会想到用泥土来做陶器这一点，过去曾经有多种推测，其中最流行的说法，以为最初是用泥土涂在木制容器或篮筐上以免烧坏，后来发现单用泥土经火烧后也可以做容器，于是就发明了陶器。这是根据美洲印第安人用木制容器或篮子涂上泥土以做炊器的做法而做出的逻辑推论，并没有任何考古学的证据。

任何发明的成功，一是要有社会的需要，二是要有实现的可能。在从旧石器时代到新石器时代过渡的时期中，许多人已经过着相对定居的生活，实行集约的采集经济，有的地方出现了农业，需要有各种器皿盛水、烧饭和储存食物。早先用过的葫芦瓶等天然产品已经很难满足这种日益增长的需要，人们不得不设法寻找新的代用品。究竟用什么东西来取代呢？这需要长期的摸索。西亚、埃及和中国辽河流域一度用过石制容器，但制作十分困难，用起来也不见得方便。以往孩子们玩泥巴时会发现黏土掺适量的水就会变软，经过揉搓后可以捏成任何形状的东西；人们在烧火时也会知道泥土遇火变色而发硬的特性，在考虑制造新的代用品时会有人尝试利用这种特性，有意识地用泥土捏成一定形状再加以烧烤，陶器就会应运而生。每个地方的人民，只要条件成熟，都可能进行类似的试验而发明陶器，因此陶器起源的单中心说是不能成立的。只有认识到这一点，才能说明为什么各地早期的陶器在制法、形状和纹饰上都有较大差别的事实。

陶器对于天然产品的优越性是显而易见的。一是作为原料的泥土到处都有，极易取得；二是泥土有良好的可塑性，可以做成任何形状的器皿而不受原有形状的限制；三是泥土陶化的温度甚低，在当时完全可以达到。因为泥土的主要成分是含水硅酸氧化铝，只要加热到600℃以上，就会失去结构水而陶化，应力增强，耐火耐水，这是多么奇妙的事情！所以陶器一经发明，很快就得到广泛的传播，成为日常生活中不可缺少的器具。

陶器到底是什么时候发明的？过去我们只知道最早的陶器出自日本，例如爱媛县上黑岩阴遗址第9层的陶器，据测定为公元前1万年左右。当时有些人不相信，后来发现得多了，干脆单独划分出一个时期，叫作绳文草创期。最近横滨市博物馆编的一本资料中，出土绳文草创期陶器的地点遍及青森、岩手、宫城、山形、新潟、茨城、埼玉、千叶、东京、神奈川、爱媛、静冈、长野、福井、京都、福冈、长崎、熊本、宫崎和鹿儿岛，除北海道和冲绳外几乎分布在整个日本列岛。据说最近在长野县下茂内和鹿儿岛县简仙山都出土了公元前一万三四千年的陶片，但后者的烧成温度只有 400～500℃，还没有完全陶化，是名副其实的土器。在日本之后，俄罗斯远东区的乌斯奇诺夫卡等许多遗址都出土了公元前 1 万年以前的陶片，蒙古也发现了公元前 1 万年左右的陶片。近几年来在中国南方不断有早期陶器的发现，例如广西桂林的庙岩、湖南道县的玉蟾岩、江西万年的仙人洞和吊桶环都发现了公元前一万三四千年的陶片或陶器，其中尤以玉蟾岩的陶器最为完整。玉蟾岩的年代如前所述，庙岩的陶片经过碳 – 14 测定为公元前 14080±500 年和公元前 14180±260 年，江西两个遗址的年代数据比较分散，但大致与玉蟾岩和庙岩的差不多。在中国北方，继河北徐水南庄头发现约公元前 9000～前 8000 年的陶器之后，又在阳原泥河湾附近的虎头梁这处一向被视为旧石器时代晚期的遗址中发现了更早的陶片，年代远在公元前 1 万年以上。在印度恒河中游的一些遗址中，也发现了公元前第九千年至第八千年的陶器，当时还没有出现农业。而在巴基斯坦的印度河流域，农业的出现比陶器早，同西亚和埃及一样有所谓前陶新石器。西亚最早的陶器不早于公元前 7000 年。

　　日本最早的陶器多属圜底，素面或饰隆起线纹、豆粒纹和爪形纹等；中国南方最早的陶器多圜底，饰刮条纹、绳纹或素面，有的内壁也有纹饰；中国北方早期的陶器为平底，饰浅绳纹、附加堆纹或素面；俄罗斯远东区多平底，素面或饰刮条纹，而西伯利亚南部则为圜底器。各地最早的陶器如此不同，说明陶器的起源是多元的。

　　假如我们把印度河和恒河的分界线向北延伸，把欧亚大陆分成两半，就会发现一个很有意思的现象：西边的广大地区，包括西亚、中亚、北非和欧洲在内，是种植小麦和大麦的起源地和主要分布区，陶器起源较晚，一些地方有所谓前陶新石器；东边的广大地区，包括东亚、东南亚和东北亚在内，是种植小米和大米的起源地和主要分布区，陶器起源明显早于西方，有的同稻作农业一起出现，有的早于农业的出现。而且两边的人种也不相同，西边是欧罗巴人种，东边基本是蒙古人种。值得注意的是这条分界线在旧石器时代早期就已经出现，以后一直继续到历史时代。这似乎不是偶然的巧合。至于究竟为什么会造成这种情况，一时还说不太清楚；但它确实是一个客观存在的事实，需要我们去认真研究。

　　关于都市的起源问题，东方和西方也是不尽相同的，这里不拟去进行比较，只谈东方特别是中国都市的起源问题。近些年来，在中国的黄河流域和长江流域发现了不少属于公元前第三千年的龙山时代的城址，引起了学术界的普遍关注，认为是研究中国乃至整个东方文明的重要信息。这些城址大体可分为山东、河南、内蒙古、江浙、两湖和四川六组，除内蒙古有些山坡上的小石城为军事城堡外，绝大部分应是城邑，是区别于一般村落的新型聚落。这些城址中有的有大型宫殿式建筑或大型夯土建筑基址，有的夯土基址用多人奠基，大致也是宫殿或宗庙一类礼制性建筑的遗迹。有的城址中有大量宗教遗迹，有的有手工业作坊，说明这些城邑应该是地区性的政治、宗教、文化和经济中心，也是人口重新组合和相对集中的地方。正因为如此，在战争频仍的情况下，就不惜投入大量的人力物力修筑城池来加以保护。但当时似乎也有不设防的城市，例如山西陶寺遗址有 300 万平方米，发现有石灰窑、石灰窖和用石灰粉刷的墙壁残块，残块上还残留有彩画的痕迹，说明这里有不同于一般住宅的礼制性建筑。陶寺的墓地极大，推测原有墓葬 10000 余座，说明这里人口相对集中。在已经发掘的 1000 多座墓葬中，大约有 89% 的小墓没有任何葬具和随葬品，大约 10% 的中等墓有几件到几十件一般性随葬品，不到 1% 的少数大墓不但有棺椁和大量随葬品，而且随葬品的质量也明显比其他墓要好得多，说明当时的贫富分化和社会地位的分化已经相当尖锐。有的大墓中随葬大石磬、鼍鼓（一种用鳄鱼皮蒙的鼓）和龙纹彩盘等特殊器物，有人推测是王者之墓。因此陶寺也可能是一个都城遗址，只是至今没有发现城墙。有人认为它是国力强大、边防巩固的表现。不论怎样，这个时期已经有了许多城邑，其中有的规模较大，面积达 20 万~100 多万平方米，有的只有几万或十几万平方米，在分布上有成组的现象，因此不一定全是都城，也可能有等次，有联合，这需要搞清楚城内结构和城址之间的关系以后才能做出明确的判断。

有国家才有都城，龙山时代既然有许多都城，就应该有许多国家，是小国林立的时代。有人说它不像国家，到夏代才像国家，中国文明应该从夏代算起；也有人说商代才算真正的国家，才是中国文明真正的开始。这很像日本的七五三论争，有人说 3 世纪卑弥呼女王时期就有了国家，有人说 5 世纪倭五王时期才有国家，也有人说要到 7 世纪日本律令国家的成立才算日本国家的正式开始。其实都是国家，只是属于不同的发展阶段。从这个认识出发，中国国家的起源和文明的起源应该追溯到公元前第三千年的龙山时代。起源地区也不限于中原，应该包括黄河流域和长江流域的广大地区。而中国文明进一步发展的过程，则是逐步走向多元一统的过程。中国文明在东方是最早发生的，发展水平也曾经是最高的，因而对东方各国的历史都有着深远的影响。

［原载《稻作　陶器和都市的起源》，文物出版社，2000 年。后收录在《长江文明的曙光》（增订版），文物出版社，2020 年］

中国稻作农业和陶器的起源[*]

　　中国稻作农业和陶器的起源历来为学术界所关注，在刚刚闭会的"稻作农业、陶器和都市的起源"国际学术讨论会上，中国学者介绍了许多新的发现和研究成果，进行了很好的交流与讨论。大家共同的感觉是，中国学者做了不少工作，最近一些年确实有明显的进步，对一些问题的认识也比过去清楚得多了。当然也还存在不少问题，需要考古学家、农学家和其他有关学者配合进行研究。我想在这里向大家介绍一些情况，同时谈谈自己的看法。

　　关于中国稻作农业起源的研究可以追溯到 19 世纪末，1882 年瑞士植物学家德堪多发表《栽培作物的起源》一书，提出中国是栽培稻的起源中心。后来苏联植物学家瓦维洛夫提出水稻起源于印度，曾经有很大的影响。中国农学家丁颖从 20 世纪 30 年代起就广泛调查野生稻的分布，并且成功地进行了野生稻与栽培稻杂交的试验。他指出中国很早就认识了栽培稻的两个亚种，现代命名的印度稻和日本稻实际上相当于中国的籼稻和粳稻，应该正名。他认为籼稻直接起源于普通野生稻，粳稻则是在籼稻向高纬度或高海拔地区传播的过程中，因为气候生态环境的改变而分化出来的[1]。他的这个观点在中国农学界有很大的影响。周拾禄根据他自己对野生稻的调查和研究，认为栽培稻的两个亚种很可能分别起源于不同的野生稻。到 50 年代，考古学家在湖北省的屈家岭文化遗址中发现了公元前 3000年左右的稻谷遗存，第一次提供了史前考古的证据，但并没有引起对于稻作起源问题的新的思考。

　　到了 20 世纪 70 年代，在浙江省余姚县的河姆渡遗址第 4 文化层发现了公元前 5000 ~ 前 4500 年的稻谷遗存，年代早，数额巨大，并且有许多稻田使用的骨耜等农具，有的陶器上刻画着成束稻穗低垂的图画，有的陶釜内底部遗留有大米饭的锅巴，证明那时已经用大米做主食了。很明显，那时的稻作农业已经远远离开

　　[*]　本文为 1998 年 3 月 21 日在日本京都国际日本文化研究中心的发言。
　　[1]　丁颖：《中国栽培稻种的起源及其演变》，《农业学报》1957 年第 3 期。

其最初发生的时期。学术界根据这种情况，再考虑到在马家浜文化和大溪文化中也发现了年代接近于河姆渡的稻谷遗存的事实，提出长江下游及其附近应当是稻作农业起源的一个重要的中心，并且提出了稻作农业区从中心出发向周围呈扇形波浪式扩张的模式[1]。

在 20 世纪 80 年代，湖北省枝城市城背溪等遗址和湖南省澧县彭头山等遗址都发现了公元前 6500～前 5000 年的稻谷遗存，长江起源说基本确立。为了探寻中国稻作农业首先起源于长江流域的原因，此时提出了边缘起源论，即稻作农业首先应在野生稻分布的北部边缘发生的理论[2]。

进入 20 世纪 90 年代，在湖南道县玉蟾岩和江西万年仙人洞与吊桶环都发现了公元前一万二三千年的稻谷遗存或水稻的植物硅酸体，一下子把稻作农业起源的年代提早了好几千年，应该到了最初起源的时候了。在这种情况下，已经有可能对史前稻作农业的发展阶段做出初步的划分，我曾对此做过一些尝试。

从 20 世纪 80 年代起，农学界不但进行了有组织的野生稻调查，对稻种鉴定的方法也不断创新，从整体形态的观察测量到植硅石扇形体分析和双峰乳突分析，进而到 DNA 的分析，可以说是步步深入。并且用这些方法对史前稻谷遗存进行了大量的鉴定和比较研究，取得了许多重要的成果。

通过这些工作，现在可以得到一些基本的认识。

（1）稻作是为了缓解由于文化发展和气候变迁带来的食物缺乏的压力而发生的。

（2）野生稻分布的北部边缘既是压力较大的地方，又是可能设法缓解压力的地方，因而成为农业发生的突破口。

（3）考古发现证明栽培稻最早发生在公元前一万二三千年，那时的最佳边缘应在长江流域偏南的地方，玉蟾岩等遗址正是在那个地方。

（4）从稻作农业的发生发展到以稻谷为主要粮食作物，从稻作农业起源中心扩大到与现在分布相近的地区，其间经历了很长的过程，可以划分为以下几个明显的阶段。

1）萌芽期：相当于中石器时代到新石器时代早期，绝对年代大约在公元前13000～前 7000 年间。属于这一时期的遗址有位于长江中下游地区的玉蟾岩、仙人洞和吊桶环三处。可见长江中下游确实是稻作农业的起源地。这个时期不但发现有稻作遗存的地点很少，而且每个地点的稻作遗存量也很少，其中有栽培稻也

〔1〕　严文明：《中国稻作农业的起源》，《农业考古》1982 年第 1、2 期。
〔2〕　严文明：《再论中国稻作农业的起源》，《农业考古》1989 年第 2 期。

有野生稻，栽培稻的性状也接近野生稻，充分说明这个时期的稻作农业确实还处在萌芽状态。

2）确立期：相当于新石器时代中期，约为公元前7000～前5000年。这个时期的稻作农业已得到初步发展，分布区有所扩大，并且明显地向北推进，本来是以旱作农业为主的河南裴李岗文化和陕西老官台文化的南部边缘也已开始种稻，中心区则在长江中游的彭头山文化和城背溪文化范围内。遗址内的稻作遗存明显增加，人们往往用稻壳和稻草作涂抹墙壁的泥土的掺和料，有时还用稻壳碎屑作制造陶器的掺和料。由于这些用料的数量颇大，说明稻米的生产已有一定规模，已经成为人们食物资源的重要组成部分，稻作农业在史前经济中的地位从此得到了确立。

3）发展期：相当于新石器时代晚期，约为公元前5000～前3000年。这时稻作农业的分布范围进一步扩大，主要分布区在长江中下游。至今发现有稻谷遗存的地点约有60处，其中长江中下游约有50处，其余在黄淮流域。浙江余姚河姆渡、湖南澧县城头山和湖北江陵阴湘城等处都发现了大量保存甚好的稻谷和稻米，同出的还有粟、薏苡、大麻、葫芦和豆角等。用稻壳和稻草掺入泥土抹墙和用稻壳末掺入泥土做陶器的情况更加普遍。江苏吴县草鞋山和湖南澧县城头山更发现了公元前四千多年前的稻田，有些遗址中发现有大量农具和加工稻米的木杵。说明这时稻米生产的规模已经显著扩大，已经成为人们食物的主要来源，同时又还有其他方面的生产。一个以稻米生产为主的农业体系已经初步形成。

4）兴盛期：相当于铜石并用时代，约为公元前3000～前2000年。这时稻作农业又有显著的发展，分布区域进一步扩大，但仍然以长江中下游为主。至今发现有稻谷遗存的遗址有70多处，其中长江中下游约60处，其余在黄淮流域、四川成都平原和广东北部。在长江下游的良渚文化中已率先使用石犁，并且有破土器、耘田器、镰和爪镰等一整套农具，说明农业生产水平有了明显的提高。这时在长江流域和黄河流域一样，也出现了一系列环壕土城等大规模土建工程，战争的遗迹处处可见，如果没有发达的农业，是无法为这些工程的劳动大军和作战的士兵提供大量粮食的。

5）远播期：相当于青铜时代早中期，约为公元前2000～前1000年。中国稻作农业在核心地区继续发展，同时向东南、西南和东北传播。东南到达福建、台湾，西南到达云南，东北则通过辽宁传播到朝鲜半岛和日本，已经接近于现代稻作农业分布的格局，从而大大促进了当地文化的发展。

关于稻作农业的起源的研究虽然有了以上的成绩，也还有许多不清楚的地方。现在看来，稻作农业的起源显然不止一个中心，除长江流域外，印度的恒河流域也是一个中心，东南亚情况不明，至于三个地区之间的关系就更加不清楚了。很明显，只有把这些问题都研究清楚了，才可能把中国稻作农业的发展谱系彻底弄清楚。

目前关于野生稻和栽培稻以及二者之间的关系的研究虽然都有很大进展，但还得不出大家公认的明确的结论。佐藤洋一郎通过 DNA 的分析研究了栽培稻与野生稻的关系，认为中国稻起源于普通野生稻，即多年生的 *O. rufipogon*，印度稻则起源于印度野生稻，即一年生的 *O. nivara*。而中国稻或称为日本稻本身又有热带与温带之分，热带日本稻是基本型，温带日本稻则是从热带日本稻分化出来的[1]。有的农学家不同意这种说法，认为 *O. nivara* 不过是从 *O. rufipogon* 分化出来的一支，中国也有 *O. nivara* 的分布，中国早期的栽培稻中有些明显地具有籼稻特征，不能认为中国只是培育粳稻而没有培育籼稻。张文绪则通过稻谷颖壳双峰乳突的分析，认为中国古栽培稻是一个籼粳分化不明显的亚种，只是到公元前 3000 年才明显地分化为籼稻和粳稻。他们两人的意见虽然很不相同，但都是值得注意的。可以设想在由野生稻培育为栽培稻的过程中有融合，有分化，最后之所以能够稳定为籼、粳两个亚种是否与气候生态环境和某种生殖隔离有关，请农学家们研究。

至于稻作农业对人类生活和文化发展产生了哪些影响？稻作文明有哪些特点？几乎还没有认真研究过，这方面的问题显然也还是很重要的。

关于陶器起源的研究最早是从日本突破的，当爱媛县上黑岩阴遗址发现公元前 1 万年的陶器时，许多人不相信，后来发现多了，加了个绳文草创期。除北海道和冲绳外几乎分布在整个日本列岛。据说最近在长野县下茂内和鹿儿岛县简仙山都出土了公元前一万三四千年的陶片，但后者的烧成温度只有 400～500℃，还没有完全陶化，是名副其实的土器。在日本之后，俄罗斯远东地区和蒙古也发现了公元前 1 万年左右的陶片。近几年来在中国南方不断有早期陶器的发现，例如广西桂林的庙岩、湖南道县的玉蟾岩、江西万年的仙人洞和吊桶环都发现了公元前一万三四千年的陶片或陶器，其中尤以玉蟾岩的陶器最为完整。玉蟾岩的年代如前所述，庙岩的陶片经过碳－14 测定为公元前 14080±500 年和公元前 14180±260 年，江西两个遗址的年代数据比较分散，但大致与玉蟾岩和庙岩的差不多。在中国北方，继河北徐水南庄头发现公元前 9000 年左右的陶器之后，又在阳原泥河湾发现了更早的陶片，年代也当在公元前 1 万年以上。

以往总以为陶器的产生首先是为烧饭之用，特别是为了煮那些不便于烧烤的小粒性食物，因而与农业的产生有关。但是后来发现西亚很早就有农业而没有陶器，日本很早就有陶器而没有农业，不能认为陶器的起源与农业的发生有什么必

〔1〕　佐藤洋一郎：《DNAが语る稻作文明》，日本放送出版协会，1996 年。

然的联系。如果说与相对定居的生活和集约的采集经济有关系倒是比较符合实际的。陶器起源之后如果又有了农业，当然会促进陶器的发展，这也是为许多考古资料所证实了的。至于人们最初怎么会想到用泥土来做陶器这一点，过去曾经有多种推测，其中最流行的说法，以为最初是用泥土涂在木制容器或篮筐上以免烧坏，后来发现单用泥土经火烧后也可以做容器，于是就发明了陶器。这是根据美洲印第安人用木制容器或篮子涂上泥土以作炊器的做法而做出的逻辑推论，并没有考古学的证据。

任何发明的成功，一是要有社会的需要，二是要有实现的可能。在从旧石器时代到新石器时代过渡的时期中，许多人已经过着相对定居的生活，实行集约的采集经济，需要有各种器皿盛水、烧饭和储存食物。早先用过的葫芦瓶等天然产品已经很难满足这种日益增长的需要，迫使人们寻找新的代用品。究竟用什么东西来取代呢？这需要长期的摸索。西亚、埃及和中国辽河流域一度用过石制容器，但制作十分困难，用起来也不见得方便。以往孩子们玩泥巴时会发现黏土掺适量的水就会变软，经过揉搓后可以捏成任何形状的东西；人们在烧火时也会知道泥土遇火变色而发硬的特性，在考虑制造新的代用品时会有人尝试利用这种特性，有意识地用泥土捏成一定形状再加以烧烤，陶器就会应运而生。每个地方的人民，只要条件成熟，都可能发明陶器，因而陶器起源的单中心说是不能成立的。只有认识到这一点，才能说明为什么各地早期的陶器在制法、形状和纹饰上都有较大差别的事实。

陶器对于天然产品的优越性是显而易见的。一是作为原料的泥土到处都有，极易取得；二是泥土有良好的可塑性，可以做成任何形状的器皿而不受原有形状的限制；三是泥土陶化的温度甚低，在当时完全可以达到。因为泥土的主要成分是含水硅酸氧化铝，只要加热到600℃以上，就会失去结构水而陶化，应力增强，耐火耐水。这是多么奇妙的事情！所以陶器一经发明，很快就得到广泛的传播，成为日常生活中不可缺少的器具。

现在看来，陶器的起源至少有三个中心，一在中国南方，二在中国北方，三在日本，至于俄罗斯远东地区是否是一个中心还需要进行研究，总之是多中心而不是单中心，而整个东方远比西方为早。上述研究改变了人们的传统观念，有必要重新认识东方在整个人类文化发展史上的地位，有必要改写人类文化史。这是多么重大的问题！所以我说我们最近的研究和我们这次会议将成为一个值得纪念的里程碑，应该是不过分的。

（原载《农业发生与文明起源》，科学出版社，2000年）

《人类陶冶与稻作文明起源地》序

　　1993 年和 1995 年，一个由中美双方学者组成的联合考古队，对江西省万年县仙人洞和附近的吊桶环遗址进行了比较精细的科学发掘，1999 年又由中方进行了补充发掘，获得了重要的成果。我当时忝列中方队长，实际工作主要由副队长、江西省文物考古研究所所长彭适凡先生和美方队长马尼士博士（Dr. Richard S. Mac Neish）担任。参加工作的人员主要来自北京大学考古学系、江西省文物考古研究所和美国安德沃考古研究基金会（AFAR），还有其他相关部门的学者，专业范围涉及史前考古、农业考古、环境考古、植物考古、动物考古、石器研究、陶器研究和年代测定等众多学科。就一个考古学课题实行中外合作和多学科合作，在当时还很少见，引起了各方面的关注。

　　其实仙人洞的考古工作并不是在这时才开始的。早在 20 世纪 60 年代初，江西省的考古工作者就曾经进行过两次发掘，首次发现了具有明确地层关系的新石器时代早期遗存。只是限于当时的水平，一时间尚未获得学术界的普遍认同。后来在长江流域不断发现史前时期的稻作农业遗存，年代越来越早，吸引了国内外学术界的眼球。看来稻作农业的起源中心很可能就在长江流域，只是还需要进一步做些工作。1991 年在南昌召开了首届农业考古国际会议，有不少外国学者参加，其中就有马尼士先生。马尼士是著名的农业考古专家，曾经长年在墨西哥等地从事农业考古研究，对玉米种植的起源和发展做出了杰出的贡献。在世界三大农业起源中心中，西亚的小麦种植起源中心和美洲的玉米种植起源中心，都已经比较清楚，得到了学术界的公认。稻作农业的起源中心自然成了学术界关注的焦点。与此相关的还有陶器的起源和中国旧石器时代何时向新石器时代过渡的问题。马尼士很想与中国学者合作共同探讨这些重大的学术问题。他在江西省社会科学院副院长也是农业考古的倡导者陈文华先生的帮助下，实地考察了仙人洞等遗址，并正式向中国国家文物局提出申请，国家文物局提议由我出面联合组队，这就是此次中美合作进行考古研究的原委。

　　这次考古发掘与研究基本上取得了预期的成果：一是发现了从旧石器时代末

期向新石器时代早期以至更晚时期连续叠压的地层关系；二是在新石器时代早期地层中发现了超过一万年的陶器；三是发现了超过一万年的从野生稻到利用稻属植物的植硅石和孢粉遗存的证据。后二者正好与同时期发掘的湖南道县玉蟾岩洞穴遗址的发现相印证。这一发现得到了相关部门的充分肯定，被评为 1995 年度全国十大考古发现之一，又进一步被评为"八五"期间（1991～1995 年）的全国十大考古发现之一。

仙人洞和吊桶环的考古工作一直得到当地政府和人民群众的热情关怀和支持，使我们的工作得以顺利进行。对于两个遗址的保护、周围环境的整治和积极向公众开放，相关部门的同志更是花费了许多心血，使我们深受感动。在正式考古报告出版之前，省政协又组织人力编辑这部资料丰富翔实的大型图册，将历次考古工作的经过、参加的人员、研究的方法和取得的主要成果，都表述得清清楚楚。让更多的人了解中国江西万年仙人洞与吊桶环，那里有世界罕见的万年稻作和万年陶器；让世界了解仙人洞与吊桶环在人类文明进程中的重要历史地位。这该是一件多么有意义的事情啊！

2010 年 6 月 30 日于北大蓝旗营寓所

（原为王林森主编《人类陶冶与稻作文明起源地——世界级考古洞穴万年仙人洞与吊桶环》序，江西美术出版社，2010 年）

稻作农业与东方文明*

　　古代文明的发生与谷物农业的发展有非常密切的关系。世界上著名的文明古国无一不是建立在谷物农业高度发展的基础之上的。西亚是小麦和大麦的起源地，到公元前第四千年之末，在两河流域、尼罗河流域和印度河流域，两种麦类的种植已经有了很大的发展，于是先后产生了苏美尔、阿卡德—巴比伦文明、古埃及文明和古印度文明；中美洲是玉米的起源地，后来由于玉米种植业的发展而产生了玛雅文明。东方文明（指东亚文明而不是古代东方文明）也是在谷物农业发展的基础上产生的。只是历来以为东方文明的摇篮在黄河流域，而黄河流域是粟和黍的起源地，似乎东方文明便是在粟和黍广泛种植的基础上发展起来的。然而近年来在长江流域的许多重要的发现，正逐渐改变着人们的认识。

　　长江是亚洲的第一大河，它的流域面积差不多是黄河的 2.5 倍，水量则是黄河的 20 倍。它的河床远较黄河稳定，水患相对较少，居民的生活比较安定，给经济文化的发展提供了十分有利的条件。关于先秦时期长江流域的经济状况，人们常喜引用《史记·货殖列传》中的一段话来加以说明。其中写道："楚越之地，地广人希，饭稻羹鱼，或火耕而水耨，果隋蠃蛤，不待贾而足，地势饶食，无饥馑之患，以故呰窳偷生，无积聚而多贫。是故江淮以南，无冻饿之人，亦无千金之家。"这段话正确地说明了长江流域的物产和生活的特点，但对其经济发展水平则估计不足。不少学者据此认为长江流域的经济曾经长时期落后于黄河流域，直到秦汉以后才逐渐赶上来，这一认识与当代考古发现的事实并不相符。大家都知道商周青铜文化是东方古代文明的光辉代表，而商周青铜器的原料大都来自长江流域，江西瑞昌、湖北黄石和安徽铜陵等地发现的大型矿冶遗址便是最好的说明。四川广汉三星堆、湖南宁乡黄材和江西新干大洋洲发现的青铜器，其造型之精美与工艺之先进，较之黄河流域的商周青铜器毫不逊色。至于楚国和吴、越的青铜冶铸工艺，在某些方面还要超过黄河流域者。先秦时期长江流域的丝绸与漆器工艺也都处于领先的地位。在东周列国中，国土面积最大、人口最多、物产最为富

---

　　*　本文为 1996 年 6 月 8 日在上海举行的中日东方思想讨论会的发言要点。

庶的乃是长江流域的楚国而不是别的任何国家。由此可见长江流域在中国古代文明发展中，也同黄河流域一样处于十分重要的核心地位。这一情况是有其深层的历史背景的，其中最重要的也许就是稻作农业的发展。

现在已经有充分的证据证明，长江流域乃是稻作农业的起源地和最早发达的地区。湖南道县玉蟾岩和江西万年仙人洞都已发现了公元前1万年以前水稻的植硅石，前者还同时发现了栽培稻的完整颗粒。到公元前7000~前5000年的湖南彭头山文化、湖北城背溪文化和稍后的浙江河姆渡文化的许多遗址中，都发现了栽培稻谷的遗存。直到目前为止，在中国发现的一百几十处有栽培稻谷的遗址中，80%以上是分布在长江流域的。如果把这些遗址按年代标示在地图上，可以很清楚地看出其分布是以长江中下游为中心，像波浪一样向周围展开的。正是因为长江流域比世界上任何地区都更早地栽培和发展了水稻生产，当地的经济文化也就很快地发展起来。长江流域史前的水稻生产究竟达到了什么样的水平，是很难准确地估计的。但从河姆渡遗址的情况可以略窥端倪。这遗址第4层的年代大约相当于公元前5000~前4500年，在那里堆积的稻谷皮壳和炭化稻米等，如果换算成新鲜稻谷，估计可达10万千克以上。尽管那是多年形成的堆积物，并不是一年的产量，其数量之巨大也是很惊人的了。到大约公元前3300~前2000年的良渚文化时期，各地出土了不少石制犁铧，说明那时已开始进入犁耕农业的阶段。其生产水平显然要比河姆渡文化高出许多，比同时期的黄河流域先进得多。稻作农业需要有明确的田块和田埂，田块内必须保持水平，否则秧苗就会受旱或被淹。还必须有灌排设施，旱了有水浇灌，淹了可以排渍。同旱地农业比较起来，稻作农业需要较高的技术和更加精心的管理，甚至稻谷的加工也比小麦、小米或玉米等困难得多。因此从事稻作农业的人们，易于养成精细和讲究技巧的素质，有利于某些技巧较高的手工业的发展。这或许可以解释为什么良渚文化有那么精致的玉器、漆器和丝绸织物，其工艺水平远远超出同时代的其他文化的产品。它所出产的黑陶，同样也是造型别致，美观大方，只有山东龙山文化的产品才可相比。当然，由于农业发展水平较高，能够给非农业劳动者提供比较充足的粮食和其他生活资料，也是手工业得以较快发展的一个重要原因。

农业和手工业的发展增加了财富的积累，刺激了人们占有财富的欲望。用战争的手段来掠夺他人财富的行为越来越经常发生，保护自己免受侵犯也便成为社会公众所关心的大事，费工耗时的城堡就这样从各地兴建起来。现知在长江流域发现的早期城堡有十多处，其中在湖北的有天门石家河、石首走马岭、荆门马家垸和江陵阴湘城，湖南有澧县城头山和鸡叫城，四川有新津宝墩、温江鱼凫城和都江堰芒城等处。浙江余杭良渚和江苏武进寺墩等处也可能有城址。这些城址的年代大约都在公元前3000～前2000年，有的可能还要稍早一些。其中多数城的面积有二三十万平方米，较小的有十多万平方米，最大的石家河则有一百多万平方米。城外一般有较大的护城河，不少护城河还与天然河道相通，除有防卫的功能外，还是运输的重要通道。相比之下，黄河流域同时期的城堡面积要小一些，护城河往往较小或者干脆没有。通常把城堡的出现作为文明起源的重要标志之一，从这一点来看，长江流域文明的起源并不晚于黄河流域，某些文明因素的发达程度甚至还要超过黄河流域。而这都是以稻作农业的充分发展为基础的。

在龙山时代，也就是早期城址出现的时代，长江下游主要是良渚文化，中游主要是屈家岭文化和石家河文化，上游的文化名称未定，可暂称为边堆山文化。在中下游之间还有薛家岗文化和樊城堆文化等。这些文化相互之间尽管有不同程度的联系，但并不构成一个区别于黄河流域的整体文化。相反，有些长江流域的文化同黄河流域某个文化的关系，比同长江流域其他文化的关系更为密切。例如良渚文化同大汶口文化和龙山文化的关系，就比它同屈家岭文化和石家河文化的关系密切得多。在往后的发展中，长江流域对于商周文明的形成也起了十分重要的作用。例如在商周文明中占有十分重要地位的礼器鼎和在青铜礼器中经常出现的饕餮纹与雷纹，其实都是从长江流域的有关文化中吸收过去的。良渚文化中大量出现的琮、璧、钺、璜等玉器，以后也被商周文化继承而成为重要的礼器和瑞器。前面曾经谈到的某些青铜工艺、丝绸、漆器乃至瓷器等在中国古代文化中极具特色并且占有十分重要地位的因素，也是从长江流域首先发源的。要之，中国文明的核心地区在黄河和长江两大流域，在这个区域存在着若干既有联系又有区别的文明起源中心，后来又逐渐融汇成以商周文明为主体的多种青铜文明的联合体。它的基础是两种农业体系的结合，即黄河流域以粟作为主的旱地农业和长江流域以稻作为主的水田农业体系的紧密结合与充分的发展，才出现了在世界上独树一帜的古代东方文明。

黄河、长江流域的古代文明发生以后，东亚许多地方也都酝酿着走向文明的进程。在东北亚，首先是粟、黍等旱地农业传入朝鲜半岛和日本，促进了当地文化的发展。但只有到后来稻作农业相继传入，加上青铜器和铁器的先后传入，才使那里真正进入文明社会。至于东南亚各国，则几乎完全是在稻作农业发展的基础上逐步进入文明社会的。从这个意义上来说，东方的古代文明的产生和发展，都是与稻作农业的发展密不可分的。至于在稻作农业基础上产生的文明的特点，那是一个需要深入研究的很有兴味的问题，应该有专门的文章加以论述，兹不赘述。

[原载《中日东方思想研讨会论文集》，上海三联书店，1997年。后收录在《长江文明的曙光》（增订版），文物出版社，2020年]

稻作文明的故乡

一　引子

　　我从小生长在洞庭湖北岸的一个农村。洞庭湖位于长江中游的南岸，原来是中国最大的淡水湖，有五条河与长江相通。我家就住在其中之一的华容河边，所以我是喝长江和洞庭湖的水长大的。因为住在农村，家里又种了几亩田，主要是稻田，平常放学回家总要放牛、砍柴，做点与农业有关的事情，寒假、暑假就做得更多一些，所以对农业生产是比较熟悉的，对家乡农村有一种特别的感情。记得每年农历大年初一开门首先要看天色，每家的黄历上都写着："岁朝宜黑四边天，大雪纷飞是旱年；最好立春晴一日，农夫不用力耕田。"那时很多人迷信，相信天象跟人事有联系，总想得个吉祥的兆头。家门口贴的对联多半是"爆竹一声除旧，桃符万象更新"，粮仓上贴着"五谷丰登"，牛圈上贴着"牛羊满圈"，鸡笼上贴着"鸡鸭成群"。有些人家初一那天还要把牛牵到田里，拉上犁，扶犁的人头上顶着一本书，表示不忘耕读为本的祖训。过完正月十五，不到开春就忙起来了。有的田要上肥、翻耕，不久就要整治秧田，泡种、催芽、下种，有些田里种的绿肥逐渐长高要翻耕压到泥里做底肥；有些田里种的油菜、蚕豆、豌豆、小麦等逐渐成熟要及时收割，再上肥、翻耕和初耙，修理田埂并做掩塍，再耙、耖、滚，稍稍沉淀后才能插秧。秧苗长大后要耘田，有时候要耘两次，不仅除草，还要搅和泥土以免板结。不久秧苗拔节、打苞、抽穗、扬花，此时稻田绿油油一片，清风掠过，香飘四野，沁人心肺，说不尽的农家乐趣。有时遇到天旱要车水灌田，雨水多了又要车水排涝，那是一种很强的劳动，一天要吃四五餐饭才能顶得下来。如果遇到虫害，更是令人不得安眠，要设法迅速扑灭。稻谷黄熟后应该是最令人高兴的日子，有时也是最紧张和犯大愁的日子。因为这时的长江和流入洞庭湖的湘、资、沅、澧四水都已进入汛期，如果同时涨水，南北顶托，洞庭湖水无法下泄，就有可能淹没圩子，冲垮垸子。所以要日夜巡视，发现险情赶快抢救，如果平安无事就要道一声万福了。收割稻子不是一下子完成的，因为稻子有许多种，时间是岔开的。早稻收割后紧接着要整田栽晚稻，然后收割中稻，收割晚稻之前还要收割一种生长期极长的桐子糯。等晚稻收完就要及时犁田，有的田要灌水过冬，叫冬水田，有利于防止某些虫害。有些田要种油菜、豌豆、小麦等春收作物，有些田要种红花草、兰花草等绿肥。然后还要挤出时间到湖里去打丝草积肥，一直忙到农历腊月，各家收拾准备过年。所有这些情节，就像一部风俗纪录片那样至今还清晰地印在我的脑海里。可是为了求学和以后的工作，从上高中起就不得不离开故乡的沃土，一别就是几十年，虽然时常记念，却再也难得回家看一看了。

在"文化大革命"中，我们这些书生要下放到农村去进行思想改造和劳动锻炼，没有想到正好把我们放到了江西鄱阳湖边一个新围垦出来的农场。那里的自然风光、生态环境、气候条件、泥土的芬芳以及下到水田里面的感觉，都和我在家乡时几乎一模一样。我们在那里的工作主要是种稻，北方来的同事很不习惯，对我来说倒是比较适应。当时我们这些大学教师放下了书本和笔，像人民公社的农民一样天天下田干活。我又一次当上了牛司令，放养一大批水牛。还同大家一起犁田、耙田、秒田、下种、插秧、施肥、除草、收割、打谷、扬场，差不多样样都做，一干就是一年、两年。心情固然同小时候很不一样，但对种水稻的整套技术又重新熟悉了一遍，也算是一个不小的收获。

从鄱阳湖边回到北京的校园，还是教我的考古学。到 20 世纪 70 年代后期，各方面的工作都逐渐步入正轨，考古学界也开始出现新的气象。各地陆续发现了一些重要的农业遗存，一时间几乎形成了一个研究农业考古的热潮。由于我有前面那一段经历，很自然地对农业考古特别感兴趣，尤其是关于稻作农业的起源、发展以及它对人类文化和文明演进所起的作用等课题，成了我从事考古学研究的重要内容。过去关于稻作农业的起源地有所谓印度说和日本说，所以栽培稻的两个主要亚种就被命名为印度稻和日本稻。后来知道日本不是稻作农业的起源地，日本的稻谷最初是从中国传播过去的。印度说却一直很占势力，接着又出现了东南亚说和中国南方（指五岭以南的广东和海南岛等地）说。前不久的一二十年内，从印度阿萨姆到中国云南的所谓山地起源说也曾风行一时。不过从考古发现的证据和各方面的研究来看，稻作农业的最重要的起源地还应该是长江流域，稻作文明最早的发生地也是长江流域。这样一来，稻作农业起源的故乡和稻作文明的故乡就和我自己的故乡发生了密不可分的关系，这是多么有趣的事情！我知道，这种故乡情结可以激励我研究的热情，却不可以影响我研究中实事求是的科学精神。我要十分细心谨慎地对待一切可能收集到的证据，站在一个科学工作者应有的客观立场来进行研究，以便得到尽可能符合实际情况的结论。读者可以从下面的叙述中看到我是怎样把握这一标准来从事研究的。

二　伟大的长江

中国有一首古诗，讲一位少妇思念丈夫的心情。诗中说"我住长江头，君住长江尾；日日思君不见君，共饮长江水"。为什么不说别的河流而单说长江呢，因为只有长江最长，说明她的情思绵绵，即使像长江那么长也是扯不断的。另一首古诗描写送朋友乘江船东去的情景是"孤帆远影碧空尽，唯见长江天际流"。说明长江十分广阔，烟波浩渺，水天不分，看起来像是在天上奔流一样。

亚洲的第一大河　长江发源于青藏高原唐古拉山脉主峰各拉丹东雪山的西南侧，主干流经青海、西藏、云南、四川、重庆、湖北、湖南、江西、安徽、江苏、上海九省二市，东流入海，全长约6300千米，若以当曲为源头，全长则为6408千米，为亚洲第一大河。长江的上源称沱沱河，往下称通天河，再往下称金沙江；宜宾以下，在四川境内的称川江；奉节以下至宜昌209千米通过著名的长江三峡，称峡江；从枝城至城陵矶一段称荆江；扬州、镇江以下称扬子江，通称长江。长江的水量十分丰富，平均年径流量9793亿立方米，等于黄河的20倍以上。而且水质较清，平均每立方米含沙量仅及黄河的1/20。长江的支流非常发达，其中流域面积超过1万平方千米的有48条，最著名的在上游有雅砻江、岷江、沱江、嘉陵江，中游有汉江、沅江、湘江、赣江等，下游的支流较少也较小。长江两岸的湖泊也很多，中国主要的淡水湖都在长江流域，单是湖北一省，六七公顷以上的湖泊就有一千多个，有千湖省之称。最著名的大湖则有洞庭湖、鄱阳湖、洪泽湖、太湖和巢湖等。河湖之间还有大量的自然河与人工河相通，形成密集的水网，不仅水上交通运输十分便利，而且有利于发展水田农业。长江及其支流的水力资源非常丰富，理论蕴藏量达2.68亿千瓦。正在开发的三峡水利枢纽，其中水电站的装机容量达1300万千瓦，居世界第一位。

优越的自然环境　长江流域面积180余万平方千米，除山地和丘陵外，还有著名的四川盆地和长江中下游平原，包括江汉平原、洞庭湖平原、鄱阳湖平原、苏皖沿江平原、里下河平原和长江三角洲。这些平原大部分为长江及其支流冲积而成，土壤中腐殖质含量甚高，特别适于发展水稻生产。这里属湿润的亚热带季风气候，冬冷夏热，四季分明，年降水量约1000~1500毫米，水热同步，是地球上同纬度地区气候条件最好的地方。这里的自然资源十分丰富，山区有大量的森林和动植物，出产各种山珍野味。江河湖泊里集中了绝大部分淡水鱼类，主要有鲤鱼、青鱼、草鱼、鲢鱼、鳊鱼、鲫鱼、鳜鱼、银鱼，还有洄游性的鲥鱼、鲈鱼、鲟鱼和鳗鱼等。湖边有十分丰富的芦苇、莲藕、菱角、茭白等，是中国水生植物分布最广、产量最丰富的地区。单是洞庭湖边的芦苇林，过去号称八百里柴林，是老百姓盖房子的主要材料，又是造纸的重要原料。正是因为长江流域有如此丰富的自然资源，所以历来经济文化都很发达，到现在已经成为中国人口最密集和经济最发达的地区。据1990年的统计，整个长江流域有人口3.86亿，工业产值约占全国的60%，农业的复种指数高，单位面积产量也高，是中国最重要的粮、棉、油生产基地。中国的稻米产量居世界第一位，例如1985年中国产稻谷1747.9万吨，占世界总产量的37.1%，其中80%产于长江流域。

悠久的历史　长江流域开发的历史也很早。这里有亚洲最古老的巫山人（重庆巫山）和元谋人（云南元谋）遗址，距今分别为200万年和170万年。其后还有郧县猿人、和县猿人和南京汤山人等一系列古人类化石或文化遗址。到旧石器时代晚期，有些地区的遗址已经非常稠密。进入新石器时代以后，这里同黄河流域一样成为全中国和整个东亚文化最发达的地区。这两个流域分别成为粟作旱地农业和稻作水田农业的起源地，并且共同孕育了光辉灿烂的中国古代文明。作为稻作文明来说，长江流域也是最古老的。这个结论不是随便说的，而是由考古学家、历史学家、农学家和其他有关学科的专家共同努力，辛勤探索的结果。

三　从屈家岭到河姆渡

探索稻作起源的序幕　早在1921年发掘河南省渑池县仰韶村史前遗址时，曾经在一块陶片上发现有稻谷的印痕。因为那是中国第一次进行考古发掘，水平不高，地层关系没有弄清楚，学者们对它的年代表示怀疑。不过在那个遗址中出土的器物无非属于仰韶文化和中原龙山文化，所以那块有稻谷印痕的陶片最晚也当属于中原龙山文化，即约公元前2600～前2000年，无论如何还应算是一次重要的发现。

后来，曾经担任中国农业科学院院长的丁颖在广东等地发现了不少普通野生稻，将它们与现代栽培的籼稻杂交，发现有很好的亲和关系。所以他认为华南应是栽培稻的起源地区，而最早的栽培稻当是籼稻。等到稻谷向北方或比较高的地方传播后，因为气候生态条件改变而逐渐分化出了粳稻。但周拾禄不同意他的意见，认为中国固然是栽培稻的起源地，但本源不是一个，籼稻和粳稻应该各有起源。这些见解因为一时得不到考古发现的证实，只能属于假设的性质。

屈家岭遗址的发现　1955～1956年，考古学家在湖北省的京山屈家岭、天门石家河和武昌洪山放鹰台等处发现了大量属于新石器时代晚期的稻谷遗存。单是屈家岭就发现有约500平方米的房基垫土（已经被火烧过而变成了红烧土）中掺杂了大量的稻壳和稻草，有的地方密结成层，偶尔也有一些稻谷和炭化稻米。丁颖根据它们的稃毛、粒形和所测长、宽及长宽比的数据，认为"这些谷粒当属于粳稻，且在我国是比较大粒的粳型品种，与今天栽培的粳型品种最为相近"[1]。他推测距今约三四千年的江汉平原已有不少粳稻栽培。由于那时还没有测定绝对年代的方法，估计的年代保守一些。后来根据碳 – 14 年代测定，那些稻谷的年代应是距今约 5000 ~ 4600 年。这是一个十分重要的发现。

大溪文化的发现　1959 年，在四川省巫山县（1997 年重庆被列为直辖市，巫山县被划归重庆市管辖）长江北岸的大溪发掘了一处新石器时代晚期的遗址，文化面貌与屈家岭文化有所不同，当时以为只是长江三峡的一种地区性文化，后来被命名为大溪文化。到 20 世纪 70 年代在湖北江汉平原发现了大批大溪文化的遗址，接着在湖南洞庭湖北岸平原也发现了许多大溪文化的遗址，其中有些遗址的大溪文化直接叠压在屈家岭文化的地层之下，才知道大溪文化早于屈家岭文化，实际上代表着长江中游新石器时代文化发展的一个重要阶段。

红花套的稻谷遗存　1972 ~ 1974 年，长江流域规划办公室考古队举办考古训练班，同时组织了中国科学院考古研究所、北京大学、四川大学和厦门大学等许多单位对湖北宜都红花套遗址进行了较大规模的发掘，不但发现了屈家岭文化叠压大溪文化的地层关系，而且在大溪文化的地层中发现有大量的红烧土，那是房屋被火烧毁倒塌以后留下的遗迹。在那些红烧土中发现有许多稻谷壳和稻草，原来应是掺在泥土里作为谷糠泥和草筋泥抹在墙上的。更有意思的是在大溪文化的陶器中有一种夹炭陶，其中的炭屑大多为稻壳碎屑。可见红花套大溪文化的人们已经广泛地种植水稻，加工稻米以后有许多副产品，才可能派上那些方面的用场。后来发现，差不多所有大溪文化的遗址中都有一部分掺稻壳碎屑的夹炭陶，而且只要发现红烧土遗迹，其中往往掺杂许多稻壳和稻草，说明长江中游的稻作农业在大溪文化时期已经成为重要的经济部门。一般地说，大溪文化的年代大约为公元前 5000 ~ 前 3000 年，从而把长江流域稻作农业的年代一下子提前了约两千年。由于有关资料没有及时发表，也没有经过农学家的鉴定，在当时并没有引起太大的反响。相比之下，浙江余姚河姆渡的发现简直是不可同日而语了。

河姆渡遗址的发现　河姆渡遗址位于杭州湾南部的宁绍平原上，西面和南面紧贴姚江，江对岸是四明山；遗址的东面和北面则是一片平原。根据地质钻探资料，这片平原的耕土层以下有厚度不一的泥炭层，当是古代沼泽的遗留。遗址正好位于丘陵和沼泽的过渡地带，森林、草地、湖沼、海洋几种生态环境辐集于此，

---

[1]　丁颖：《江汉平原新石器时代的稻谷考查》，《考古学报》1959 年第 4 期。

足以给人们提供十分丰富的生活资料。这个遗址是 1973 年发现的，当年 11 月至 1974 年 1 月进行了第一次发掘，发现了非常丰富的木构建筑、稻谷遗存和众多保存完好而特征鲜明的文化遗物。鉴于这一发现具有极大的学术价值，1976 年 4 月特地在杭州召集了有考古、历史、农业、古动物、古植物、古建筑、地质、水文等各方面专家参加的座谈会，以便动员各方面的力量对遗址进行深入的研究。1977 年 10 月至 1978 年 1 月对这处遗址又进行了第二次发掘[1]。

河姆渡遗址的文化堆积可分四个层次，代表先后相继的四个文化期。其中第三、四期在年代上分别同新石器时代晚期的马家浜文化和崧泽文化相当，文化特征也有若干相似之处，应是两者在宁绍平原的地方类型或变体。第一、二期则是一个新的发现，它的陶器几乎都是夹炭黑陶，质地粗糙，造型上除圆形者以外，还有若干方形、椭圆形和多边形器物。炊器主要是釜底釜和支脚而没有鼎，与当地新石器时代晚期文化颇多不同，故被列入新石器时代中晚期之交而单独命名为河姆渡文化。河姆渡文化的年代曾经进行过一系列碳 – 14 测定，多数落在公元前 5000 ~ 前 4500 年。与河姆渡文化基本同时的浙江桐乡罗家角第 4 文化层的 16 号灰坑所出芦苇的碳 – 14 年代为公元前 5000 ± 150 年和公元前 4955 ± 155 年，相当于大溪文化起始的年代。

最丰富的史前稻谷遗存宝库　河姆渡遗址潜水面较高而又比较稳定，特别是在早期文化层上覆盖了一层弱酸性的海相泥炭，对有机物起着很好的保护作用。在第 4 文化层中出土了大量的稻谷、谷壳、橡子、菱角、小葫芦、酸枣、芡实，还有稻草和各种树叶等，其中有不少外形完整，脉纹清晰，有的稻草和树叶呈黄绿色，甚至还可以分辨出第三和第四级微网脉和着生的绒毛。在这个遗址中保存的稻谷遗存之多简直达到了令人难以置信的程度。仅在第一次发掘的 400 多平方米的范围内，普遍都有稻谷、稻壳和稻草的遗存，其堆积厚 10 ~ 20 厘米或 30 ~ 40 厘米不等，最厚的地方有 70 ~ 80 厘米。由于谷物腐朽和地层的压力，现在的厚度应远远不如原来的堆积。假定原先的堆积平均厚约 1 米，其中的稻谷和稻壳只算 1/5 的体积，换算成新鲜的稻谷就超过 5 万千克，这是在任何史前遗址中都不曾见到过的。关于河姆渡遗址出土稻谷的品种问题至今说法不一。游修龄依据所测标本的长宽比为 2.62，外颖上的纵脉明显突起，颖壳上的稃毛分布均匀，排列整齐，长短一致，所以断定为籼稻，也就是通常所说的印度稻中的晚稻型品种。周季维同样根据外形的观察与测量的结果，发现其中还有不少粳稻，也就是通常

〔1〕　浙江省文物考古研究所：《河姆渡——新石器时代遗址考古发掘报告》，文物出版社，2003 年。

所说的日本稻，应该是籼粳并存，以籼为主。张文绪和汤圣祥选择 3 粒外形似籼的稻谷测定其双峰乳突，却发现其粳型特征显著，故认为是处在籼粳分化十字路口的古稻。这些问题还需要进一步研究。

栽培技术的蠡测 河姆渡的稻谷是怎样种植的呢？这要根据在河姆渡遗址中出土的与稻作农业有关的遗物来进行推测。河姆渡出土了许多骨耜，单是第一期发掘就发现了 90 件，过于残破的碎块尚未计入。这些骨耜是用牛或鹿的肩胛骨削制而成的，肩臼的顶端被削平，两侧也略加修整，并且横向凿出一个长方形孔以便插入一根踏脚用的横木。肩胛脊均被削平，顺着长轴的中部凿一浅槽以免木柄滑动，浅槽两边各凿一孔，则是为捆绑木柄用的。有的木柄末端还安一横把，全形跟当地现在使用的铁锹非常相似。由于长期使用，表面已被磨得非常光滑，刃部磨蚀得特别厉害，中部比较薄弱的地方往往破损成缺口，有的断缺后截齐了再用。这些骨耜显然是平田和修理田埂用的，因为稻秧必须种植在水田里，田里要蓄水就必须有田埂，要使秧苗不至于被淹或被旱就必须把田里弄水平，挖泥的工具是不可少的，在当时的条件下，骨耜应该是最理想的农具。不能设想当时会普遍地用骨耜来翻田，那样不仅是太费事，而且也不一定是必要的。但田里的泥土必须弄活，有些草要拔掉，有些草最好埋在泥土下面，一则可以肥田，二则可使泥土松软，理想的方法就是用牛踩。中国古代说虞舜的时候用象耕田，实际上就是用大象来踩田。河姆渡发现了许多水牛的骨骼，单是第一次发掘就发现了水牛头骨 16 个，用水牛来踩田是完全可能的。

稻米产量较多也给养猪提供了较好的条件。河姆渡发现的动物骨骼以猪为最多，第一次发掘所得提供鉴定的就有 70 多个个体。其中 2 岁以下的占 54%，2～3 岁的成年个体占 34%，3 岁以上的老年个体仅占 10%，这种年龄的分布本身就说明它们是家猪。因为猪在人们生活中占有重要的位置，所以陶画和陶塑等艺术作品中也特意加以表现。其中猪的形体后身均比前躯为大，和野猪的比例正好相反，这也说明它们都是家猪。有的陶钵上画着丛生的稻子，而且籽粒饱满，以至于所有稻穗都被压弯了头。一头肥猪正在稻田里面觅食，简直是一幅绝妙的赞美"稻熟猪肥"的农家乐的风俗画卷。

7000 年前的河姆渡村落 由于河姆渡遗址保存条件甚好，使我们有可能对河姆渡农人居住的村落有一个基本的了解。村落中的房屋都是干栏式建筑，也就是俗称的高脚屋。第一次发掘的 630 平方米范围内就发现有桩木、地板等木构件1000 件以上，第二次发掘的 2000 平方米范围内同样也发现了许多木构件。根据桩木的排列情况，可以大致了解房屋的方向和大小。桩木有三种，即方桩、圆桩和板桩。都是下部削尖打入生土，一般入土 30～50 厘米，最深的达 115 厘米。方桩是承重的，横截面一般为 8 厘米 × 10 厘米至 15 厘米 × 18 厘米；板桩是围护结构，一般宽 10 ~ 50、厚 2.4 ~ 4 厘米不等；圆桩有些是承重的，有些也是做围护结构用的，横截面直径约 4 ~ 10 厘米。它们相间排列成很长的板壁，基本上呈南北方向，有的为北偏西 20°。根据桩木排列的情况，推测房子宽约 3.8 ~ 4 米，长短不一，第一次发掘中发现最长的一排桩木为 23 米，还没有到头；第二次发掘中有一排桩木和它正好在一条直线上，但因中间有一段没有发掘，不知道是否属于一栋建筑。假如属于一栋建筑，其总长就达 80 米。其他房子虽然没有这么长，也都应该是多间式长屋。其建筑方法应该是先打地桩，在桩上架设地龙骨，在地龙骨上铺设地板。因为在桩木附近发现有大量可做地龙骨的长圆木，同时还有许多地板。地板一般长 80 ~ 100、宽约 20 厘米，有些在两侧边做成企口以便拼合起来紧密无缝。地板铺好后即可架设梁柱。构件是一根完整的木柱，长 263 厘米，两端有榫用以上承屋梁，下连地板或地龙骨。有的柱头上有横穿的透卯，应是设在墙壁面的平身柱；有的柱头上有垂直相交的卯眼，则应是立在墙角的转角柱，柱头上的卯眼是为锁屋梁用的。梁头榫多是高大于宽，最高的比例是 4 : 1，完全符合应力原理。有的梁头榫上带有梢钉孔，是为了楔上梢钉以防柱子歪斜受拉而脱榫。有的方木上有一排等距离的小方眼，应该是窗户或门扇的框架，设置棂格是为了采光之用。根据以上的情况，可知河姆渡村落是由若干纯木构建筑的长屋组成的，室内举高有 260 厘米以上，有房桩，有地板，有木板墙，有带棂格的门窗，利于防潮、通风、采光，对于当地比较潮湿且多闷热天气的环境来说是十分相宜的。至于屋顶的结构则不太清楚，推测是用木檩搭架，绑上树枝再盖上稻草，冬暖夏凉。房子内应该是分间居住的，地板下面的空间可以作猪圈，加工过的稻壳等就倒在房子底下，细糠可以给猪吃，壳和稻草可以给猪垫卧。

河姆渡人的日常生活　根据考古发掘的动植物遗存和孢粉分析的结果，可知河姆渡村后的山上生长着茂密的亚热带常绿落叶阔叶林，林中的树木主要有蕈树、枫香、栎、栲、青冈和山毛榉等，林下有蕨、石松、卷柏、水龙骨和瓶尔小草等。村前有大片的稻田，附近有草地、湖泊和沼泽，生长着灌木、芦苇和菱角等大量水生植物。人们在农业劳动之余，可以到山上和平原去狩猎，捕猎的动物主要有梅花鹿、水鹿、四不像、麂、獐等鹿科动物，还有虎、熊、象和犀牛等。人们也常常捕猎鸟类，包括野鸭、大雁、鹈鹕、鸬鹚、白鹭、仙鹤、乌鸦和老鹰等。还在水中采菱、捕鱼，捕捉的鱼类有鲤鱼、鲫鱼、鲇鱼、青鱼、黄颡鱼、鲻鱼和鲷鱼等。他们已经有小的木船，并且有船桨。水浅的地方可以撑篙，水深的地方就只能用桨划。河姆渡东边距海不远，遗址中又发现过鲸鱼骨骼，证明他们有时也到浅海去捕鱼。他们在冬季农闲的时候便有组织地上山伐木来建造房屋，砍伐的树木要经过很长时间晾干，再加工成各种有用的材料。最难得的是加工独木舟和大型板材，要用石斧砍，用石楔劈，用石锛削，要花很多劳动时间。榫卯的加工不仅费时，还要有相当的技术。所有这些都是靠几种简单的石器来完成的。此外还有纺织、编织和制造陶器、石器、骨角牙器等手工劳动。他们用杵臼舂米，用陶釜架在陶支脚上做饭。有一件陶釜底部发现有一片烧焦的锅巴，其中只有大米而没有别的东西，有的陶釜中发现有鱼骨刺，证明当时已经把米饭、鱼肉和蔬菜分开来煮，能够吃纯净的大米饭和鲜美的菜肴了。

河姆渡艺术　河姆渡人非常喜爱艺术，有许多装饰品、工艺品和艺术作品。装饰品中有用玉石制造的璜、玦、管、珠等佩饰和项饰，有用骨头制造的管、珠、发笄和耳坠，还有用虎牙、熊牙制造的佩饰等。工艺品中有漆器、骨雕和象牙雕刻等。漆器中最多的一种是长圆筒，一般长 30～40、直径 7～14 厘米，是用圆木挖空而成的。有的筒壁厚薄均匀，有的内壁中间或近于一端有凸脊，以便安放圆木柄。圆筒的外壁打磨光洁后上漆，颜色微黄而发亮，非常精美，推测是打击乐器长鼓。另一件木胎漆器是矮圈足碗，朱红色，微有光泽。两者都是中国最古老的漆器。河姆渡的乐器除了长鼓还有骨笛和骨哨，可以想见他们在丰收之余，或者在出外狩猎之前，会打起长鼓，吹起笛哨，跳起欢快的舞蹈，以庆祝丰收或祈求狩猎的成功。

河姆渡第 4 层出土有 20 多件象牙制品，有蝶形器、小盅和匕等。有一件蝶形器正面的中间刻划许多同心圆，上面有火焰状纹，似为海中升起的朝阳；旁边有两只长尾鸟，双双昂首面对着中心的太阳，似为传说中的凤凰。这一图画可称为"双凤朝阳"，颇具意境和神话色彩。有些象牙匕的柄部雕成鸟头、鸟身和翅膀，匕身如同长尾，其形状也像是凤凰。骨器上也有刻划成双凤纹的，有一件骨刀的把上刻划两组双凤纹，两个凤身连在一起。

陶器上除各种几何花纹外，还有不少动植物花纹，其主题有猪、似虾的水生动物、水稻和大叶植物等。有一件陶方钵上刻划一头肉猪，长嘴瘦腹，鬃毛竖立，缓步前行，似在觅食的样子。另一件钵上刻划着一幅稻熟猪肥的风俗画已于前述。有的陶盆上刻划着尚未秀穗的水稻，旁边有似虾的水生动物在游动，未画水而使人感到绿水盈盈，手法非常高明。陶钵和陶盆都是吃饭用的器具，刻划这些花纹似乎跟近代农家过年贴五谷丰登、六畜兴旺等吉祥对联有相同的意义，只是不限于过年时节罢了。有的陶器上刻划着非常复杂的花纹，似鸟非鸟，似蛇非蛇，下部长着大叶植物，明显带有宗教的神秘色彩。此外还有一些木雕的鱼、陶塑的猪和羊等，也颇生动。

长江起源说的提出　河姆渡稻谷遗存的发现使学术界大为震动，认为是探讨稻作农业起源问题的一次飞跃，从而有必要重新思考起源地区的问题。人们历来认为亚洲水稻起源于印度、东南亚或中国的五岭以南地区，他们有的从生物分类学研究，有的从遗传基因或同工酶的研究，有的从野生稻的分布及野生稻与栽培稻的联系，有的甚至从"稻"字在各民族中的语音学研究来立论，都各有一定的道理。但若从考古发现的史前栽培稻遗存来看则缺乏必要的支持。直到 20 世纪 80年代，在世界各国发现的最早的栽培稻遗存的情况是：印度为公元前 2000 多年，泰国是公元前 3000 多年，越南仅为公元前 1000 多年，印度尼西亚有一处可能较早，根据间接的碳 –14 年代推测也只到公元前 4000 年。中国五岭以南的广东石峡的年代约为公元前 3000 ~ 前 2400 年。所有这些地方发现的最早的栽培稻遗存都远比长江流域的河姆渡文化和大溪文化为晚。既然那些栽培稻遗存并不很早的地区都可以考虑是稻作农业起源的地区，为什么不可以把长江流域也列入起源地区之一呢？

稻作农业起源的必要前提是：（1）有适宜于水稻生长和繁殖的自然生态环境，并且有作为栽培稻直接祖本的野生稻的天然分布；（2）当地人类文化的发展达到了一定水平，以至于产生了寻求新的更加有保障的食物资源的社会需要；（3）人们在长期采集野生稻的过程中所获得的知识、经验和技能已足以培植野生稻使之成为栽培作物。长江流域是适于水稻生长和繁殖的。根据河姆渡动植物遗存和孢粉的分析，证明那里公元前 5000 年的气候跟现在的珠江流域差不多。既然现在珠江流域有许多野生稻，那么当时的长江流域也应该有野生稻，何况历史上还有许多关于野生稻的记载。例如《三国志·孙权传》记载："黄龙三年（公元 231 年）由拳（今浙江嘉兴县）野稻自生。"《晋书》卷四十三记载："郭舒渡江，乃留屯沌口（今湖北汉阳西南三十里），采稆（野生稻）湖泽以自给。"《晋书》卷九十九记载："时会稽（今浙江绍兴）饥荒，玄令赈贷之，百姓散在江湖采稆。"《宋书》卷二十九记载："宋文帝元嘉二十三年（公元 446 年），吴郡嘉兴盐官县（今浙江海宁县）野稻自生三十许种。"《梁书》卷三记载："大同三年（公元 537 年）九月北徐州境内（包括今安徽蚌埠、凤阳、嘉山、来安、滁县、全椒等地）旅（通稆）生稻稗二千许顷"（以上均据百衲本）。类似的记载还有一些，主要涉及浙江、江苏、安徽、湖北等省，正是最早出现栽培稻的地区，这难道是一种巧合吗？再说河姆渡的稻作农业是一种非常发达的原始农业，在它的前面还应该有一个发展的过程。而河姆渡文化本身又看不出有明显的外来因素，自当是本地起源的可能性为最大。如果把中国稻作遗存的分布图按照年代画出等值线，便会清楚地显示出以长江下游和杭州湾为中心，像波浪一样地向周围地区扩散的情况。所以我明确地提出长江下游及其附近应当是稻作农业起源的一个主要地区，其他学者也多以此立说。这就是通常所说的长江起源说，得到了相当广泛的反应。

四　第二次飞跃

如果说从屈家岭到河姆渡遗址的发现中间经过了 20 多年，实现了稻作起源研究的第一次飞跃的话，那么从河姆渡到城背溪、彭头山和贾湖还不到 20 年的时间，又实现了稻作起源研究的第二次飞跃，长江起源说已经为更多的人所接受了。让我们还是从城背溪遗址的调查谈起。

城背溪的调查　1983 年秋季，北京大学考古系同湖北省博物馆合作在湖北西部进行考古调查发掘时，曾经试掘了宜都县（现改名为枝城市）的城背溪和枝城北等属于新石器时代中期的遗址，后被命名为城背溪文化。当时在枝城北遗址的红烧土块和陶片中都曾发现稻谷壳碎片。后来在整理城背溪遗址的资料时，又发现陶片中也夹有稻谷壳碎片。1986 年，林春在对城背溪遗址进行复查时，在一件圜底钵口部残片的内壁发现有十几粒稻壳痕迹。1990 年，她又采集到一件残陶支脚，里面夹有 4 个稻谷壳。其中较完整的一粒长宽为 6.1 毫米×3 毫米，其余 3 粒均略残，经李璠鉴定应属于粳稻。城背溪文化的年代，就目前已发现的遗存来说，大约相当于公元前 6500～前 5000 年。其中城背溪属早期，枝城北属晚期。这两处史前遗址的发现，把稻作遗存的年代又向前推进了 1000 多年。

彭头山与八十垱　事隔不久，在 1988 年的冬季，湖南省文物考古研究所在该省北部的澧县大坪乡彭头山遗址进行发掘，发现在一些红烧土块中包含有许多稻谷壳和稻草痕迹，这些红烧土原本是抹在房屋墙壁上的泥土，其中掺和了稻壳和稻草以防龟裂脱落，正因为被火烧成了红烧土，才使那些稻谷壳等遗存保存下来。有些陶器胎壁中也夹杂有稻壳或稻壳碎屑，有的甚至还有稻谷。据发掘简报称，T6H9 稻 3 标本"黏附在一块双耳高领罐领部的陶片上。陶片表面的细长黑点全部为稻壳及稻谷标本。此外，陶片断面上的炭化稻壳与稻谷也十分明显"。T6H9 稻 1-1 标本"黏附在一件大型小口深腹罐中下部的陶片上。通过显微放大，稻壳的内部层理及中间网络结构均较清晰"。其中有 4 粒形状较完整的稻谷壳经日本佐贺大学农学部的和佐野喜久生测量分别长 5.43、5.88、5.89 和 6.24 毫米，比较接近于短粒形的粳稻。彭头山稻作遗存的年代，经北京大学考古学系实验室用常规碳-14 方法和加速器质谱碳-14 方法测量并经过适当调整，大约落在公元前 7000～前 5500 年。在彭头山附近并且同属于澧县的李家岗、曹家湾和下刘家湾遗址稍后也发现了稻谷遗存。同样性质的遗址还有八十垱、黄麻岗等处。这类遗址现在已被统称为彭头山文化。比彭头山稍晚，同样也分布在湖南省北部的临澧县胡家屋场和岳阳县坟山堡，也都发现了稻谷遗存。这类遗址一般被列入皂市下层文化，实际上相当于彭头山文化晚期，年代约为公元前 5500 ～前 5000 年。

1993 年，湖南省文物考古研究所对八十垱遗址进行了初步发掘。这个遗址位于澧阳平原东北边，那里是一片冲积平原，遗址周围有小河和沼泽环绕。这次发掘不仅在陶片中发现有稻壳，而且在灰坑土样中发现了十分密集的可能属于水稻的花粉，推测是成堆的稻草和稻壳腐烂后的遗存。1995 年冬对八十垱遗址进行第二次发掘，在西北河岸边上发现了许多炭化的稻米和稻谷。再在其西北挖了一个漏斗形的试探性方坑，在其下部彭头山文化的地层中，发现有细腻纯净的灰色土，里面夹有稻草。至距地表 4.5 米处发现了古河道的黑色淤泥层，因为保存条件特别好，其中出土了大量的有机物质，初步观察有几种木制品、竹编物和莲子、菱角、桃、稻谷等上百种植物遗存。因为已经挖到潜水面下，从小坑底部随水涌出的稻谷数以斤计，无法再往下发掘了，只好等以后扩大面积再行发掘。由于稻谷出于潜水面以下的淤泥层中，阻止了氧化的进程，出土时还略带黄色。初步观察稻粒的形状比较复杂，有大有小，有带芒和无芒的，表现出多型性的特征。其中有些接近粳稻，有些接近籼稻，有些似为过渡形态。特别是其中的一种小粒稻，应是后来不再栽培了的古稻。在这些稻谷出土的地层中发现有许多陶片，初步观察应属于彭头山文化早期，甚至比彭头山遗址的早期更早一些，年代当为公元前 7000 年左右。过去因为城背溪和彭头山的稻谷遗存多发现在陶片中或是夹在红烧土中，大部分已被碾成碎屑，或者被压缩变形，难以准确地鉴定其种属，对于个别已经鉴定的标本也往往持有异议。现在因为八十垱大批稻谷的发现，人们再也不怀疑在公元前 7000 年左右就已经有了比较发达的栽培稻了，这实在是探索稻作农业起源中的一次重大的突破。

两湖地区早期农业的估计　在两湖地区的城背溪文化和彭头山文化中，聚落遗址的面积一般仅数千平方米，比大溪文化和河姆渡文化的聚落要小，但分布比较密集，有些遗址的文化堆积还比较厚。差不多每个遗址所出陶器中都有一部分夹炭陶，其中掺杂了许多稻壳碎屑。有些遗址的灰层和红烧土中也常常发现稻壳，说明当时稻米生产已经是比较普遍的事情。而聚落较小又说明当时农业生产的水平有限，难以支持较大社群日常生活的需要。遗址中打制石器较多而磨制石器甚少，磨制较好的石器多为装饰品而不是生产工具，工具中较多的是斧、锛、锤、网坠、圆石片和细石器等，主要是木工工具和渔猎器具，几乎看不到农业工具。以前我们根据河姆渡遗址的经验，推测这个时期的农具应主要是木器和骨角器，因为土壤微带酸性而烂掉了。最近在八十垱发现了一些木器，其中有些是削尖的木棍，个别木棍的头部被削成扁薄形，似乎跟农具有些关系，跟河姆渡文化的骨耜相比就差得多了。这也说明当时的农业生产水平不是很高。重要的是当时已经有了稻作农业，而且在一大片地区几乎每个村落都种植水稻，村落的分布又很密集，说明当时的农业已经越出了最初的阶段，稻米已经成为人们重要的食物资源之一。当时稻谷的形态已经明显是栽培稻而完全不同于野生祖本的事实也证明了这一点。因而要解决稻作农业的起源问题，还需要到更加古老的遗址中去寻找。

　　贾湖的农业遗存　这里我还要特别提出贾湖栽培稻遗存的发现及其鉴定结果对稻作起源研究的重要意义。贾湖遗址位于河南省舞阳县城北22千米，适当淮河支流沙河南岸的阶地上。河南省文物考古研究所于1983～1987年在这里进行了大规模的发掘，发现了一个属于新石器时代中期的裴李岗文化遗址。它的文化遗存可分三期，每期都有大量稻谷遗存出土。根据碳－14测定并做适当校正，其年代约为公元前6800～前5700年，跟长江中游彭头山文化的年代相近。

　　贾湖的稻谷遗存主要发现于窖穴中。一些窖穴底部有深黑色灰烬与泥土混杂在一起，其中包含有许多炭化稻米，也有少量稻谷。其次是倒塌房屋墙壁残块的涂层中掺杂了许多稻谷壳，还有一些陶器的胎土中也掺杂有稻壳碎屑，表明当时稻谷生产已是人们生活中的重要内容。这些稻米的长宽比多为2∶1，用扫描电镜观察稻谷的表面形态与结构，大部分与现代粳稻基本相同，少量则与籼稻相近。贾湖遗址相似于裴李岗文化。这个文化的生业主要是旱作农业，种植粟和黍，有一套规范化的制作精巧的农具。贾湖遗址除出土稻米外，也还有粟，有裴李岗文化典型的农具：舌形石铲、带锯齿的石镰、带乳突状足的石磨盘和石磨棒。只是因为地理位置偏南，离稻作农业的中心区长江中游不远，当地又是沙河、灰河和北汝河交汇之处，泥沼发育，适于种植水稻，所以才出现那种水旱混作的农业形态。值得注意的是贾湖的旱地农业工具齐全而且制作得比较精致，却没有发现专门为稻作农业使用的工具，这和两湖地区的情况基本相同。贾湖的发现并不是孤立的，以前在陕西西乡李家村属于老官台文化的红烧土中也曾发现过稻壳，其位置是北纬32°58′。贾湖位置只是稍稍偏北，达到了北纬33°36′，都已离开了普通野生稻的分布区，不太可能是稻作农业的起源地区，那里的稻作农业自应是从长江中游传播过来的。由此可见以彭头山文化和城背溪文化为代表的稻作农业水平确实越过了最初的阶段，在它的前面理应有一个更早的起源阶段。

　　双峰乳突的鉴定方法　贾湖的标本最初是由徐州师范大学的陈报章鉴定的。1994年年初，他在北京大学地质系进修时，在该系的孢粉实验室对贾湖各期的9个标本进行了植硅石分析，发现有大量的扇形、哑铃形和双峰乳突硅酸体。前二者见于水稻叶片，后者见于水稻颖壳。扇形体中有49%为粳型，22%为籼型，29%为过渡型。为了对双峰乳突的属性进行判别，选用了现代栽培稻的籼、粳两个亚种和普通野生稻各两个品种进行测定，发现籼稻的双峰乳突粗大、尖锐，其基部的丘状隆起较薄而不明显；粳稻的双峰乳突细小而丘状隆起肥厚，普通野生稻的这两个部分的特征正好在两者之间。这一结果不但找到了判别稻谷种属的一种新方法，而且支持了近年来一些学者提出的籼稻和粳稻都起源于普通野生稻的假说，从而引起学术界的普遍关注。比照贾湖的双峰乳突形态，多是接近于粳稻的，这同稻谷外形的观察和扇形硅酸体测定的结果是相符的。

不过陈报章对双峰乳突的观察仅仅是初步的。后来北京农业大学的张文绪教授又多次对稻谷稃面的双峰乳突进行研究，发现它虽然是一种固定结构，但也会受到某些物理或化学因素的损坏，不像是硅酸体那样难以化解的内质。因此对古稻双峰乳突进行观察和测量时，首先要注意其形态是否完整，否则会得出不正确的结论。尽管如此，双峰乳突的研究仍然不失为判别水稻种属的一种有效的方法。为了使判别更加准确，他用双峰距、峰角、垭角、垭深和深距比五个指标将双峰乳突划分为锐型和钝型，每型又分为三个亚型。凡深距比在 10 以下，峰角在 80°以下，垭角小于 150°者为锐型，大于以上各指标者则为钝型。籼稻为锐型，粳稻为钝型，普通野生稻则多为锐型略偏钝。最近他又对籼稻 14 个品种 59 份样品、粳稻 14 个品种 54 份样品、普通野生稻 57 份样品和古栽培稻 11 处遗址共 68 份样品进行了比较分析，并且制定了一个判别公式，其准确率达到 95.58%。这一方法的引进对于探索稻作农业的起源，具有十分重要的意义。

五　追根溯源

最早栽培稻的发现　1993 年和 1995 年，湖南省文物考古研究所在该省道县玉蟾岩进行了两次发掘，前后发现了 4 粒稻谷壳。碳 – 14 测定的年代在公元前 1 万年以前，是目前所知世界上最早的稻谷遗存。

玉蟾岩遗址在一座石灰岩残丘下部的洞穴中，相对高程约 5 米。周围地势平坦开阔，水源充足，宜于水稻生长。洞中的文化堆积厚约 1.2～1.8 米，出土遗物主要是打制石器和骨、角、牙、蚌器等，石器中主要有砍砸器、刮削器和切割器等，骨角器中有打制的骨铲、骨锥、角铲和磨制的骨锥等，还有穿孔蚌器和带刻槽的牙饰等。特别值得注意的是出土了少量可以复原的尖圜底陶器，火候甚低，有灰色和黑褐色两种，夹砂的颗粒大小颇不均匀。里面有制作时所垫草席的印纹，外面有拍印的绳纹，它可能是世界上最早的陶器。其总体文化特征表现为新石器时代最早时期的情况。与文化遗物伴出的动物遗骸以鹿类和鸟类为最多，还有其他哺乳类、鱼类、龟鳖类和螺、蚌等软体动物。通过浮选和筛选还发现有几十种植物种子和果核。这表明当时人们的经济生活是以采集和渔猎为主的，水稻的种植仅仅占很小的比重。所出稻谷粒长同于野生稻而粒幅稍宽，稃毛和稃肩特征近于籼稻，双峰乳突则近于粳稻。张文绪认为这是栽培未久，尚保留部分野生稻特征而籼粳尚未完全分化的古稻。

仙人洞与吊桶环   与玉蟾岩的发掘同时，由中国和美国学者合组的农业考古队也分别于 1993 年和 1995 年发掘了江西万年仙人洞和吊桶环两个遗址。之所以选择这里进行考古发掘，一是因为仙人洞曾经发现过新石器时代早期的遗存，二是在附近不远的东乡县至今还生长着普通野生稻。如果把工作做得细致一些，是有可能找到更早的稻作遗存的。但是我在这个队下工地之前的动员会上说，中国和美国的学者联合组成一个农业考古队，这在历史上还是第一次。我们要团结一致，在两国学者合作的方式上做出成绩，在多学科的学者如何配合进行农业考古上做出成绩，在探索稻作农业起源上尽可能有些收获，因为那是没有把握的事，期望值不能定得太高。不过发掘的结果还算令人满意。吊桶环下部（F～P 层）属于旧石器时代晚期，上部（C～E 层）为新石器时代早期。在旧石器时代之末的 F～H 层出土了较多野生稻植硅石，新石器时代各层都有一些接近栽培稻的植硅石。特别是 C 层的几个活动面上有较多栽培稻的植硅石。仙人洞下部也有旧石器时代晚期之末的地层，有野生稻植硅石；上部属新石器时代早期，有近栽培稻的植硅石，只是数量比吊桶环少。两处遗址孢粉的分析也倾向于同一结论。

仙人洞和吊桶环都处于大源盆地的边缘，两者相距仅有 800 米，旁边有小溪流过，环境条件十分优越。这两个遗址的新石器时代层的文化面貌十分相似，都以打制石器为主，只有少数局部磨光。同出的有大量骨、角、牙、蚌器，骨针和骨鱼叉都磨制得很好，蚌器穿孔。陶片不多，器形多为直口和圜底。上面有用草筋擦划的痕迹和少量绳纹。其总体发展水平接近于玉蟾岩而延续的时间较长。所测碳－14 年代数据比较分散，若经适当的调整，可能在公元前七八千年至一万年以前。由于两个遗址的出土遗物十分相似，推测它们属于同一群体的人们。仙人洞较大，紧靠小溪，所以螺蚌堆积较多。洞内有不少烧火的地方，应是住人的主要场所。吊桶环有成千上万的动物骨骼的碎片，又有较多的水稻植硅石，当是狩猎后的屠宰场和收割后的打谷场。那时的经济应是以采集和渔猎为主，兼有少量的水稻种植，和玉蟾岩的情况基本相同。正是由于这三处遗址的发现，把水稻栽培的起始年代一下子又提前了几千年。

六   栽培稻与野生稻

稻属植物的分类   稻作农业产生的前提条件之一是要有天然生长的可供栽培的野生稻。世界上稻属植物甚多，1931 年 R. J. 罗斯契维兹首先将其分为四个区组

19 个种，后来许多学者对其分类和命名提出了不少改进意见，现在公认的是菲律宾国际水稻研究所的张德慈 1976 年提出的方案。这个方案将稻属植物分为 20 个种，其中只有两种是栽培稻，即亚洲稻和非洲稻。非洲稻的分布仅限于西非一个很小的地方，可能是由当地的长雄蕊野稻培育而成。世界上的稻米主要是亚洲稻，它虽然起源于亚洲，却已分布于全世界，除亚洲的东部和南部（约占产量的90%）以外，欧洲、非洲、美洲和大洋洲也都有少量的分布。因此我们研究稻作农业的起源，主要是研究亚洲栽培稻的起源。关于 20 种稻属植物的基本情况列表如下（表一）。

表一

区组 Section	种系 Series	稻种 Species	遗传组 Genome	原产地 Origin	乳突类 Kind	乳突型 Type
Oryzae	oryza	普通野稻 O. rufipogon（多年生）	AA	亚洲	双峰类	锐 2
		印度野稻 O. nivara	AA	南亚	双峰类	锐 2
		亚洲栽培稻（籼）O. sativa（hsien）	AA	亚洲	双峰类	锐 2
		亚洲栽培稻（粳）O. sativa（keng）	AA	亚洲	双峰类	钝 2
		长雄蕊野稻 O. longistaminata	AA	非洲	双峰类	钝 2
		短舌野稻 O. barthii	AA	西非洲	双峰类	锐 1
		非洲栽培稻 O. glaberrima	AA	西非洲	双峰类	钝 2
		极短粒野稻 O. schlechteri	AA	新几内亚	双峰类	钝 1
		长护颖野稻 O. longiglumis		新几内亚	—	—
	latifolia	药用野稻 O. officinalis	CC	亚洲南部	双峰类	钝 2
		紧穗野稻 O. eichingeri	CC	非洲	双峰类	钝 2
		小粒野稻 O. minuta	BBCC	东南亚	双峰类	锐 3
		斑点野稻 O. punctata	BBCC	东非洲	多峰类	钝 3

区组 Section	种系 Series	稻种 Species	遗传组 Genome	原产地 Origin	乳突类 Kind	乳突型 Type
	latifolia	宽叶野稻 *O. latifolia*	CCDD	中南美洲	双峰类	锐3
		高秆野稻 *O. alta*	CCDD	中南美洲	双峰类	锐3
		大颖野稻 *O. grandiglumis*	CCDD	南美洲	双峰类	锐2
		澳洲野稻 *O. australiensis*	EE	澳洲	双峰类	锐3
Granulatae	granulata	颗粒野稻 *O. granulata*	XX	亚洲	瘤峰类	多皱
		疣粒野稻 *O. meyeriana*	XX	亚洲	瘤峰类	光滑
Ridleyanae	ridleyi	马来野稻 *O. ridleyi*	??	亚洲	单峰类	—
Angustifoliae	angustifolia	短药野稻 *O. brachyantha*	FF	非洲	凹痕类	—

表一中的亚洲栽培稻又称普通栽培稻，染色体为 $2n=24$，系 AA 染色体组。亚洲栽培稻有两个亚种，即籼稻和粳稻，或者称印度稻和日本稻，也有学者建议称为印度稻和中国稻。张德慈曾建议除上述两个亚种外，还可分出另一个亚种爪哇稻，但多数学者认为分为两个亚种已可完全概括全部普通栽培稻，不必另立新的亚种。由于经过长期的栽培，稻谷的种类已经非常之多。从生态习性分有水稻和陆稻，而以水稻占绝对优势；从所含淀粉特性分有糯稻和非糯稻，而非糯稻占最大比例；以成熟期分又有早稻、中稻和晚稻的区别。其中每一类都有籼、粳之别，又都包含有许多品种，单是中国的水稻品种就已达到三万个以上。但追根溯源，它们的野生祖本都只是一个，就是普通野生稻。其系统可以列为表二。

表二的前两栏需要作些说明。下面将首先说明籼稻和粳稻的关系。

籼稻与粳稻　《中国大百科全书》中有这样一段话："籼稻株形松散，分蘖强，叶色较淡，易落粒，成熟较快，通常无芒，米粒细长，颖毛短而散生，煮饭黏性较弱，而胀性较好，适应于高温、多湿的亚热带和热带气候，在中国主要分布于华南和淮河以南的平地、低地。粳稻株形紧凑，分蘖弱，叶色较深，不易落粒，成熟较慢，有些品种有芒，米粒较厚，颖毛长而密或无颖毛，煮饭黏性较强而胀性较差，适应温带气候，且较耐寒，在中国除太湖地区外，主要分布于淮河以北各地。云贵高原是在低海拔种籼稻，高海拔种粳稻，中间地带则籼粳交错。"这是一个很好的概括。

表二

（普通野生稻） ↓ 普通栽培稻	籼亚种 （基本型）	晚稻 （基本型）	水稻 （基本型）	非糯稻（基本型）—品种
				糯稻（变异型）—品种
			陆稻 （变异型）	非糯稻（基本型）—品种
				糯稻（变异型）—品种
		早、中稻 （变异型）	水稻 （基本型）	非糯稻（基本型）—品种
				糯稻（变异型）—品种
			陆稻 （变异型）	非糯稻（基本型）—品种
				糯稻（变异型）—品种
	粳亚种 （变异型）	晚稻 （基本型）	水稻 （基本型）	非糯稻（基本型）—品种
				糯稻（变异型）—品种
			陆稻 （变异型）	非糯稻（基本型）—品种
				糯稻（变异型）—品种
		早、中稻 （变异型）	水稻 （基本型）	非糯稻（基本型）—品种
				糯稻（变异型）—品种
			陆稻 （变异型）	非糯稻（基本型）—品种
				糯稻（变异型）—品种

关于籼稻与粳稻的关系，丁颖根据籼稻的性状和分布区域比较接近于普通野生稻，两者杂交有较好的亲和力，杂交的后代易于繁殖等情况，认为籼稻是栽培稻的基本型，而粳稻则是在籼稻向北传播过程中，因为适应气候生态环境的变化而发生性状变化的产物，可称之为栽培稻的变异型。周拾禄则持另外一种看法，他根据某些具有野生稻特性的"塘稻"可与粳稻杂交结实，以及中国新石器时代许多遗址发现早期粳稻并不晚于籼稻的事实，认为粳稻不是籼稻的变异型，它和籼稻一样古老，应分别起源于不同的野生稻。现代酯酶同工酶的测定也证实两者在遗传上是异源的。这又涉及对栽培稻野生祖本的研究。

栽培稻的野生祖本是什么　一般认为栽培稻的野生祖本就是普通野生稻，它广泛分布于南亚、东南亚和中国的南方，其学名曾有 *O. perennis*，*O. fatua* 和 *O. spontanea* 等，现已统称为 *O. rufipogon*。也有用 *O. spontanea* 指杂草型的普通野生稻，而用 *O. rufipogon* 专指多年生的普通野生稻的。这种野稻喜欢高温、多湿和开阳的环境，所以多生长在热带和亚热带的沼泽地带。一般为多年生，匍匐茎，分蘖繁殖，抽穗时间不一，籽实易于脱落。也有一些是一年生的，例如过去在中国安徽巢湖地区发现的浮稻和江苏北部发现的稆稻便都是一年生的野生稻。但它们是由多年生野生稻演化而来，还是由野生稻与栽培稻杂交而来，还需要进行研究。王象坤认为普通野生稻是一个大群体，其中有多年生的，也有一年生的。多年生普通野生稻中又可分匍匐型、倾斜型和半直立型三种，一年生普通野生稻则可分倾斜型、半直立型和直立型三种。显然只有一年生直立型是最接近于栽培稻的。他又提出要用同工酶检查野生稻究竟是原生的，还是次生的，或者是栽培稻野性化的。酶谱上只有一条带的是纯合的，也就是原生的；有两条带的是杂合的，也就是次生的。显然只有原生的才可作为研究栽培稻起源的依据。

日本遗传研究所的森岛启子认为普通野生稻有偏籼、偏粳和中间型的区别。王象坤证实了她的看法，指出中国江西、湖南和广西北部的普通野生稻多数偏粳，海南岛的则以偏籼为主。这样看来，普通栽培稻的两个亚种似乎是从两种不同的普通野生稻培育出来的。不过籼稻和粳稻并没有严格的生殖隔离。有人用 20 份籼、粳杂交种种在云南元江海拔 400 米的地方主要表现为籼型，种在海拔 1650 米处主要表现为粳型，说明环境选择的确有重要的作用，丁颖的意见仍然是不可忽视的。

近年来佐藤洋一郎提出一个方案，主张粳稻起源于普通野生稻即 *O. rufipogon*，而籼稻起源于印度野生稻 *O. nivara*。但有人认为 *O. nivara* 乃是由 *O. rufipogon* 演化而来。何况中国和印度都有 *O. rufipogon* 和 *O. nivara*，中国史前栽培稻并不都表现为粳型而是籼粳并存，所以这样的划分恐怕也还有不少问题。

东乡与河姆渡的野生稻　在中国的多年生普通野生稻中，最靠北的已分布到江西鄱阳湖南岸的东乡县，为北纬 28°14′。具体地点在该县东南部东源乡刘家山南坡下的沼泽中。1993 年 9 月我去那里调查时得知原来的分布面积有几十亩，后来因为开荒造田绝大部分被毁掉了，现在只剩下两块合共只有两亩多的地方，用围墙保护起来了。我看到那沼泽中绿油油的一片，有的长在浅水里，有的长在干土上，虽然都能正常发育，但浅水里生长的明显旺盛一些。这些普通野生稻都是丛生，每丛有数百株，十分密集。稻茎下段匍匐，上段直立，高约 60 ~ 80 厘米。当时有的刚刚拔节，有的已经打苞，有十几株正在抽穗，个别的却已灌浆，时序很不整齐，这正是野生稻的一大特点。据说大部分要到十月份才会成熟，极易脱粒，大约七八成黄熟就掉下来了。我数了数抽穗的几株，每穗大约有 60 粒，有长芒，属偏粳型。这里北部比较开阔，一月平均气温只有 2℃，容易受到寒潮袭击。1970 年 1 月 5 日绝对最低气温曾达到 - 14℃，而普通野生稻并未受到严重伤害，说明它的耐寒能力是很强的。据此推测由这种偏粳型的普通野生稻演变为分布纬度更高的一年生野生稻，如安徽巢湖的浮稻和江苏北部的稆稻等应该是可能的。而粳稻喜温凉的特性不一定是人工栽培后才获得的，可能在野生祖本时就已经初步具备。等到人工栽培后，一部分传播到纬度更高的北方地区，喜温特性进一步发展巩固，同籼稻的区别越来越明显，终于发展为两个亚种。史前时期一些稻谷遗存的籼粳差别不如后来的标本那么明显的事实，同这一假说是相合的。

东乡普通野生稻发现的意义在于它证实了长江流域有可能生长野生稻，因而有直接培育野生稻为栽培稻的条件。以往人们根据普通野生稻的习性及分布特点，认为只有在北纬24°以南才能正常生长。历史上记载的或近代人调查所见的野生稻，都不过是栽培稻野性化的结果。东乡的发现证明这种说法是没有根据的。也许有人会说，东乡固然有普通野生稻，但却是现生的，不等于历史上的长江流域也可以生长。浙江余姚河姆渡野生稻的发现恰恰回答了这一疑问。

据汤圣祥等报道，他们用浙江省博物馆提供的105粒出自河姆渡遗址的稻谷，抽取其中保存较好的81粒，利用浙江农业大学的扫描电镜进行观察，发现其中除70粒可断定为栽培稻外，还有4粒（一说5粒）普通野生稻。这几粒稻谷的外形较瘦长，有长芒，芒上的小刚毛又长又密，小穗轴脱落斑痕小而光滑，显系自行脱落的痕迹，凡此都落入普通野生稻特征的范围之内。这一发现引起了学术界的普遍注意，认为是给稻作起源于长江下游说增加了支持。

本来长江起源说就是因为河姆渡的发现而提出来的，后来因为长江中游发现了更早的稻谷遗存，河姆渡在探索稻作农业起源问题上的重要性似乎降低了。人们一直期待江浙地区会发现更早的稻谷遗存，这一愿望虽然至今没有实现，却在河姆渡稻谷遗存中发现了野生稻，其意义当不亚于发现更早的栽培稻遗存。以前我在论证水稻的起源地可能在长江下游及附近地区时，就是以当地原本是野生稻的分布区为前提的。我没有直接的证据，只好从古气候、生态环境和历史上有关野生稻的记载来加以推测。现在河姆渡野生稻谷遗存的发现，无疑是对那种推测的一个证实。我们设想，无论从气候、土壤、地形和动植物群落等自然地理的一切因素来看，长江中游和下游都是不可分割的，所以在自然地理上都被划分为华中区。既然如此，当中游的江西、湖南发现野生稻时，也就意味着下游有生长野生稻的可能。同样的道理，当下游的河姆渡发现了7000年前的野生稻时，也就意味着中游在几千年甚至更早以前就可能生长野生稻，不然在玉蟾岩和仙人洞的发现就不好理解了。

七　稻作起源的边缘理论

宾福德与哈兰的假说　宾福德（L. R. Binford）在论及西亚农业的起源问题时，曾提出过一种边缘理论，认为农业是在最适于其野生祖本植物生长的地区周边首先发展起来的。哈兰（J. R. Harlan）根据他对野生小麦分布区的研究，证明小麦的种植的确不是在其野生祖本的分布区，而是在周围条件较差的地方首先发生的。虽然宾福德依据其假设的所谓封闭型人口区和开放型人口区的模式来论证农业起源的方法并不可取，但哈兰所提出的事实却是不可回避的。有趣的是中国稻作农业也是在野生稻分布的边缘首先产生的，长江中下游就是这样一个边缘地带。这究竟是怎么一回事呢？事情还得从普通野生稻的分布说起。

长江是普通野生稻分布的北部边缘　我们知道作为栽培稻直接祖本的普通野生稻（*O. rufipogon*）的习性是喜欢水生开阳的环境，故多生长在热带多雨地区，少数可分布到亚热带边缘。现时中国的普通野生稻最集中的地区是在海南岛、广东和广西的部分地区，北纬24°以北便已比较稀少了。这一分布区的北界，大体与最冷月一月平均最低温度为4℃的等温线相重合。这是因为多数普通野生稻的越冬抗寒能力较弱，再往北难以安全度过漫长的冬季。但个别野生稻品种也有越出这一界限的，例如前述江西东乡和湖南茶陵都已发现了多年生普通野生稻。由于湖南和江西的北部地势开阔，冬季寒风可以没有阻碍地从北部侵入，一月份的等温线在这里明显地向南呈舌形凸出。既然这里可以生长普通野生稻，江苏、浙江和四川等地就更有条件生长普通野生稻。只是由于长期的开发，多数野生稻资源已经被破坏了，以至于现在无法发现。即使如此，长江流域的野生稻资源毕竟比华南少得多。在全新世早期人们开始培育稻苗的时候，长江流域的气候比现在还要温凉一些，野生稻更不会很多，只能是其分布的北部边缘。

野生稻中心区难以发展农业的理由　栽培稻是由野生稻培育而来，而野生稻的中心区反而难以发展农业，这不是很奇怪的事吗？其实不然，试以华南地区为例来加以说明。因为那里的气候炎热多雨，长夏无冬，天然食物资源非常丰富，而且全年都能够获取。野生稻虽然到处都有，但在各种可食的植物中差不多是最难采集也是最难加工的，其味道在当时的人看起来也不见得是很好吃的。因此平常采集就不会很多，更没有必要去进行人工的培育与繁殖，这样也就难以成为农业起源的重要地区。事实上确实如此。我们注意到华南在全新世早期便已经有一定数量的居民，他们通常居住在洞穴、河岸或海边河口地带，遗址中多见贝壳类堆积，还有鹿类等野生动物的骨骼，说明他们是以狩猎、采集和捕捞软体动物为生的，至今还没有发现农业的痕迹。这种状况一直持续到新石器时代晚期。现知华南最早的稻谷遗存是在广东北部的石峡文化中发现的，年代不超过公元前3000年。根据石峡遗址中有比较发达的农业工具来看，当地农业的发生也许还可以提早一些，但可能提早的幅度也很有限。考虑到石峡文化中有许多因素与江西的樊城堆文化相近，有人认为它是从江西迁移过去的，它的稻作农业自然也是从江西传播过去的。再说石峡文化仅仅分布在广东北部一个很小的地方，华南其余大部分地方仍然没有农业的痕迹。就是到了商周的时代，华南的采集经济仍然占有较大的比重。

为什么山地起源说不能成立   20 世纪 70 年代初，日本京都大学的渡部忠世提出稻作农业的山地起源说，认为从印度东北部的阿萨姆、缅甸北部到中国云南的山岳地带是稻作农业的起源中心，佐佐木高明则提出照叶树林文化的概念相互配合，在农学界有相当的影响。山地起源说立论的根据，主要是那里有多种野生稻，现代栽培稻的品系也特别发达，许多大江大河都从那里发源，可以把不同的稻种传播到中国、印度和东南亚各地。渡部忠世还从泰国等地寺庙土坯墙上采集的稻谷标本排成若干系列，并名之曰扬子系列、湄公河系列等，以为稻作农业就是通过这些通道传播到现今亚洲的几个主要产稻区的。但那些稻谷都是年代很晚的标本，与稻作起源拉不上关系，更不能作为研究稻作起源的根据。须知稻作农业是一种文化现象，必须在人类文化发展到一定高度，产生了培植谷类作物的社会需要，才会变成社会的行动。阿萨姆—云南山地史前文化很不发达，食物资源又比较丰富，不会产生种植稻谷的迫切需要。即使偶尔种植也不会很快发展起来，更没有力量向距离遥远的、文化发展水平很高的地区传播。那里的史前文化并不是一个统一体，而是各有特色，看不出那里的文化对周围先进地区有什么影响，反而有若干因素明显是受到了周围文化的影响。由此看来，那里稻谷多型性的特点，除了地形复杂而造成小气候复杂的因素以外，外部不同稻种的传入也可能是一个重要的原因。再说栽培稻的野生祖本是普通野生稻，在阿萨姆—云南山地的各种野生稻中，普通野生稻恰恰很少。普通野生稻多生长在沼泽地带，而山区很少有这样的环境。可见山地起源说是不能成立的。

边缘起源理论的提出   我最初提出稻作农业长江流域起源说的时候，就曾经考虑到长江流域只是普通野生稻生长的北部边缘，它同野生稻生长的中心地区的作用应该有所不同。后来发现野生稻生长的中心区实际上难以成为农业起源的中心，而边缘区才有特别培育的必要。我在 1994 年 7 月日本佐贺召开的讨论东亚稻作起源的国际会议上，正式提出了稻作农业起源的边缘理论。这个理论的要点有二：第一，基于普通野生稻的生长习性，只有在它分布的边缘才可能进入北纬 24°以北的亚热带地区，那里四季分明，冬季食物比较缺乏，需要某种可以储存到整个冬季都可以享用的食物作为补充，稻米正好符合这种需要；第二，普通野生稻的数量在边缘分布区肯定比中心区少得多，自然状态的产量不可能满足人们的需要，从而有必要加以人工培植，也只有通过人工培植，稻种才能安全过冬而得以继续繁殖。这两点在野生稻的中心分布区是不存在的，所以稻作农业的起源首先应在其分布的边缘。

边缘论与长江起源论　边缘论既然是根据长江流域的实际情况而提出来的，当然最适合于长江流域。那里属于湿润的亚热带季风气候，是地球上同纬度地区气候条件最好的地方，又有广阔而肥沃的冲积平原，所以史前文化非常发达，随之人口也会较快地增加起来。但是那里冬夏差别十分显著，冬季气候寒冷，植物性食物非常稀少，狩猎动物也难保总有收获，需要寻求一种解决冬季食物供应的办法。那里的野生稻尽管不多，采集和加工又十分麻烦，但是因为它有耐储藏的优点，人们也只好不嫌麻烦地去收集。又因为野生稻特别容易繁殖，所以人们会加意地保护、培育，玉蟾岩和仙人洞等地处于萌芽状态的稻作农业应该就是这样出现的。由于人们对稻种的采集，解决了安全过冬的问题，因而种植范围可以很快地扩大起来，以至于传播到纬度很高的地方。由于这些地方稻谷的生长几乎完全依赖于人工栽培，人们对土地和稻种的选择，以及稻谷生长过程中的管理，都会使栽培稻逐渐改变其野生祖本的若干特性，形成真正的栽培稻。而这在野生稻资源十分丰富的华南地区是难以做到的。这就是为什么处在野生稻分布边缘的长江流域反而成为稻作农业最重要的起源中心的根本原因。

八　寻找最古的稻田

草鞋山7000年前的稻田　中国史前的稻谷遗存尽管发现很多，而稻田却迟迟没有发现，这件事引起了许多学者的注意。1993～1994年南京博物院考古研究所在日本宫崎大学的藤原宏志的协助下，在江苏吴县草鞋山遗址南边约500米的稻田里进行钻探，发现地下近2米深处有密集的水稻植硅石，或者叫作水稻植物蛋白石，它是水稻叶片中特有的扇形植物硅酸体，指示下面可能有古代的稻田。得到这个信息后，便决定分东西两区进行发掘。东区主要是马家浜文化的堆积，在最下一层的底部发现了由北（略偏东）往南成串排列的椭圆形小坑。每个坑的面积仅3～6平方米，深约20～30厘米，底部甚平。坑内为质地均匀的黑色泥土，经检测其中含有大量的水稻植硅石，密度远远超过现代稻田的含量，因此判断为马家浜文化早期的稻田（图一），距今大约有7000年之久。这些小块稻田之间有水沟相连，北头和南头有蓄水坑，也有水沟与稻田相连。坑内淤土中除发现有大量水稻植硅石外，还有炭化的稻谷。稻田两边的地势略高，地面上有许多陶片，稻田和蓄水坑中则没有陶片。因为这里是遗址的边缘，免不了要散布一些陶片，开辟稻田时把它们捡出来扔到旁边是合乎情理的。

西区上部是东周时期的水田，有的呈长方形，有的不甚规整，每块面积约10～20平方米，有的也有水沟相通。田里的泥土中同样含有大量的水稻植硅石。这些水

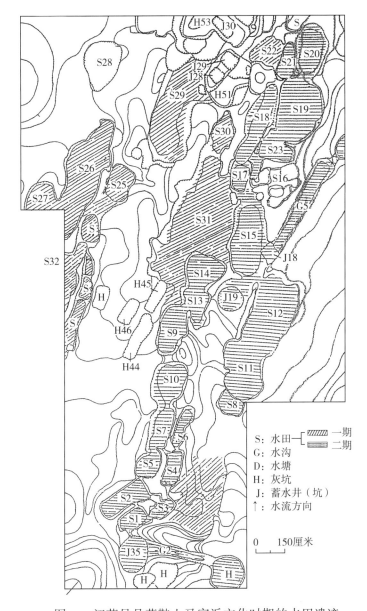

图一　江苏吴县草鞋山马家浜文化时期的水田遗迹

田的下面是马家浜文化层，它本身又可分为若干层次，底部有两个大方坑。坑深约 1 米，较大的一个估计近 300 平方米，较小的一个也超过 100 平方米，坑内是当时的蓄水池。它的南边也有几个像东区那样的椭圆形小稻田。

　　我看到这一连串与稻作农业相关的遗迹，心中十分欣喜。因为以前我曾在日本看到过许多弥生时代的稻田，那时中国史前的稻谷遗存已经发现上百处，怎么就找不到一块稻田呢？现在草鞋山的发现终于实现了零的突破。这里不仅有稻田本身，还有蓄水池、蓄水坑、水沟等配套设施，还有东周时期的稻田（这也是第一次发现）！作为对比，怎么能不令人高兴呢？但欣喜之余也还有一点疑问：东周稻田似乎还像个样子，马家浜文化的稻田怎么那么小，又没有一个确定的形状呢？日本弥生时代的稻田也相当规整，完全不像这些小稻田的样子。我问邹厚本和藤原宏志：你们说它是稻田有把握吗？藤原宏志说里面有那么多水稻植硅石，如果不是稻田是不好理解的。邹厚本说如果不是稻田，那些配套设施就失去了意义，也是不好理解的。他说："你如果不相信，我带你看一个地方。"于是他领我沿着田间小道走向附近的小河边。尽管天色已经黑了，为了解开闷葫芦，我还是兴致勃勃地跟着他走。到了河边一看，心中就明白了一大半。那里种了许多茭白。因为地势不平，农民们把它围成了小块的茭白地，其形状跟草鞋山马家浜文化的水稻田几乎一模一样。因为那些田块所在地形不十分平坦，做成小块可以省去许多人力。现在的人可以这样做，马家浜文化的人怎么就不可以这样做呢？再说它毕竟是比弥生文化早几千年的水田，样子不那么像也就是可以理解的了。

　　一次别开生面的讨论会　在《中国文物报》正式报道草鞋山古稻田的消息之后不久，1996年11月1～2日在日本宫崎市召开了一次"中国草鞋山遗址古代水田稻作国际研讨会"，中国方面参加的除我以外，还有南京博物院考古研究所所长邹厚本、南京农业科学院院长邹江石以及汤陵华等8人，日本方面除藤原宏志外，还有大阪国立民族博物馆馆长佐佐木高明、大阪大学教授都出比吕志，以及秋山进午、冈村秀典、宫本一夫和佐藤洋一郎等多人。会上详细介绍了草鞋山稻田发现的情况，特别介绍了如何用钻探方法提取植硅石样品，并且建立一套分析程序以便判断是否存在稻田的方法。大家对于在草鞋山发现6000多年前的稻田一事给予极高的评价，认为是中国稻作农业起源及其早期发展研究的一个重大突破，同时对探索稻田时采用的方法给予充分的肯定。因为日本弥生时代的稻田多被火山灰所掩埋，只要揭去火山灰，稻田就会显露出来。而中国稻田上一般没有火山灰层，发现和发掘的难度很大。这次想了很多办法，不仅发现了稻田，还有水沟和蓄水坑等一系列配套设施，是十分难得的。会议希望草鞋山的发掘继续进行，也希望中国其他地方的考古发掘中注意寻找古代的稻田。

　　湖南城头山稻田的发现　无独有偶，在草鞋山发现稻田不久之后，湖南省文物考古研究所在发掘澧县城头山遗址时，为着解剖东部大溪文化—屈家岭文化的城墙时，于无意中也发现了一小片稻田。这片稻田压在最早的城墙脚下，根据地层及出土陶片判断当属于汤家岗期，距离现在将近7000年，比草鞋山的稻田还要早些。这里的稻田不是椭圆形的小块而应是长方方的，发现的三道田埂彼此平行，各自相距约2米，长度不详，说明这些稻田基本上都是宽约2米的长方块。田埂系人工筑成，上面发现有田螺和陶片。田里的土质比较纯净，有稻草根须的痕迹，还有干燥后的龟裂纹，跟现在稻田的情况非常相似（图二）。田里的土样经过检测发现有水稻的扇形植硅石，只是不如草鞋山稻田那么密集。在这些田块的旁边同样有水沟和蓄水坑，几乎与草鞋山的一模一样。这说明两地耕作和治理农田的水平是相近的。

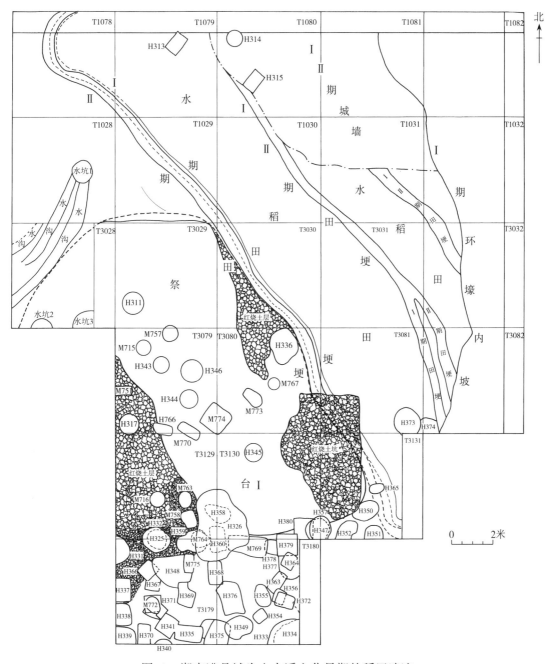

图二　湖南澧县城头山大溪文化早期的稻田遗迹

寻找更古的稻田　在 1995 年年末至 1996 年年初对湖南澧县八十垱进行发掘时，在相当于彭头山文化的地层中，发现局部有质地比较纯净的灰黑色土，其中夹杂有稻叶，疑是稻田遗迹，在它的下部更出土了大量稻谷。1977 年年初在附近又进行了发掘，在古河滩的南岸发现有两道人工筑成的土埂，土埂围住的一小块平地中的土质也比较纯净，经检测发现有很少的水稻植硅石，似乎与稻田有关，其年代比草鞋山和城头山又提早了 1000 多年，可惜不能最后确定。因为地处河滩，土质十分疏松，发掘时极易坍塌，只好暂时停止。不论怎样，在洞庭湖边寻找更古的稻田是很有希望的。

九　稻作农业与稻作文化

稻作农业产生以后同时也就产生了稻作文化。这种文化具有一般农业文化的特点，又同种植小麦、小米或玉米的旱地农业文化有所不同。

聚落较小，人口分散　稻作农业需要紧靠水源，受到地形、地貌的制约比较大，在早期阶段难于大面积种植。因此我们看到稻作农业区的人口比较分散，聚落规模比较小，组织起来比较困难。例如洞庭湖北岸彭头山文化的遗址一般只有几百到几千平方米，而同时期裴李岗文化的遗址则多为一两万平方米。实际上整个史前时期甚至更晚一些都是如此。

精耕细作，产量较高　种植水稻必须有明确的田块和田埂，否则无法蓄水。田块内必须保持水平，否则秧苗就会受旱或被淹。还必须有灌排设施，旱了有水浇灌，淹了可以排渍。所有这些在早期的旱地农业中都可以不予考虑，因此稻作农业同旱地农业比较起来，需要较高的技术和更加精心的管理，甚至稻谷的加工也比小麦、小米或玉米等困难得多。长期从事稻作农业的人们，易于养成精细和讲究技巧的素质，有利于某些技巧较高的手工业的发展。这或许可以解释为什么良渚文化有那么精致的玉器、漆器、象牙雕刻和丝绸织物，其工艺水平远远超出同时代的其他文化的产品。它所出产的黑陶，同样也是造型别致，美观大方，只有山东龙山文化的产品才可相比。当然，由于农业发展水平较高，能够给非农业劳动者提供比较充足的粮食和其他生活资料，也是手工业得以较快发展的一个重要原因。

用水治水，精于水性　人离不开水，但从事稻作农业的人们更加离不开水。首先，在种稻以前田里就要准备好适量的水，在水稻的整个生长过程中都需要用好水和管好水。水深了会妨碍生长，浅了又容易晒干，不同的生长期对水深有不同的要求。为了满足这些要求，就必须开辟水源，开挖沟渠，建立必要的灌排系统。还要有相应的灌排农具，最简单的是瓢、盆、罐等，稍微进步一点的是戽斗和桔槔，再进一步是水车。有各式各样的水车：手摇的、脚踏的、牛拉的、借流水冲力转动的，最后发展为现代机械的抽水设备。为了防止洪水或海潮的袭击，就要修筑防护工程。开始是修小型的塘坝和圩子，后来发展为修筑河堤和海塘，在这些工程中培养了人们的组织纪律性和集体主义精神。由于稻作农业区多在湖群河网地带，到处都是天然的水上通道，因此人们很早就学会用竹筏木排和船只进行运输。浙江的河姆渡遗址和湖南城头山遗址中都发现过船桨，说明六七千年以前就有了进入深水的船只。而直接与稻作生产相关的则有罱泥船、运粪船等。由于长期与水打交道，许多人都精通水性，所谓"老幼皆善操舟，又能泅水"。苏东坡在《日喻》中说："南方多没人，日与水居之。"江南许多人心灵手巧，与这样的生活不无关系。

饭稻羹鱼，食不厌精　自从长江流域发展水稻生产以来，逐渐成了著名的鱼米之乡，而居民饮食的特点就是饭稻羹鱼。在长江中游的湖南和江西等地，早在公元前1万年以前的新石器时代早期就出现了圜底的陶釜，那大概是用来焖饭和煮粥的，因为那时已经开始种稻了。在浙江河姆渡遗址发现一件陶釜的底部遗留有大米饭的锅巴，每个饭粒都清晰可辨，年代在公元前5000年左右。从那时起，大米饭就成了长江流域人民的主食。大米可以做干饭、稀饭，也可以在其中掺大豆、小豆、绿豆、豌豆或蚕豆煮成豆饭、豆粥，甚至还可以掺鱼、肉或蔬菜煮成鱼粥、肉粥或菜粥。用大米做原料还可以做出许多种类的食品，而且在不同的季节往往有不同的食品。例如过年时要做糍粑，也就是用糯米做的年糕，泡在水里可以吃几个月。正月十五要吃元宵或月半团子，五月端午节要吃粽子，九月九日重阳节有的地方要吃重阳糕等等。平常日子则可以做米粉、米面、米花、米糊，还有各式各样的米制点心。正如以小麦为原料可以做出无数种类的食品一样，以大米为原料也可以做出无数种类富有特色的食品。不过早先的米制食品多以整米做成，即所谓粒食。加工大米的农具就是杵和臼。浙江河姆渡遗址就发现过木杵，臼可能是木制的，也可能是挖个土坑拍紧夯实而成的，古书上所谓"剡木为杵，掘地为臼"就是这个意思。这和华北的情况很不相同，那里很早就以小米为主要食粮，1万多年以前的南庄头文化和七八千年以前的磁山文化便已经有很多做得很好的石磨盘和石磨棒，以便将小米磨成细粉，证明那里的人民是以粉食为主的。可是从四五千年以前的仰韶文化起，这种加工谷物的工具显著减少，说明那里的人民向长江流域的人民学习粒食的方法，而且一下子出现了许多陶甑，那是专门蒸干饭用的，和长江流域蒸饭的方法相同，当然也还保留着粉食的习惯。这时长江流域的人民也开始学习用大米做粉食了。

和吃面食的地方有所不同，吃米饭的地方更加讲究吃菜。鱼类是家常菜，也常吃虾、蟹、田螺、河蚌等水生动物。早在 4000 多年以前的良渚文化中便有不少长椭圆形的陶盘，便是专门盛鱼的餐盘。肉类食品以猪肉为主，也有牛肉和羊肉。鸡、鸭、鹅除作肉食外，更重要的是吃蛋。长江流域大部分时间气温较高，又比较潮湿，食物容易腐烂，当地人民很早就发明了将鱼、肉类腊制或腌制的方法。在十冬腊月的农闲季节，天气寒冷，许多人家要杀年猪，将肉放盐和香料稍腌一下，晾干以后挂在灶火上熏，有的要熏几个月，时间越长越入味。用同样的方法可以做腊鸡、腊鸭、腊鱼乃至腊豆腐等各种腊货。浙江金华的火腿和四川、湖南的腊肉都是很有名的产品。糯米饭加酒曲发酵可以做甜酒，浙江绍兴的黄酒是非常有名的。酒酿可以生吃或煮熟了吃，也可以拌和鱼肉等制成糟鱼、糟肉、糟下水等美味食品。腌菜和酱菜的种类十分复杂，一年四季都可以吃。至于蔬菜类更是五花八门，不同季节有不同的品种。各种菜的配伍和烹调方法十分讲究，形成了非常丰富又极富特色的饮食文化。在中国几种最有名的菜系中，绝大部分出自长江流域及其以南地区，例如长江上游的川菜、中游的湘菜和下游的淮扬菜都是非常著名的。这既与稻作农业区食物资源特别丰富有关，也与米饭要求有滋味可口的菜肴下饭有关。

稻谷稻草，全身是宝　稻米除了直接做各种食品外，还可以酿酒制醋。米糠可做饲料，也可酿酒。稻谷壳可做燃料，更可以做掺和料，掺在泥土里抹墙壁可以防止皴裂，从新石器时代起直到现在的农村住宅都广泛地采用。新石器时代的陶器也常常掺和稻谷壳的碎屑，其目的大概也是防止陶土皴裂。稻草的用途更为广泛，一是可以做燃料，草灰可以做肥料，也可以泡水，过滤后的水因为有弱碱性可以洗衣服。在肥皂没有发明以前这是漂洗衣服的一种既经济又适用的良好办法。二是可以盖房子，不但房顶要用稻草盖，就是墙壁也要用稻草做芯或者做掺和料。用稻草盖的房子冬暖夏凉，十分宜人。三是可以做牛的饲料，牛是种田人的好朋友和好帮手，可是冬天缺少青草，稻草便成了牛的主要饲料，养牛的人都知道要储存足够的稻草，否则牛就难以养好。四是可做绳索，农家有许多地方需要绳索，例如牵牛、担筐、牛拉农具的绳套等等。有的要用麻绳或棕绳，但更多的是用草绳，因为草绳特别经济。一般用糯谷草将其捶打致软，再编绳索就比较牢实。五是可以做各种草编物品，例如草衣、草鞋、草垫子、草窝窝（坐着可以靠背和扶手，像沙发一样舒服）等等，可以说是不一而足。它是稻作文化中别开生面的一个支派。

礼仪风俗，围绕稻作　前面内容主要是讲稻作文化在物质方面的表现，稻作文化在精神方面的表现也有非常丰富的内容，其中礼仪风俗就是比较突出的一个方面。在长江流域，为着祈求稻谷丰收，逐渐形成了一整套的礼仪风俗，立春开耕礼就是其中之一。从前官府为了督导农事，往往在立春日于城东郊设坛以祭祀勾芒神和春牛。勾芒神多是纸扎的，春牛是泥塑的。祭祀结束后要把它们迎入城内，勾芒神披红戴绿，春牛插金花、贴金身，都坐四人大轿。前面有人举旌旗，有人敲锣打鼓，后面跟着一位执牛鞭的春官，再后面是文武官员和地方绅士等。春官一面鞭打春牛一面唱道："一打风调雨顺，二打国泰民安，三打五谷丰登，四打六畜兴旺。"街巷两旁的群众也拿着春鞭争着鞭打春牛，还用稻谷大米等洒向春官身上，据说鞭着了春牛或者把谷米洒到了春官身上就会五谷丰登、万事如意。等到把勾芒神和春牛接到城隍庙里，礼仪完毕，便把泥塑的春牛打碎，农人争着捡起泥胎送到自家的田里，说是可以免除虫害，保证稻谷丰收。这时春耕就开始了。许多地方在立春前还要给每个农户送春牛图报春，农户则要贴春牛图。图上有一牛倌牵着一头牛，人们往往根据他们的姿势和颜色来预测一年的收成。到了近代，由官府领头祭祀和迎接勾芒神与春牛的活动虽然不再举行了，而贴春牛图的活动却一直断断续续地延续下来。

水稻是离不开水的。俗话说："有水无肥一半谷，有肥无水朝天哭。"可是长江流域在进入伏天后有时万里无云，太阳直射，天气酷热，蒸发量加剧，如果没有灌溉，稻田很快就会干涸，禾苗枯槁，弄得不好会颗粒无收，这叫作伏旱，是水稻生产中的最大威胁之一。解决的办法当然首先靠提水灌溉，但有时水源不足，有些田地稍高有水也灌不上去，那就只有祈求老天爷了。

祈雨有各种形式，最普遍的是请龙王爷，给它烧香上供，下跪许愿。也有给狗穿上衣服，打扮得十分滑稽可笑，抬着它到处游街，逗引人们捧腹大笑，据说这样也能祈雨。

稻谷黄熟后要及时收割，否则长得太老容易掉粒。开镰收割前要祭祀土地神和谷神，以保证丰产又丰收。新收的稻谷要很快加工成大米做饭吃，谓之尝新。就餐时要有鸡、鱼、肉、酒等美食，还要祭拜祖灵和谷神。

民间文学，异彩纷呈　在长江流域，关于稻作起源和种稻的故事非常普遍，成为一种很有特色的民间文学。过去研究中国农业起源的人多注意神农与后稷的传说，那是黄河流域农业起源的传说。长江流域稻作农业起源的神话和传说应该属于不同的系统，古书中少有记载，主要是流传于民间。例如流传于浙江嘉兴桐乡一带的神话《五谷的来历》中说：很久以前，到处都生长着金黄色的稻谷，不用耕种管理就长得很好，可以随便采集来吃。人们习以为常，不知道是上天的恩赐，更不知道勤俭节约，反而养成了懒惰的习惯。天神见了很是恼怒，就用一个大口袋把地上的粮食都收走了。缙云县流传的神话也是说远古时代到处都长着稻谷，谷粒从稻根一直长到稻穗尖上。人们把稻子收来舂成大米，磨成米粉，做成米粉饼。吃不完时就把它垫在屁股底下坐，完全不知道爱惜。老天爷知道后非常生气，就把稻谷全部收回天上去了。因为麻雀求老天爷开恩，才剩下稻尖上的一点谷子，就像现在的谷穗那样。人们不够吃，就只好自己耕种。

浙江淳安县流传狗为人类盗取稻谷的故事。说是古时候地上没有五谷，人们靠采集野草充饥。狗看到人的日子过得很苦，就跑到天上向玉皇大帝讨要五谷种子。玉皇大帝不肯，狗就偷偷进入谷仓一滚，满身沾上了五谷种子，就向凡间跑去。玉皇大帝发觉后，就在狗的前面变了一条大河想把它拦住。狗纵身跳下河去，河水冲走了身上的谷子，狗就把尾巴高高翘起，上得岸来，只剩下尾巴上的少量谷种交给了人。所以人种下谷子后，长的稻穗就像狗尾巴一样。浙江东阳又有另外一种传说，说古时候地上没有稻米，只有天上才有珍珠米。玉皇大帝的女儿七仙女看到人间没有饭吃，就想偷些稻种给人去种。可是因为看守严紧无法下手。后来得到火神的启示，知道宫墙外面的砻糠山里面有稻种，于是托梦给人类。人就派了麻雀和狗到天上去盗取。因为稻谷是七仙女托梦带给人的，所以东阳的农民至今还保留着割稻时先请七仙女尝新的传统习俗。

以上故事不过是选择了有代表性的几个例子，类似的传说还有许多，有的反映当地原来就有野生稻，后来也许是因为气候变化稻谷少了，人们只好自己来种植。有的反映当地没有野生稻，要从别的地方弄来（不管是采用什么手段）种植。应该说是大致反映了长江流域稻作农业起源的真实情况。

十　长江——稻作文明的故乡

稻作文化的故乡　1982年，我曾根据在中国发现的30多处史前栽培稻遗存的年代、分布及其与野生稻的关系等，提出长江下游及其附近应该是稻作农业起源的一个中心。鉴于当时的资料还不很充分，未知的因素还有不少，所以我在提出这一论点后接着就说："当然，人们不应仅仅根据这一事实，就反过来认为河姆渡是一切水稻的起源中心。因为考古发现常常要受到遗址保存情况和工作开展的程度的制约，不能因为某地现时尚未发现较早的遗存，就断定那里本来就不曾有过早期的东西。"1989年中国史前栽培稻遗存已发现近70处，野生稻的调查研究也有了较大的进展。于是我进一步提出应把长江中下游都作为稻作农业的起源区，也不排除华南在起源中的某种作用。到1993年年底，中国史前稻作遗存已发现140多处，更早的遗存也已露出端倪，起源中心和逐步扩大分布的情况已比以前看得更加清楚。特别是湖南道县玉蟾岩和江西万年仙人洞等遗址中公元前一万二三千年的稻谷遗存和稻属植硅石的发现，使我们有相当大的把握把长江流域作为稻作农业起源的一个十分重要的中心。换句话说，长江流域就是稻作农业文化的故乡。

稻作文化的发展阶段　长江流域的稻作农业文化有几个明显的发展阶段，我们可以依次归纳为萌芽期、确立期、发展期、兴盛期和远播期，分述如下。

（1）萌芽期　相当于中石器时代到新石器时代早期，绝对年代大约在公元前13000～前7000年。现知属于这一时期的遗址还只有玉蟾岩、仙人洞和吊桶环三处。可以预期以后还会有新的发现，特别是长江下游还会有新的突破。可以根据这一设想来勾画出稻作起源区域的大致范围。

（2）确立期　相当于新石器时代中期，约为公元前7000～前5000年。稻作农业得到初步发展，成为人们食物资源的重要组成部分。不少地方还用稻壳和稻草做涂抹墙壁的泥土的掺和料，用稻壳碎屑做制造陶器的掺和料。这时期稻作农业的中心区大致在长江中游的彭头山文化和城背溪文化范围内，已有十几处遗址发现了稻作遗存。其中湖南澧县八十垱发现有大批稻谷，并且似有水田埂的遗迹。这时期稻作农业的分布区域已扩大到北纬33°左右。本来是以旱作农业为主的裴李岗文化和老官台文化的南部边缘也已开始种稻。这时稻作农业文化的一些特点已经开始显露，除了用稻壳等做掺和料外，在谷物加工中不用石磨盘和石磨棒而用杵臼，说明稻作文化的居民一开始就喜欢粒食而不是粉食。他们做饭用的炊器和饮食器也与旱地农业区的明显不同。

（3）发展期　相当于新石器时代晚期，约为公元前5000～前3000年。发现有稻谷遗存的地点约有60处之多，其中长江中下游约有50处，其余在黄淮流域。早年发现的河姆渡遗址稻谷遗存之丰富已是大家所熟知的。最近在湖南澧县城头山和湖北江陵阴湘城大溪文化的围壕里也发现了大量保存甚好的稻谷和稻米，同出的还有粟、薏苡、大麻、葫芦和豆角等。江苏吴县草鞋山更发现了公元前4000多年前的稻田。田块尽管很小，但是有许多块连成一片，并有水沟和储水坑等灌溉设施。澧县城头山大溪文化的遗存中也有类似稻田的遗迹。各种迹象表明，这时稻米已成为人们的主要食粮，至少在长江中下游地区已是如此。这时期稻作文化的特点更加显著。例如专门用于水田耕作的农具骨锹和周围有田埂的水田，干栏式的房屋或平地起建的长屋，陶器上的谷粒纹和稻熟猪肥图画等等，涉及生产、生活和意识形态的许多方面。

（4）兴盛期　相当于铜石并用时代，约为公元前3000～前2000年。稻作农业又有显著的发展，至今发现有稻谷遗存的遗址有70多处，其中长江中下游约60处，其余在黄淮流域、四川成都平原和广东北部。在长江下游的良渚文化中已率先使用石犁，并且有破土器、耘田器、镰和爪镰等一整套农具，一个以稻作农业为主的农业体系到这时应已基本成立，农业文化更加成熟。这时在长江中下游乃至四川盆地都出现了一系列环壕土城等大规模土建工程，如果没有发达的农业，是无法为这些工程的劳动大军提供大量粮食的。

（5）远播期　相当于青铜时代早中期，约为公元前2000～前1000年。中国稻作农业在核心地区继续发展，同时向东南、西南和东北传播。东南到达福建、台湾，西南到达云南，东北则通过辽宁传播到朝鲜半岛和日本，从而大大促进了周边地区文化的发展。

农业发展与社会变迁　稻作农业从萌芽期到发展期不但是稻米生产不断发展，而且使人们的生活逐步趋向稳定，并且越来越有保障，从而加速了人口的增长。我们看到聚落遗址越来越大，数目越来越多，从聚落遗址中发现的各种遗迹遗物来看，人们的生活内容也越来越丰富和充实了。这一时期人们活动的主要方向是拓展耕地，提高技术，用自己的劳动来向大自然索取粮食和其他生活资料，而人们自身之间的关系则是比较平等和谐的。但是到了稻作农业的兴盛期，社会就开始出现了重大的变化。因为这时的稻米生产已经不仅仅能够满足农人自己的需要，而且还有较多的剩余，足以养活一大批手工业匠人、宗教祭司乃至军队，还能够抽出人力兴建巨大的土建工程，一座座环壕土城的出现就是一个明显的标志。

环壕土城的出现　无论在长江流域还是在黄河流域，在新石器时代只有环壕聚落，即在村落周围挖掘壕沟以防止野兽的侵入，在必要时也可以抵御敌对部落的袭击。到新石器时代晚期，个别地方已出现环壕土城；到铜石并用时代，许多地方都出现了环壕土城或无壕土城（例如成都平原的几座城址）。长江流域众多土城的出现大体和黄河流域同时，但个别土城的出现比黄河流域要早。即使到了许多土城出现的龙山时代，长江流域土城的规模也比黄河流域的大得多，由此可以看出在中国文明的发生时期，长江流域的社会发展水平并不比黄河流域低，在某些方面甚至还稍微高一些。因为长江流域多水，所以土城的外面往往围绕着宽阔的壕沟，成为环壕土城。这些壕沟又总是与外河相通，起着防卫、排水、供水和运输等多方面的作用。现在这类土城还在不断发现之中，仅据现在已经知道的情况，就已遍布整个长江流域的下游、中游和上游。兹将这几个地区环壕土城的情况做一简单的介绍。

（1）长江中游的两湖地区　这里城址的分布比较集中于湖北的江汉平原和湖南的洞庭湖西北部平原。其中在江汉平原的有天门石家河、荆门马家垸、江陵阴湘城、石首走马岭和公安鸡鸣城五处，在洞庭湖西北部平原的有澧县城头山和鸡叫城两处。这些城址的平面形状不甚规则，有圆形、椭圆形、长方形或圆角方形的，其中年代最早的可到大溪文化早期，即公元前 5000 年左右；而大多数土城则是在屈家岭文化时期筑成的。例如澧县城头山遗址便是在大溪文化早期开始建城的，以后在大溪文化晚期、屈家岭文化早期和屈家岭文化晚期都在原有的基础上加宽加高。这座城的外面有城壕与自然河流相通，城门外面的城壕上架设桥梁。城壕的淤土中发现过船桨，说明城壕中是可以行船的。屈家岭文化时期的城址面积多在 10 万～20 万平方米，最大的石家河城达 100 多万平方米，是同时代城址中最大的一座。

（2）长江上游的四川地区　近年来在四川的成都平原也发现了几处相当于龙山时代的城址，其中有新津的龙马古城、郫县三道堰古城、温江的鱼凫城、都江堰的芒城、崇州的双河城和紫竹城等处。这些城地面都还保存有很好的城垣，其夯筑方法同两湖地区的城址几乎是一样的。各城的面积也有较大差别，最小的芒城有 10 万平方米，最大的龙马古城有 60 万平方米，其他几处多为二三十万平方米。在三道堰古城中部发现有一座大型房屋建筑基址，长约 50、宽约 11 米，面积约 550 平方米，是龙山时代最大的单体房屋建筑。这座房子的外墙用河卵石奠基，立木柱，柱子之间用竹篾编笆，再用草拌泥涂抹。房子中间有五个巨大的方形柱台和一个圆形柱础，没有发现隔墙，像是一个巨大的殿堂，因而三道堰古城以及类似的城址都有可能是小国的都城。

（3）长江下游的江浙地区　至今还没有发现一处确定无疑的城址，但有一些重要的线索。例如良渚遗址群中的莫角山平面呈横长方形，面积达 30 万平方米。周边是陡崖，有些地段用废弃的红烧土坯夯筑，很像城垣的基部。整个遗址像一个高出周围地面的土台子，或许也可像山东的城子崖那样称为台城。据说江苏武进寺墩和昆山赵陵山也可能有城和围壕。

早期城邑的功能　长江流域早期城邑的发现是具有重大意义的，它与环壕聚落虽然有一定的继承发展关系，毕竟还有本质的不同，归纳起来大致有以下几个方面。

（1）它是战争经常化和激烈化的产物　城墙以及它周围的壕沟，首先是为了防止敌人的进攻而建筑的。这个时期因为经济的发展，一些部落积累了不少物质财富，部落贵族们不满足于既得利益，还要觊觎别人的财富，于是发动了一次次的掠夺性战争。自己掠夺别人，必定会引起对方的报复，使得战争愈演愈烈，成了严重的社会问题。我们从这个时期武器的改进，以及到处都发现被砍头断肢的死者随便扔弃于坑穴中的情况，便可以想见当时战争的激烈程度。在这种情况下，对于那些财富和人口集中的地方必须加强防御，最有效的防御方法就是用城墙把自己包围起来。根据粗略的估计，像天门石家河那样巨大的古城，需要一千人连续修筑几年才能完成。其他城邑虽然小些，也不是很容易修筑起来的。如果没有毁灭性的战争，是不会投入那么大的人力物力的。

（2）它是政治和军事的中心　一些城址中有大型宫殿建筑或大型的夯土基址，推测后者也应该是宫殿建筑的基址。目前最大的墓葬也是埋在大城附近的，其中的死者往往是大贵族，从他们随葬玉钺等情况来看，大概也曾经是军事领袖。筑城本身就需要有强大的行政组织机构，筑好以后的城市管理也要有强有力的行政机构。宫殿基址的发现也正好说明这种行政机构确实已经产生。而城市的防御必然要有自己的军队。因此说每个城邑都是一个政治中心和军事中心，大概是没有问题的。

（3）它在一定程度上是一个经济中心　这里包含有两层意思。一方面，一些技术要求很高的手工业生产如玉器、漆器、丝绸、象牙雕刻和某些高档陶器的制造多是在城里进行的；另一方面，城里是物质财富的集中地和重新分配的地方。一些农产品要通过交换或征调集中到城里来，一些手工业品和农产品又可以赏赐给下属或者通过交换流通到别的地方。在大规模商业出现之前，这可能是经济交流的一种主要的形式。

（4）它也是一个宗教中心和文化中心　一些城邑里有祭坛或宗教活动中心，一些贵族的墓中往往随葬玉琮等宗教法器，说明城市不但是宗教活动的中心，而且往往是被贵族所控制的。正是由于城市既是政治、军事中心，又是经济、宗教中心，许多文化活动自然会在这里展开。一些带有像文字一样的符号往往发现在城里，也说明它是一个文化中心。

早期城市的上述几种功能，实际上跟中国先秦时期城市的功能是十分接近的，它是都市革命的产物，因而也是文明起源的主要标志。为了说明长江流域文明发生的具体情况，这里特别介绍一下良渚和石家河两个典型。

稻作文明的发生：良渚　良渚文化分布在长江下游的江浙地区，聚落环绕着太湖流域。这个文化的稻作农业已经进入犁耕阶段，是中国农村最早实行犁耕的地区。犁铧用片石磨制成三角形，与后代的铁犁铧形制相近。为了防止石片崩裂，使用时是用木板夹住，只留刃缘。当时除石犁外，还有破土器、耘田器、石镰、石刀等一整套适于稻作农业的农具，从而把良渚文化的稻作生产提到了前所未有的高度。

由于稻作农业提供了充足的粮食，足以使一些有技艺的手工匠人能够从事专业化生产，大量精美绝伦的手工艺品就这样出现了。新兴贵族无止境的欲望也是使这些工艺品不断精美化的催化剂。在这些工艺品中，首屈一指的当数玉器。良渚玉器数量大，品种多，做工精，既普及又高度集中。说普及是因为许多较小的遗址也出土玉器，说高度集中是因为绝大部分玉器都集中于中心聚落，而且越是大的中心聚落，其数量愈大，品位愈高。仅良渚一处的反山、瑶山两个墓地所发现的随葬玉器，其数量就超过全国同时期玉器的总和。玉器种类繁多，大致可以分为五大类：一是宗教法器，包括玉琮、玉璧、山形器、梯形器、锥形器等多种；二是仪仗用器，主要是玉钺；三是装饰品，主要有玉环、玉镯、耳坠、发饰等；四是衣饰，有带钩、衣扣，还有许多穿缀在衣服上的小鱼、小鸟等小件饰品；五是镶嵌物品，多镶嵌在漆杯、漆盘等物品上，也有镶嵌在钺柄上的，形状变化多样，在中国史前文化中无出其右。玉器上的纹饰也特别讲究，通常有非常纤细的云雷纹、鸟纹、兽面纹和人形纹等。后者仅见于良渚一地，且只见于大墓随葬的玉琮、玉钺等高档物品上。人的形体相当规范化，头上戴一大冠，身上穿着皮甲，前面有兽面护胸，俨然是一位国王和军事领袖。也许他就是良渚王国创立者的形象而为良渚人民所崇敬。

　　良渚文化的高档手工艺品不止玉器，还有漆器、丝绸、牙雕和薄胎黑陶器等。漆器因为容易朽坏，能看出完整形状的不多，大体有杯、壶、盘等若干种。大多为黑漆红彩，并且镶嵌许多各种形状的玉片，显得十分华贵。丝绸更不容易保存，一些大墓中明显有许多丝织品，但是无法提取。有的遗址中发现的绸布，每平方厘米经纬线各 44 根，非常细密，此外还有丝带、丝线等。象牙雕刻也非常精致，只是留存下来的不多。有些黑陶做得非常薄，上面有细密的针刻花纹，以鸟纹和夔龙纹为多见。有些鱼盘做成椭圆形，专门盛鱼，上面也有美丽的花纹，有的还刻着像文字一样的符号。它们给人以美感，处处流露着文化的气息。

　　文明是什么？文明是相对野蛮而言的。文明就是生活质量高，有文化素养，有较丰盛的物质财富和精神财富，而它的产生又是与社会的分层与分裂紧密联系在一起的。良渚社会明显是分层的，从聚落来看至少可以分为三级。最高一级是中心聚落，就是良渚。那里有巨大的长方形台城，城内有大型礼制性建筑基址，城旁有若干祭坛和贵族坟山，还有玉器作坊等。在不大的范围内就有 50 多个遗址，证明那里聚集了很多人口，很像是一个都城的模样。第二级是次中心聚落，有大有小，有的似有环壕土城，也有贵族坟山。第三级是普通村落。这种金字塔式的结构很形象地表现了良渚文化的社会结构，它显然已经不是那种人人平等的氏族社会，而是进入有阶级和分阶层的初级文明社会了。

　　石家河城头的文明曙光　　石家河城位于湖北省天门市石河镇，那里有一个屈家岭—石家河文化聚落群，城址位于聚落群的中心。城的平面略呈长方形，南北约 1200、东西约 1000 米，大部分城垣至今仍耸立于地面上，特别是西城墙保存得相当好。墙基底宽约 50、顶宽 4~5、高约 6 米。外面有巨大的环城壕，工程之巨可以想见。城内中部有一大片房屋建筑，西北是墓地和宗教活动区，西南则应该是另一个宗教活动区。西北发现的宗教遗迹有两个陶俑坑，其中有约200个陶塑的人抱鱼俑。他们几乎都戴着平顶或微弧顶浅檐帽，身穿细腰长袍，双膝跪地，手捧大鱼。很像是在举行某种宗教祈祷的仪式。同出的数千件动物俑（有猪、狗、羊、牛、鸡、猴、象、虎、龟和孔雀等十余种）则可能是宗教仪式中应用的道具。这两个坑的旁边有一串陶质炮筒形器，每个有将近一米长，有的上面有几十道箍，有的中部鼓起，并且布满很长的乳丁，很可能也是一类宗教道具。这两类遗迹的旁边还有许多圜底陶缸口底相套，排列成直行或弧形，长达数米。有些缸的上半部最醒目的地方有一个刻划符号，主要的符号有镰刀、斧钺和杯子，分别代表农具、武器和祭器。说明当时最重要的事情是农业生产、战争和祭祀活动。为什么说杯子是祭器呢？因为它的形状同城里出土的粗红陶杯一模一样，只是里面插了一根棍子。那种杯子质地粗糙，容积极小，无法作为实用的饮器。在城内西南部的三房湾有这种红陶杯的堆积，数量多得惊人，匡算起来总有几十万件。这样单纯的一种器物（其他器物只有少量碎片）积聚如此大的数量，更说明它不是饮器，而可能是举行大规模的宗教活动后遗留下来的一次性祭器，而且这种活动一定要持续进行许多次才有可能形成那样巨大的堆积。城边还发现一个陶罐，上面刻着一个军事领袖的形象：头戴花翎帽，身着短裙，脚蹬长靴，右手高举一柄大钺，显得十分威武。旁边的墓葬大小差别显著，死者贫富分化十分明显。有一个婴儿的瓮棺，随葬玉器多达56件，在中国史前文化中是仅见的，说明这个婴儿出身为大贵族。

综合上述情况，可以看出石家河城内人口密集，有贵族、祭司、军队和手工业匠人等，和传统的农业村社完全不同。而它的规模在整个屈家岭—石家河文化中处在最高等级的位置。这个文化的次中心聚落中也有一些较小的土城，一般的聚落则主要是农业村社。这个结构也跟良渚文化一样，是开始进入文明社会的标志，可见稻作文明的曙光也已经照到石家河城头了。

第一个低潮　在公元前2000多年以后的一个短暂时期，良渚文化衰落了，屈家岭—石家河文化也衰落了，长江文明在刚起步不久之后就出现了一个低潮。究竟是什么原因使得长江流域文明的发展没有黄河流域那么顺利，学者们提出了各种看法，其中有洪水说、战争说和自身特化说等。洪水说是与大禹治水的传说联系在一起的。据说尧舜禹时期中国普遍出现洪水，大禹治了黄河流域的水，却没有治得了长江流域的水，结果良渚文化和石家河文化都被洪水淹没了。因为此说至今没有得到考古学证据的支持，其可信度看来是很低的。战争说也与那一时期的历史传说有关。据说尧舜时期就不断地与长江中游的三苗打仗，禹又接着征有苗，把他们打败后干脆迁到三危地方去。石家河文化晚期的遗存中一下子增加了许多中原文化的因素，很可能与这段历史有关。自身特化说主要是指良渚文化而言的。良渚文化手工业的高度发展和土建工程的巨大规模，都把大量的劳力投到了非生产性领域，使得国力日渐空虚，无法继续发展。一旦遇到外力冲击就会土崩瓦解，这是一种颇有见地的说法。但情形究竟如何，还需要等将来考古工作进一步开展后才有可能看得比较清楚。

长江古代文明的勃兴　大约相当于商代的中晚期，长江流域的古文明又勃然兴盛起来，这可能与长江流域有一条大铜矿脉有关。近年来的考古发现证明，从湖北、江西、安徽到江苏的长江沿岸，有一条全长 1000 多千米的大铜矿脉，相当于商代早期就在今江西瑞昌一带实行开采，从商代晚期到周代便逐渐扩大到整个矿脉的沿线。中国的铜器是黄河流域首先开始制造的，那里只有很小的铜矿。到商周时代大规模地制造青铜器的时候，那点铜矿就远远不够用了，人们找到了长江沿岸的铜矿并且实行大规模的开采。至于他们是依靠当地人民开采然后用交换的方式或掠夺的方式来获取铜料，或者径直派人去开采，现在还无法做出判断。不管怎样，商周的青铜原料应该主要是依赖于长江沿岸。而一旦在那里大规模地采掘和冶炼，势必促进当地青铜制造技术的飞速发展。至迟到商代晚期，长江流域便出现了可与黄河流域相媲美的青铜文明。从某种意义来说，长江的铜矿支持了整个中国古代的青铜文明，由此可见长江流域在中国古代文明发展中的重要作用。

长江流域青铜文明的探索，仅仅是最近十几年才获得了较大的突破，其中包括四川三星堆、江西大洋洲和湖南宁乡黄材的重要发现。这些发现同良渚和石家河等重要发现一样使我们大开眼界，不能不重新思考长江流域在中国古代文明发展中的地位以及在整个东方世界文明发展史中的地位。不过从考古学的角度来看，这些发现还仅仅是初步的，很不全面的。可以预期今后在长江流域还会有更多的重要发现，那时对于长江流域古老文明的发展程度及其在中国乃至世界古代文明史中的地位将会有更加明确的认识，而稻作农业对于人类文明的贡献也将会看得更为清楚。下面我们将简单地介绍一下三星堆等地发现的青铜文明。

迷人的三星堆文明　三星堆古城位于四川省成都平原北部的广汉市，北临鸭子河，面积约 4 平方千米，环城有壕沟与鸭子河相通。它的周围还有许多聚落遗址，总面积约有 12 平方千米。城墙底宽约 40、顶宽约 20、现存高度 3～6 米。中心主体部分为平行夯筑，内外坡则为斜行夯筑，有的夯层面上可见成排木棒拍打的痕迹。这城始建于三星堆二期，约当商代早期或略早，持续使用到西周早期或略晚。

在三星堆古城内有一条马牧河流过，河两边有月亮湾、真武宫、西泉坎和三星堆等高地，是重要建筑遗迹集中的地方，曾经发现多处埋藏有玉石礼器和青铜器的土坑或窖穴。在城内和城外近旁的地方，发现过密集的住房基址、玉石器作坊、陶窑和小型墓葬等。房屋多为木骨泥墙，有的分为数间，面积大小不等，较大的有 200 平方米，这些大体都是一般的民居。1986 年在三星堆南侧发现两个长方形坑，出土了上千件的青铜器、金器、玉石器、完整的象牙和海贝等，使学术界大为震惊。青铜器中有许多人面具和人头造像，有的面具比真人面大好几倍，最大的一件两个耳尖之间的距离达 138 厘米，两目向前凸出，形象奇特。《华阳国志》曾经记载古蜀国的创立者蚕丛目纵，因此这种面具有可能是蚕丛神化的形象。人头像大约有 50 个，有各种帽子和发式，有的脸上贴金。全身人像也有十几个，其中最大的与真实的人体一样大，站在一个方台子上，造型优美。最奇特的是神树，其中一棵大的残高就有 4 米，主干上有一条龙，树枝上有立鸟并且悬挂了许多东西，可能包含有许多神话故事。所有这些都是从来没有发现过的，它不但反映了三星堆文明的独特性，而且表现了许多神秘莫测的内容。至于青铜礼器方面则主要是尊、罍、盘等，造型上与中原地区的比较相近，显然受到了商文化的一定影响。三星堆的黄金制品是比较多的，其中最大的一件是包金手杖，黄金部分长 143 厘米，重 486 克，上面刻了许多人物、鱼、鸟和稻穗等。至于人头贴金的和用黄金做的老虎等饰品还有许多，这也是三星堆文明的一个特点。从青铜器的制造技术来看，大体上和商代文明相似，而出土如此多珍贵器物的土坑的年代大体上相当于商代晚期，可见长江上游的青铜文明已经达到了同黄河流域不相上下的水平！

长江中游的青铜文明　在长江中游的青铜文化中，先后发现的有湖北黄陂盘龙城、江西清江吴城文化与新干大洋洲墓葬以及湖南宁乡黄材铜器群等，还有江西瑞昌和湖北大冶铜绿山矿冶遗址等。盘龙城是一座略呈方形的小城，东西约 260、南北约 290 米，外面有城壕。城内东北部高地上有三座宫殿基址，城东有较大的贵族墓葬。其中李家嘴 2 号墓有精致的雕花木椁，椁内有棺，有三个殉人，随葬有鼎、簋、鬲、甗、盘、罍、瓿、爵等青铜礼器 23 件，还有钺、戈、矛、刀等青铜武器和戈、笄等玉器。铜器的形态和纹饰属于商文化的二里岗上层时期或商代中期，当是商王朝在长江中游建立的一个重要据点。湖南的石门皂市和江西吴城文化则是同一时期的地方土著文化。

吴城文化是因清江吴城遗址而得名。该遗址面积约 4 平方千米，发现有三个时期的文化遗存，年代相当于商代中晚期。出土遗物中除石器、陶器外，还有少量的青铜。从总体特征来看，虽然与中原地区的商文化有密切的关系，但也具有明显的地方特点。后来在新干大洋洲发现了属于同一文化的大型墓葬，出土了一大批青铜礼器、乐器、武器和生产工具，其中的农具是中国的许多青铜文化中种类和数量最多的。说明长江中游的青铜文化也发展到了很高的水平。

在湖南湘江下游接近洞庭湖南岸的宁乡黄材，从 20 世纪 30 年代起就不断地出土青铜器，其中有鼎、尊、卣、瓿、铙和斧等。1959 年发现的一处窖藏中就有 5 件高 70 厘米的大铜铙，以后又发现了更大的铜铙。1962 年发现的一件铜卣中装有各式玉珠、玉管等 1000 多件。1970 年发现的另一件铜卣中也有各种玉饰 300 多件；一件铜瓿内储藏铜斧 200 多件。著名的人面方鼎和四羊尊等据说也都出在这里。这些铜器的造型和花纹虽然与中原地区的商文化有许多相近之处，但也有明显的区别。例如大铜铙就是湖南青铜文化的显著特征，它气势恢宏，体量特大，与司母戊鼎可说有异曲同工之妙。至于四羊尊造型和纹饰的优美和铸造技术的精到，与商文化中的精品相比也毫不逊色，由此可见长江中游的青铜文明曾经发展到了何等的高度！可惜因为至今还没有进行科学的考古调查和发掘，无法了解更多的情况。至于江西瑞昌的古铜矿采冶遗址，乃是世界上迄今所发现的年代最早和规模最大的矿冶遗址。在那里，采掘时开拓的竖井、平巷、通风设施、采掘工具、提升工具、选矿工具和排水设施等，规模之大和设备之全，看过的人莫不为那时青铜文明的辉煌成就惊叹不已。要知道中原地区商文明的考古工作已经进行了整整 70 年，而且长时期投入主要的考古力量；研究长江流域青铜文明的田野考古工作才不过开展了十几年，投入的力量十分有限，就已经取得了如此辉煌的成果。假如也用 70 年时间，并且投入主要的考古力量，相信那时长江流域的青铜文化将是十分丰富和精彩的。过去因为从秦朝起，中国统一王朝的都城多设立在中原地区，历史学家们对长江流域的过去情况也不甚熟悉，所以长江流域古代文明的肇始到早期繁荣阶段的事实记载得极少，几乎完全要由考古工作来恢复历史的本来面目。在考古工作还没有充分开展以前，人们对那一段历史所知甚少是可以理解的。现在历史的迷雾已经初步拨开，必须用新的眼光来看待长江流域在中国古代文明中的地位与作用及其对东亚历史的重要影响，充分估计稻作农业的历史作用，我想这个道理是容易明白的。

十一　稻作文明的扩大

东亚稻作文化圈的形成　长江流域稻作文明发生之后，在东亚的许多地区，包括中国的南方、印度恒河流域、中南半岛、东印度群岛、朝鲜半岛和日本等地也先后产生了稻作文明。其中有的是直接或间接受到长江流域稻作文明的影响的，有的则可能是独立发生的。它们共同构成了东亚稻作文化圈。

稻作文明向南方的扩大　中国的南方、中南半岛和东印度群岛因为纬度较低，气候炎热多雨，天然的生活资源非常丰富，采集经济一直比较发达，初期的稻作农业相对于那种采集经济并没有什么优越性，所以那里的稻作农业发展得比较晚。只有当长江流域进入文明阶段以后，影响力大为增强，才直接或间接地使这些地方的稻作文明迅速发展起来。台湾离大陆很近，在公元前 1000 年以前虽然也有少量移民把稻作农业带过去，也是因为那里的天然资源非常丰富，反而使稻作农业发展不起来。只是到了从大陆大量移民过去之后才得到迅速的发展，那已经是很晚的时候了。

稻作文明向东北亚的扩大　在稻作文明向东北亚扩大的过程中，有一个稻作农业传入日本的路线问题，这是一个在学术界争论不休而又令人感兴趣的问题。归纳起来有北路说、中路说和南路说，北路说又有经朝鲜半岛说和由山东半岛直达说。比较起来，北路经朝鲜半岛到达日本是最有说服力的，南路说和由山东半岛直达说即使有某种可能性，所起的作用也是十分有限的，而中路说是根本不可能的。为什么这样说呢？

考古发现证明，华北和东北南部不但有很发达的旱地农业，也有少量的水田稻作农业。特别是在山东半岛、辽东半岛和朝鲜半岛北部与南部相继发现了公元前 2000 多年到公元前 1000 多年的稻谷或稻米遗存后，一条从江淮流域经山东半岛、辽东半岛、朝鲜半岛而到达九州乃至全日本的稻米之路事实上已经确立起来。

由于这一条路线的前一半是向北传播，纬度越来越高，气温越来越低，籼稻不易生长，所以在这条路线上发现的稻米都是粳稻。而日本的稻米从古到今都是粳稻，即日本稻。假如中路说或南路说可以成立，日本就不但会有粳稻，还应该有相当数量的籼稻，而事实并非如此。

这一传播路线的前一半属于旱作农业区，水稻只占很小的比例。稻作经验的积累和技术的传播都会受到很大限制，所以传播的速度非常慢。等到后一半向南传播时，由于气温越来越高，降水量越来越丰沛，十分有利于稻作农业的发展。所以稻作在整个农业中的比例越来越高，而传播的速度也越来越快。前半段用了两三千年，后半段只用了几百年。尽管如此，在日本最早的农业中也还包含少量旱地作物，日本学者称为杂谷型农业，后来才逐渐被淘汰了。假如中路说或南路说可以成立，就无法解释为什么要到公元前一千纪才传过去而不会更早一些；也无法解释为什么日本最早的农业中包含少量旱地作物的事实。

这一条传播路线可以分为若干区段。由于每一区段的自然环境、风土人情和文化传统都有若干差异，处在传播源头的人们对于最终的目的地并不了解。因而由他们进行长距离跋涉去传播稻作文化是不太可能的。从当时物质文化的总体来看，江浙地区同山东半岛有若干相似之处，山东半岛同辽东半岛、辽东半岛同朝鲜半岛、朝鲜半岛同九州岛之间都有若干相似或相同的因素，证明相邻的区段之间都有密切的文化关系。但江浙同辽东半岛之间就很难找到相似之处，更不用说它同朝鲜半岛和日本之间的关系了。这说明当时农业文化传播的方式乃是接力棒式的，一个区段一个区段辗转传递过去。正如接力棒上会带上每个参赛者的汗渍一样，中国的农业文化在传播过程中也会带着各个区段的某些文化特点。例如在日本的早期农业文化遗存中便发现有窖穴和半地穴式房屋，这在九州一带的自然环境下是很不适宜的，所以不久就被高仓和桩上家屋所代替了。假如中路说或南路说可以成立，就无法解释在日本的登陆口岸为什么找不到一点吴越或闽越文化的东西，反而出现一些只有北方地区才有而江南根本没有的半地穴式房屋等因素。

以上叙述只是就考古学提供的证据而推导出来的逻辑结论。至于为什么只有这一条路线才能成立，还可以有更深一层的理由。

东方的稻作文明，是在各地方性的稻作文化相互接触、传播、影响乃至在一定程度上的融合才逐步形成的，而能否接触、传播并在实际上产生影响和融合都需要具备充分的主客观条件。农业文化的传播首先要依靠农人，而农人的特点就是同农田的紧密联系，不是万不得已是不会轻易搬迁的，更不易向遥远的地方迁徙。即使偶尔迁移，也总是沿着可开发为农田的地段前进。这样农业的传播方式就必然是以依次向邻人传授为主，而不太可能采取近代那种远地殖民的做法。中路说者从海流和季风方向论证从长江口漂流到九州岛的可能性，似乎通过这样的方式就可以传播农业，实在是大谬不然。农民不会无缘无故地乘船在海上航行。能够在海岸边驶船的无非是渔民或海盗，他们缺乏农耕的知识和技能，即使偶尔漂流到日本，也无法传播农业。韩国南端海岸边和济州岛等地的史前文化同日本九州海岸边及小岛上的文化有很多相似的地方，证明在公元前几千年以来就存在着接触和相互影响。但朝鲜半岛的农业并没有因此而传到日本，这一方面说明日本的天然资源丰富，初级形态的农业对发达的采集经济来说并没有什么优越性；同时在另一方面也说明渔民不能承担传播农业的任务。只是到朝鲜半岛进入青铜时代之后，经济发展，人口增加，社会开始分化，出现了最初的国家和军队，才有需要和能力向海外拓殖。第一个目标当然就是近在咫尺并且通过渔民早就有所了解的日本九州岛。可以设想这些来自朝鲜半岛的拓殖者中有军队，有官吏，也会有一些组织起来的农民和手工业者。他们带去了以稻作为主的农业，带去了以青铜器制造为代表的先进的手工业，还带去了管理经验。他们就是日本历史上常说的渡来人。我们看到与日本早期农业一起出现的，除了前述的储藏粮食的窖穴和半地穴式房屋外，还有在朝鲜半岛流行的收割农具三角形和直背弧刃形石刀、抉入式石斧、磨制石镞、石剑、高领陶壶和石棺墓等，说明当时确曾有相当一批人从朝鲜半岛到达九州等地，从而带来了朝鲜的文化，包括从中国传入朝鲜然后又经朝鲜居民改造或直接转运而传入日本的许多文化因素。日本的原住民开始可能是由躲避到多少有些接触，最后发现那些渡来人的文化确有吸引人的地方而开始学习仿效。这种建立在农业和青铜制造等手工业基础上的文化当然比日本原住民的狩猎—采集经济及其文化优越得多，而日本的狩猎—采集经济也已发展到了高峰阶段，只要有合适的可供栽培的农作物，即有可能向农业经济转变。所以日本的原住民并没有花太长的时间便加以接受，并且很快传播到整个日本列岛。此时渡来人已全面参与了日本人的生活，并且与原住民广泛地通婚，从而使日本人的体质也发生了变化。这就是日本历史上的第一次具有深远意义的革命，是一种由朝鲜人带来先进的生产力与生产关系，从而使社会各个方面都发生深刻变化的特殊形态的农业革命加城市革命。从此以后，日本人就一改过去的习惯而特别爱种田，带田字的姓也特别多。例如稻田、川田、河田、高田、冈田、村田、池田、太田、大田、小田、松田、竹田、花田、野田、山田、安田、保田、福田、北田、南田、东田、西田、田中、田村等等，说明他们的生活已经同稻田分不开了。日本的社会从此也便迅速文明化，并且与中国、朝鲜和东南亚等地的文化发生越来越密切的关系，成为整个东方文明的有机组成部分，稻作文明的优越性和生命力也越来越在日本得到体现。

十二　饮水思源

现在全世界的人口早已超过 50 亿大关，而且还在不断地增长着，预计 1999 年将达到 60 亿。与人口问题紧密联系的是粮食问题，没有足够的粮食，人们无法养活自己，就谈不上建设高度发达的文明社会。在全世界的各种粮食作物中，小麦和水稻的产量是最高的，也是最受人欢迎的。据统计，全世界小麦和水稻的播种面积大约为 3∶2，产量则大致相等，为 51∶49；中国小麦和水稻的播种面积大约为 1∶1，而产量却是 10∶18。稻米的营养价值不亚于小麦，而单位面积的产量却比小麦要高得多。在人均耕地日益减少的情况下，尽可能增加水稻的种植面积乃是增加粮食产量的有效途径之一。为获取较高的产量和较好的质量，科学家们做了许多努力。中国水稻之父袁隆平培育的杂交水稻使单位面积产量大幅度增长，为解决粮食短缺做出了重要的贡献，但是吃起来味道并不是很好。如果把口感较好而产量较低的粳稻与口感较差而产量较高的籼稻进行杂交，两者的亲和力很差，即使勉强能够繁殖，结实性却非常不好，稻穗上往往只有下半截有粒而上半截无粒。中国农业科学院原子能研究所的空间技术育种研究中心把粳稻的种子送上太空，使它在特殊的物理环境下发生变异。再把粳稻的变异株与籼稻的不育系进行杂交，结果不但获得了被称为"博优721"的籽实饱满的稻穗，使每公顷的产量可以达到9500～10000千克，而且吃起来味道也不错，是一种很有前途的育种方法。人们还可以用基因改性的方法来改进作物的产量和品质。在美国，至今已经有玉米、大豆、油菜、土豆和棉花等20多种基因改性种子获准种植，还有更多的等待着审批。全世界1996年基因改性种子的种植面积约为250万公顷，而1997年的种植面积便已达到1200万公顷。可以预测经过基因改性的品质良好、产量又高的水稻品种，在不久的将来就会出现，人们的粮食问题终将彻底解决。吃水不忘掘井人，当你端起香喷喷的白米饭时，你是否会想到我们的祖先为了培育水稻这种最优良的粮食作物曾经花费过多少心血和汗水，是否会想到在稻作农业的基础上曾经产生过多么辉煌的古代文明！这种文明的生命力和优越性是已经被历史所证明了的，但是它究竟具有什么样的特点，它在整个人类文明发展史上应该占有什么样的地位，在未来社会的发展中又将会起着什么样的作用，难道不值得我们深入地研究和思考吗？

1998年3月于日本京都国际日本文化研究中心寓次

［原载《长江文明的曙光》（增订版），文物出版社，2020年］

农业起源与中华文明

大家好！今天我想跟大家讲讲"农业起源与中华文明"。大家知道，中国是一个农业大国，我们国家有 13 亿人口，大约占全世界人口的 22%，可是我们的耕地面积只占全世界耕地面积的 7%，我们是靠占世界 7% 的土地养活了占世界 22% 的人口。其实，在历史上从有人口记载开始，中国的人口大体上都占世界人口的 1/4 左右，所以中国的农业选择了一条精耕细作的道路，否则我们这么多的人口吃什么？国家怎么发展？这个问题一直激励着我，想探讨一个究竟。中国农业是怎么起源的？它怎么会发展到现在这个样子？这是我研究农业起源的一个动力或者一个原因，也是我今天为什么要讲这个题目的一个原因。

农业起源对人类古代文明起到了决定性作用

我们知道，全世界有三个主要的农业起源地——我这里讲的农业主要是指谷物农业，是栽培作物。

一个在西亚，就是现在的伊拉克及其周围地区。这个地方是小麦与大麦的起源地，也是绵羊和山羊的起源地。这种农业叫作有畜农业。这类栽培农业分两种，一种是有畜农业，一种是无畜农业——就是只有栽培作物，不养家畜。西亚的农业是有畜农业，这种农业发展到一定阶段，便产生了两河流域的文明，就是古苏美尔、阿卡德和后面的巴比伦。这种农业传到尼罗河流域，产生了古埃及文明；传播到印度河流域，产生了古印度文明。这个印度河大家要知道，现在不是在印度，而是在巴基斯坦，因为巴基斯坦跟印度原来是一个国家，都叫印度。所以这个以小麦、大麦为基础的农业，传播范围相当广，在历史上起了非常大的作用。

第二个就是中国，中国是小米和大米的起源地。小米是指粟、黍，主要在黄河流域起源和发展，后来成为中国北方的主要农作物。北方现在主要的谷物是小麦，而小麦又是从西亚那边传过来的，不是中国原生的。中国的长江流域是稻作农业的起源地。所以中国是两种农业的起源地——北方是以小米为主的农业，南方长江流域是以大米、稻作农业为主的农业起源地。西亚那边小麦、大麦是在一块儿的，它不是两个系统，这跟中国是有所不同的。

第三个是在美洲，美洲是玉米的起源地。我们中国现在也大量地种玉米，玉米是在明代才传过来的。美洲的农业是无畜农业，它没有家畜。它是以玉米为主体，还有南瓜、豆类，所以这个玉米、南瓜、豆子，在印第安人的传说里是叫作"农业三姐妹"。

世界上最主要的农业起源中心，就是这么三个。它们都对后来古代文明的产生起了决定性作用。美洲有美洲文明，大家知道现在美洲的印第安古代的文明，像玛雅文明、安第斯文明，年代也比较早，当然比中国还晚一点。但是它的影响范围仅限于美洲。中国的文明代表了东方文明，它对周围的国家产生了非常大的影响。而西亚的，两河流域、埃及和印度河流域的种种文明，后来发展为古希腊、罗马文明，这就是西方人的古代文明。所以就全世界看，或者说是有三大文明中心，或者说是有两大文明中心——也就是东方、西方，中国占了一方，这个与农业的起源和发展有非常大的关系。

解开稻米起源地之争

几十年以前，在考古学还没有充分发展起来的时候，研究农业起源的主要是农学家。农学家根据栽培种与野生祖本的关系，根据各品种的分类，总之他们的根据是植物的基因库，认为基因种类多样化的地方，就应该是农业起源的中心。所以一般都认为印度是稻作农业的起源中心。后来日本学者提出山地起源说，认为东南亚北部的山地，包括中国的云南，泰国、缅甸、越南北部，还有印度的东北部，这个区域是稻作农业的起源中心。

有一个很有名的日本学者，叫作渡部忠世，他写过一本《稻米之路》。他在印度、泰国、缅甸的北部找了一些寺庙，这些寺庙是用土坯盖的，土坯里面有稻谷。他采集了标本，从稻子的形态上做了一个排比，他的结论是稻谷从那个山地向湄公河流传，也就是现在的泰国、老挝、越南、柬埔寨一带，这叫湄公河系列。我当时就跟他辩论，问他采集的那些稻子有多少年？他说起码有一两百年了，那个寺庙盖了两百多年了。我说栽培稻子有几千年了，你两百多年排出来了有什么用，跟起源有什么关系？比如中国有个占城稻，占稻很明显是从越南占城传到中国的，那不等于说这个占稻是越南起源的？北京的京西稻是从日本弄来种子栽的，那不等于说这种稻谷是日本起源的？实际上，这完全是两码事。

所以，光是农学家的研究，还不能弄清楚这些农作物是怎么一步一步演变到现在的。考古学就有这么一个优点，它可以把年代排比得非常清楚，哪个最早，哪个比较晚，怎么一步一步发展下来，然后把年代排列以后，再来排稻谷种子，看看它有什么变化，它是怎么变化的，它的源头是一个还是两个甚至多个？但是在排比稻谷的形态、基因的时候，还是要靠农学家。

什么是农业产生的原动力

中国是一个大国，有 960 万平方千米，但并不是所有的地方都适于农业，更不是所有的地方都可能成为农业的起源地。中国的自然地理，大体上是这么一种态势，周围有高山、有大海，大体上自成一个地理单元。

从气候上来讲，中国有几个带。一个就是以长城为界，长城以北，包括新疆、甘肃的一部分、宁夏的一部分和内蒙古这一带，这是一个西北干旱区。这个地区的面积大约占全国的 1/3，人口比较稀少，有大量的草原、沙漠和高山。这样的地方不适于农业的起源。然后是青藏高寒区，就是西藏，还有青海的一部分。这个地方占全国的土地面积 22% 左右，将近 1/4，当然也不适于农业的起源。然后东面这一部分，叫作东部季风区，这是受到东南季风影响的地区，也是中国现在经济最发达、人口最密集的地区。这个东部季风区，占全国面积的百分之四十多，但人口占 96%。其中人口更密集的是黄河流域和长江流域。这个东部又分成四块。最北面叫东北，东北气候比较寒冷。中国的农业是在一万多年以前起源的，那个时候这个地区气候更冷，那是在更新世，更新世有一个时期叫冰河时期。后来进入全新世，这个时候气候逐步回暖，但是它在回暖期间还是比较冷的，不可能是农业的起源地。中国的南方——南岭，在湖南、江西和广东、广西之间，也叫五岭，这个地区以南，就是包括现在的广东、广西、海南岛、云南的一部分以及台湾的一部分，这个地方我们平常通称为华南。这个地方因为纬度低，气候变化对它的影响很小，它是长夏无冬，或者说夏天特别长，冬天特别短，因而自然资源非常丰富。所以那里的人没有生活压力，因此也没有发展农业的动力。

只有两个地方，一个黄河流域、一个长江流域，这两个地方历来人口比较多，在这里可以发现许多旧石器时代的遗址。这两个地域都有一个漫长的冬季，冬季的食物资源比较缺乏，先人就得想法子来增加食物的来源，这就是农业产生的一个社会动力。而这两个地方又恰恰有可以栽培的野生祖本植物。小米的野生祖本、粟的野生祖本，就是狗尾草，这里到处都是；黍的野生祖本在华北地区也能找到，有野生黍。所以人们可以栽养它。那么在长江流域呢，有野生稻，到现在还有，江西、湖南都还有，这些地方是野生稻分布的北部边缘。为什么许多农学家考虑野生稻从印度起源、从山地起源，还有一些农学家考虑从华南和东南亚起源？因为这些地方野生稻非常多。长江流域野生稻很少，是野生稻生长的边缘地带。然而，他们就没有想到一个问题，那些野生稻多的地方，其他的食物也多，人们就用不着种了。

　　稻谷作为食物的优势在哪里？它的优势是易于贮藏，填补冬季食物的匮乏。而且稻谷又是一种一年生的植物，种了以后等不了几个月就可以收获，到第二年开春又可以下种。要是别的植物，比如说水果或者是干果，像栗子、橡子，你把这些种子保存后播种，多少年以后才能结果，周期太长。谷类作物，包括水稻、小麦、玉米，都有这样一个共同的优点。所以在这样的自然、地理、气候条件的背景下，黄河流域跟长江流域，就成了两种农业起源的温床。

公元前6000多年，中国北方已有了能储藏十几万斤粮食的窖穴，1000多年后，中国南方的河姆渡人已经吃上大米饭

　　刚才讲的都是一些理论性的东西，那么中国农业的起源，究竟是一个怎么样的过程呢？

　　以前我们大体上知道，黄河流域是小米的起源地，那是一种推论，没有事实证据。直到20世纪50年代发掘西安半坡遗址，在那儿的窖穴里面和陶罐里面都发现有粟——就是小米啊（图一）。当然已经只有皮壳了，但是那个形态还是完整的。在一个窖穴里面就发现了成百斤的粟（我说的成百斤是要换算成新鲜的小米，那个皮壳没有多少分量）。半坡遗址属于仰韶文化，这个时期中国北方确实是种小米的。以后在仰韶文化的好多遗址都发现有小米，而且是两种，一种是粟，一种是黍。仰韶文化的年代大体上是公元前5000～前3000年，这是不是就是农业起源的时候呢？不像。我们觉得那个时候农业好像已经比较发达了。

　　1976年在农业考古历史上是非常辉煌的一年。这一年在河北武安磁山一个遗址里面发现了上百个粮食窖穴，这些粮食窖穴里面，有的粮食装好后，上面封一层土，这样窖穴里面就能保持比较干燥的环境。这些粮食窖穴中有80个里面还保存有粮食，当然都已经成为皮壳了。当时做了一种叫作灰象法的研究，认为是粟。

图一　陕西半坡村出土新石器时代谷子

最近的研究证明里面还有黍和其他一些作物，但是以粟和黍为主。把这些窖穴里面储藏的粮食换算成新鲜的小米，有十几万斤。这里发现的粟比过去所有遗址曾经发现的加起来都多，而它的年代是公元前6000多年，这一下子把农业的起源提早了1000多年。同时还发现做得非常好的农具三种，一种是石铲，翻地用的，证明这个时候已经知道翻地了；一种是石镰，就是石头样子的镰刀；还有一种就是石磨盘、石磨棒——加工谷物的（图二）。与磁山几乎同时发现的河南新郑裴李岗遗址，发掘出土的农具跟磁山的几乎一样，只是石铲、镰刀都带锯齿，比磁山的更先进了。差不多同时在甘肃大地湾的窖穴里面发现有粟，而且还是一把，穗子还有，捆在一起。之后在辽宁新乐、沈阳这些地方也发现了小米。所以这样一来，整个黄河流域，甚至再往北一点的内蒙古、辽宁这些地方都发现有这两种作物，年代都是公元前六千几百年，最早的差不多接近公元前7000年。前不久，北京大学与北京市文物考古所合作发掘了北京西郊门头沟的东胡林遗址，这个遗址的年代距今是1万多年，最近在整理资料的时候，发现也有小米。

这样，我们是从后面一直往前推，实际代表了农业发展的几个阶段。也就是说像东胡林这样的，可能是农业的萌芽阶段，它当时主要的食物恐怕还是靠野生采集、捕猎，少量的栽那么一点谷类作物，除了这个石磨盘、石磨棒以外，我们没有看到石镰，也没有看到翻地的工具。

但是第二个阶段，即公元前7000～前5000年这个阶段，也就是相当于磁山文化、裴李岗文化这个阶段，我们把它叫作确立期，农业在人类生活中已经确立为一个非常重要的内容，农业产品已经成为食物的重要构成部分。我们看到磁山有那么多的谷物遗存，证明农作物应该是食物构成的重要来源。而这个时候除了种植谷类作物小米以外，还养猪。所以这个时候的农业，已经跟后代的农业有非常明确的联系了。在这个时期，中国整个北方都种植两种谷类作物，工具有了进一步发展，更能看得出来的就是聚落——人生活的村落扩大，人口明显增加。这种

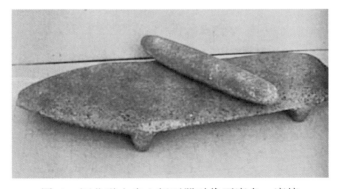

图二　河北磁山出土新石器时代石磨盘、磨棒

聚落扩大，人口增加，一定是有粮食生产这个基础。所以我们可以推测，这个时候旱地农业有了比较大的发展。

再往后发展呢，我们叫它龙山时代，年代大概相当于公元前3000～前2000年。这1000年是一个扩展期，就是又有了进一步的发展，而且向外传播。传播到哪里？主要是：一是往东传到朝鲜半岛，传到现代俄罗斯的远东地区，一部分到了日本的九州半岛，这是旱地农业；一是向西传播到甘肃，新疆；还有往南，长江流域有一些水利条件不好的地方，也种小米。我这是讲的旱地农业。

那么稻作农业呢，也有类似的这么一个发现过程。稻作农业，最早考古学者开始注意的是湖北，湖北京山县的屈家岭和天门县的石家河，这两个地方叫作屈家岭文化，地层中间发现有稻谷的遗存。这个遗存是稻谷的壳，本来掺在泥里面，后来这样的泥用于盖房子抹墙，房子失火，墙壁的土被火烧成红色，我们在考古上把这种土叫作红烧土，因此泥里面的稻谷壳的痕迹就留下来了。就在这两个地方，发现了红烧土里面有很多很多的稻谷壳。那个时候鉴定这个稻子是栽培稻，而且是粳稻。大家知道，稻谷有两种，一种叫籼稻，一种叫粳稻。籼稻，北京人喜欢说机米，就是我们吃的那种长长的机米，现在像秦国米也是籼稻；粳稻，北京人喜欢说是大米，像北京的京西稻、天津的小站稻，还有什么盘锦米，那都是粳稻。湖北的这两个地方出现的稻谷是粳稻。经过测年，这两个地方是公元前2000多年的遗存，也就是说离现在有4000多年了，中国4000多年以前就种稻子了，这是一个很重要的发现。但是后来类似的发现非常非常多，在长江流域比它早的有的是。

1976年更大的发现出来了，那就是浙江余姚的河姆渡遗址。从考古学的角度来讲，这是一个非常好的遗址。为什么呢？河姆渡遗址在离海不远的地方，被海水淹了，海泥遮盖了这个遗址。这样很多有机物就保留下来了。因为跟空气是隔绝的，又在地下一定的深度，这样冬夏的气候变化对遗存不发生作用，它等于是恒温隔氧的，海泥里面还含有一点盐分，可以起保护作用。这样，那里就发现了很多东西，在别的任何遗址里面都没有见过。比如说盖房子的木料，几千根木头，而且还有榫卯。河姆渡遗址的年代是公元前5000～前4500年，也就是距今7000～6500年，保护这么好，在考古学上有许多突破性的发现。那里的房子是一种所谓干栏式房子——地上埋桩，上面铺地板，再在上面盖房子。当时的人们在加工谷物的时候，一些皮壳掉在地板下面了，堆积成上百立方米，包含大量的稻谷壳、稻叶，经换算也是多少万斤。同时那里还发现了翻地的骨耜（南方叫泥铲，是专门挖泥的），是用牛的肩胛骨做的，第一次发掘就发现70多个（图三）。遗址有些陶器上还画了画，有的画的是稻子黄了以后低着头的，一束一束的。很多人看了，都觉得不可思议，这么早稻作农业已经这么发达，河姆渡人能吃大米饭！特别有

图三　浙江余姚河姆渡出土新石器时代农业遗存

左图为木柄骨耜，右图为稻粒

意思的是，竟然在一个陶釜的底上发现了一块锅巴，这证明它确实能够把稻子加工成米，完全把壳去净了，可以做成大米饭了。

我开始研究农业的起源，就是因为这两个地方，一个是河北的磁山、一个是浙江的河姆渡。以前外国人说，这个稻作农业是印度起源的，或者东南亚，或者是什么山地，我就想研究研究到底稻作农业是哪里起源的。

大家想，河姆渡的稻作农业这么发达，当然不是起源的时候，稻作农业的起源应该更早。在20世纪80年代，在湖南洞庭湖西边的澧县，发现一个遗址叫作彭头山。这个遗址也发现了很多红烧土，里面有稻谷壳。而且彭头山遗址发现的陶器里面也掺着稻壳。研究发现它们也是栽培稻，不是野生稻。彭头山的年代是公元前7000～前5000年，又比河姆渡早了一两千年。

在1993年，我跟美国农学家马尼士合作，在江西万年仙人洞遗址做考古工作。马尼士在美洲做过40多年的考古，把美洲的玉米的起源弄清楚了。原来最早的玉米，只有两三厘米高，以后越长越大，是人工培养的结果。以后马尼士又在西亚研究过小麦、大麦的起源，所以他对农业起源研究有着非常丰富的考古经验。我们一块到江西万年仙人洞，旁边还有一个洞，叫作吊桶环，我们在两个洞穴挖了半天，非常遗憾，那是公元前1万多年以前的遗址，而且是洞穴遗址，没有找到稻谷的遗存也正常，但是我们找到了稻谷的植物硅酸体，平常我们叫它植硅石。大家可能不知道，稻子的稻叶上面有一种特殊形态的硅酸体，这种硅酸体不会烂，它在土壤里面一定要在高倍显微镜下才能分辨得出来。因为这种特殊形态，稻子跟别的植物都能分开，就是说尽管我们没有找到稻子，但是找到了稻子腐烂掉了以后的这种硅酸体。

就在这同时，在湖南省南部道县玉蟾岩，那个地方是湖南省现在的考古研究所所长袁家荣主持发掘，他竟然发现了两粒稻子，同时也有硅酸体。后来，我跟美国哈佛大学的另外一位教授巴尔·约瑟夫合作，共同发掘湖南道县的玉蟾岩，虽然动作很大，但只发现了一粒稻子。这粒稻子又像野生稻，又像栽培稻。我们就是要找这个，这才像刚刚起源时候的东西，年代呢，是公元前1万多年。

我们把这些情况联系起来，从后一直往前推，像玉蟾岩和仙人洞的稻作农业应该是第一个阶段即萌芽期，刚刚开始栽培。我想这个时候的稻子，在当时人的食物构成里面不会占重要的地位。第二个阶段就是确立期，就是像彭头山文化那样的一个阶段，公元前7000~前5000年。那时已经有大量的谷物出现了。第三个阶段就是发展期，这相当于屈家岭文化、石家河文化阶段，也包括河姆渡。这个阶段已经发现有农田了。我这里加一句，稻作农业的地一定是平的，因为地里面要装水，水多了不行，水少了不行，所以它必须有个地块，周围有田埂，水多了要排掉，水少了要浇灌，这是稻作农业比旱作农业麻烦的地方。但是我们在彭头山遗址就发现已经有了田块的萌芽。最近河姆渡旁边又有一个遗址，叫作田螺山，我们现在还在发掘，在它周围我们探测出大概有八九十亩那么大一块稻田区。第四个阶段是扩展期，也是最后一个阶段。扩展到哪里去？三个方向：第一条路线是东面。东面先从长江流域到华北，到山东半岛，再从山东半岛到辽东半岛，到朝鲜半岛，到日本的九州，到日本的本州，这条路线非常清楚。可是在日本，大部分学者主张水稻是从长江口传过去的，路线很近，而且长江是中国的稻作农业的一个中心。我提出来的这条路线，他们觉得很奇怪，为什么会是这样？这是按照稻谷考古发掘的年代来确定的一条路线。我主持发掘过山东半岛栖霞县的杨家圈，在那里发现有水稻，属于龙山阶段，公元前2000多年。然后在辽东半岛的大连，也发现有稻子，是公元前1000多年。以后在朝鲜半岛跟日本九州都没有发现过超过公元前1000年的稻谷。因此才确定了这条路线。另外比如说日本的遣唐使，基本上也走的是这条路，因为这从陆地上走比较方便。从山东半岛到辽东半岛中间有一个长岛，过去叫庙岛群岛，我在那里也做过考古工作。很明显，在辽东半岛可以发现属于山东半岛文化的东西，可在山东半岛没有发现过属于辽东半岛的东西，这就说明传播的路线是从南往北。辽东半岛到鸭绿江口，考古发掘中有很多东西都像，可是鸭绿江口的这些东西跟山东半岛的就很不相同；而从鸭绿江口到朝鲜又有很多东西像，但是把朝鲜的东西跟辽东半岛比又不像了。所以后面我提出一个叫接力棒式的传播路线。我们知道，农业不是一个东西，比如说一件瓷器，假如有贸易路线，可以传得很远，哪儿的人都可以买。稻作农业不是大米，不是稻谷，是一个产业。农业的开展需要有农业知识，要知道怎么样育种，怎么样栽培，怎么样收割，怎么样加工，是一系列的问题，这是文化。这个文化它不可能传到一个自己根本不知道的地方去，比如说当时长江口有那么几个人跑到日本去，日本人怎么能让他来搞稻作农业呢？而且从长江口到日本去有没有可能呢？有的日本学者说可能，没准有个风暴，或者有个海流可以让人漂过去，我说那不是九死一生的嘛，九死一生跑过去还传播农业，这是不可能的事情。而按照接力棒理论就好办了，我跟你是邻居嘛，我怎么种的你也知道，这样就可以一站一站地传过去。第二条路线是东南亚，这里我就不详细讲了。第三条路线是西南，包括云南西南，云南是最后传播的路线。当然到了云南，还可以接着传，比如说缅甸等等。

我以上讲的这些都有考古学的依据。依据考古发掘的年代和农学家对这些稻谷遗存的分析，我们的结论就有了科学基础。

中华文明为何从未中断，缘于两个农业体系大而互补

事实上，到公元前四五千年的时候，中国南北两个农业体系就已经形成了。

在北方，就是以种两种小米为主的农业体系。这一农业体系中还种有别的东西，比如桑、麻，还有一些经济作物，比如豆子，有些地方也种稻子，以后又从西方引进了小麦、大麦。关于小麦、大麦，过去研究甲骨文的学者就提出来过，认为是外来的（图四）。过去主要的谷类作物在北方，就是两种小米。不知道大家读过《诗经》没有？

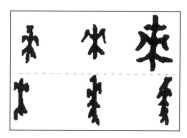

图四　甲骨文
上排三字为甲骨文"来"字，
下排三字为"麦"字

《诗经》里面就有很多地方讲黍、稷，黍稷，黍稷稻粱。黍就是现在的黍；稷，有人说是另外一种黍，有人说就是粟。《诗经》里面也有稻粱这些词。直到汉代以后，小麦才在中国的北方大量种植起来。在这样的农业体系中，家畜以猪为主，同时还产生了对应的耕作制度和农业工具，总体构成了一个农业体系。所以，我们提出在黄河流域的中国北方地区，出现了一个以种植粟和黍为主要农作物的旱地农业体系。

在长江流域呢，形成了以稻作农业为主的农业体系。在这个农业体系里家畜也是以猪为主，但同时有水牛。

这两个农业体系的形成对中国来讲极为重要。为什么？这两个农业体系在两个地方，但两者又紧挨着。北方旱地农业歉收了，南方的水地农业可以做补充；

南方水地农业歉收了，北方旱地农业可以做补充。而且这两个农业体系涵盖的地方非常大，大家翻一下地图就知道了，比伊拉克要大好多倍，比埃及也大好多倍，比古印度那块地方也大好多倍。这两个大而互补的地方，会起一种什么作用？因为大，它就有一个宽广的基础，而中国周围都还是采集狩猎经济，没有强势文化。即使有一个比较强势的文化来干扰，它这个核心地区也是稳稳当当的。西方就不是这样了，尽管有的地方发展程度很高，但它比较脆弱，有一个野蛮民族入侵，一下子就把它消灭了。所以不管是像伊拉克两河流域的文化也好，古埃及文化、古印度文化也好，都中断了。现在的埃及人不是古埃及人的后裔，现在的印度人也不是古印度人的后裔，两河流域也一样。只有中国这个地方没有中断过。这是中国文明的一大特点。中国文化的特色，就以这个广大地区的农业为基础，而且是两个农业体系，就像双子星座似的，拧在一起。

中国农业起源尚有许多未解之谜

第一个，新石器时代早期的遗存，至今发现很少，北方就更少了。要把农业起源的根本问题弄清楚，这一部分工作还得继续做。大家想一想，我曾经在仙人洞遗址挖了很长时间，一粒稻子没找到，只找到了硅酸体；在玉蟾岩，汇集了世界顶尖的农学家、农业考古学家，但是大家的发现也很有限。这就告诉我们，要把中国的农业起源真正说清楚，还要做很多工作。

第二个，就是考古发掘的人很多缺乏农业知识，于是有很多的农业遗存被当作一般的土扔掉了。所以在考古学方面，要大力推广农业考古知识，否则像现在这样基本建设规模如此之大，到处都需要抢救性发掘。这种发掘粗糙得很，很多信息都给丢掉了，非常可惜。所以我一再呼吁，与基本建设相关的考古工作，也要仔细做，否则损失没法弥补。

第三个，对农具的研究不够。我们常常是拿了一种形状的东西，像个铲子，我就说是铲子；像个镰刀，我就说是镰刀。实际上农具应该根据它的使用痕迹做研究。比如说镰刀，用它割过谷物后会留有硅酸体，而硅酸体会发出一种硅质光泽，这用光图一看就知道了。而这部分工作，我们现在还没有人做。在考古发掘中发掘出一把铲子，这铲子当然是可以翻地的，但也可以是挖坑、挖沟的。那么翻地的铲子有什么特点？翻过的地跟没翻过的地，在土壤的结构上是不一样的。这个工作，我们也没怎么做。

还有一个，就是有些农学家对野生祖本的研究不够。比如，我们知道栽培稻有粳稻、籼稻两种。过去农学家就认为粳稻是籼稻变来的。现在的研究发现，野生稻就分粳和籼。实际上普通野生稻还不止这两种。栽培稻呢，就有一点麻烦。栽培稻的基因一般很难保留。所以，以后再找到河姆渡这样的遗址的时候，要特别加以保护。

中国的农业，在它起源的时候，就在世界上占有极其重要的地位。而往后中国农业的发展又走了一条非常特殊的道路。有意思的是，现在我们的"杂交水稻之父"袁隆平，也是在农业起源地湖南，把我国农业的发展推向了一个新的高峰。

（原载《光明日报》2009年1月8日第10～11版）

农业发生与文明起源（提纲）

一　农业发生与文明起源的关系

农业的起源问题不仅关系到整个新石器时代文化的起源与发展，进而也关系到文明的起源与发展，是所谓新石器时代革命的主要内容。从世界范围来看，农业的发生起初仅仅限于几个狭小的地区，其面积大约仅占五大洲的 1% ~ 2%，然而它对人类历史的影响却是革命性的、全局性的和划时代的，对于后来文明的起源也有巨大的影响。

世界最重要的农业起源中心只有三个。一是地中海东岸的新月形地带，那里是小麦和大麦的起源地，也是最早驯养绵羊和山羊的地方；二是中国的黄河流域和长江流域，是小米（粟和黍）和大米（水稻）的起源地，也是最早驯养猪、可能还包括水牛的地方；三是中美洲，是玉米的起源地，基本上属于无畜农业。那里除骆马外，没有驯养过一种对人类生活发生重大影响的家畜。与其他两个单一的起源中心不同的是，中国实际上包含有两个相互联系的起源中心。一个是黄河流域的粟作农业起源中心，一个是长江流域的稻作农业起源中心。两个中心逐步发展为两个紧密相连的农业体系，它们互相补充，互有影响，形成一个更大的复合的经济体系，进而为中国古代文明的孕育和发展奠定了坚实的基础。

二　中国史前农业的发生

农学家很早就提出中国北部或黄河流域应当是粟的驯化中心，但没有实际的证据。20 世纪 50 年代在西安半坡仰韶文化的窖穴和陶罐中发现了粟的朽壳，才知道中国史前时期确实是种粟的。70 年代在河北武安磁山遗址中发现了成百座粮食窖穴，其中不少保留有粟的朽灰，从而把种粟的历史提早到了公元前 6000 年以前。不但如此，鉴于那里储粮窖穴甚多，出土农具已然成熟配套，已经越过了农业起源的初始阶段，可见当地的农业还可以追溯到更早的年代，只是现在还没有找到确实的证据。此后在 80～90 年代，在西起甘肃，东至辽宁的整个华北地区，包括黄河流域与辽河流域，都发现了公元前 7000～前 5000 年的粟和黍的遗存，有的地方虽然没有发现谷物遗存，却发现有相应的农具。说明在这一广大地区，粟、黍已经成为主要的粮食作物。为什么在黄河流域最先栽培粟和黍一类旱地作物？因为黄河流域的气候和土壤的特点最适合于粟和黍的生长习性，还因为黄河流域有着漫长的冬季，天然食物相对匮乏。在史前文化发展到一定阶段，人口增加和相对集中之时，这一矛盾会变得突出起来。解决的办法自然是增加食物的储藏，最便于储藏的食物当然是谷物，而天然的谷物有限，想要增加产量只有实行人工种植。黄河流域现成的野生谷物就是狗尾草和野生黍，直到近代，遇到大饥荒的年代还有人采食它们的籽实，新石器时代的人们在食物不足时自然也会采食。在这里培育粟和黍，并且逐渐发展为以种植粟和黍为主要内容的旱地农业体系，就是很自然的事了。

农学家关于稻作农业起源地的推测意见比较分歧，有印度说、东南亚说和中国南部说等。20 世纪 70 年代以来，从印度阿萨姆到中国云南的山地起源说颇占势力。不过所有这些说法都缺乏考古学的证据，甚至明显地同考古学的证据相抵触。50 年代以来，中国、印度、越南、泰国和印度尼西亚等地陆续发现了史前时期的栽培稻遗存，其中以中国长江流域发现得最多，年代也最早。从 70 年代末浙江河姆渡发现距今 7000～6500 年丰富的史前稻作遗存以来，人们就特别注意到稻作农业在长江流域起源的可能性。以后随着史前栽培稻遗存的不断发现，稻作农业的长江流域起源说得到普遍的认同。中国其他地区以及东北亚的稻作农业最初都是由长江流域直接或间接传播过去的。由于印度和东南亚的稻作农业起源较晚，那里接受长江流域的影响应该比其影响长江流域的可能性要大。据此可以断定长江流域不但是稻作农业最早的起源地，往后也是稻作农业最发达和对周围影响最大的地区。然而华南、东南亚和印度的普通野生稻远比长江流域为多，为什么长江流域反而最早栽培水稻，并且很快发展为最重要的稻作农业区呢？学术界提出了一个稻作农业起源的边缘理论或称为边缘起源论，其道理同黄河流域旱地农业的起源是相通的。

三　中国文明起源的探索

由于 20 世纪 70 年代末期以来的一系列考古发现的驱动，学术界越来越多的人关注中国文明起源的问题。过去关于原始社会晚期发展的理论，总是按照母系—父系两阶段来安排，而父系晚期又经历一个军事民主主义的过渡时期，也就是氏族制度解体的时期，然后进入第一个阶级社会即奴隶社会。但母系—父系说并不完全符合历史发展的实际情况，在考古学资料中也难以找到确切的证据。中国历史文献中有许多资料证明进入阶级社会以后的一个相当长的时期内，仍然保留有氏族—宗族制，并没有彻底解体，只是以新的形式出现而已。至于中国的第一个阶级社会是不是应该称为奴隶社会，也还有商榷的余地。我们不能用纯逻辑的推理来建构具体的历史框架，只能根据历史的实际情况来研究历史。根据聚落形态的演变来研究中国文明的起源看来是一条比较可行的途径。

四　中国文明起源的历程

在公元前4000年以前的新石器时代聚落与墓地中，人们看到的是相对平等的社会，生产出来的是人人都可以享用的一般性物品。到公元前4000～前3500年，在一些主要的考古学文化中，已经可以清楚地看到个别聚落开始从其余聚落中分化出来而成为中心聚落。在中心聚落内部也开始出现人数不多的贵族阶层，跟着就出现了一些专供贵族享用的高档化的手工艺品，从而迈开了走向文明的第一步。公元前3500～前2600年是一个非常值得注意的时期。在以黄河流域和长江流域为主体的广大地区内，许多考古学文化都出现了中心聚落、次中心聚落和一般聚落的金字塔式的架构，不少中心聚落或次中心聚落筑起了防御性的城墙。武器普遍改进，战争越来越频繁和激烈化。从墓地中反映贵族与平民的分化更为明显也更为普遍了；宗教上升到十分重要的地位，并且为贵族所把持。社会物资生产有了显著的发展，铜器、玉器、漆器、丝绸和象牙雕刻等都有了初步的发展。一些考古学文化中出现了很像文字的符号系统。凡此等等，说明这一时期已经有许多地区全面地向文明社会迈进，文明化程度越来越高了。文明化进程的第三阶段约当公元前2600～前2000年。前一时期在黄河流域与长江流域为主体的广阔地域内那种群星灿烂的局面为之一变，许多地区走向低谷而黄河流域则更加迅速发展起来。这一带全局性变化的原因可能是多方面的，各地的具体情况也不相同，但总体来说应该是人文的因素大于自然的因素。不管怎样，这一变化是实际存在的，它是走向以中原为中心的多元一体格局的关键性步骤。往后的发展便是夏的勃兴和夏与东夷的斗争。等到少康中兴，中原的中心地位才逐渐突出起来，从而出现了夏商周三代的灿烂文明。

五　中国文明起源的模式

前面的论述可以证明，中国古代文明的起源有一个十分深广的基础，其起步不晚于公元前4000年，其领域包括了两种农业体系所涵盖的广大空间，即以黄河流域和长江流域为主体的广大地区。在这么广大的范围内，各地的文化有很大的差别，走向文明的道路也不尽相同，据此可以认为中国文明起源是多元而非一元的。不过各地的文化发展是不平衡的。当中原地区广泛吸收各地的优秀文化因素而迅速发展到前列时，周围地区则经历一个短暂的低谷以后才逐渐发展起来，并且通过与中原地区的交往而逐渐华夏化，以至于先后融入商周文明的体系之中。与此同时又把更外围的文化逐渐带到文明化的轨道上来。这样一种由多元一体到多元一统格局的形成，乃是中国文明起源和早期发展的基本模式，也是中国古代文明的重要特征。中国古代文明之所以具有强大凝聚力和自我更新能力，经历多次政治大变动而能够连续发展下来，成为世界上唯一没有中断的文明，固然有多方面的原因，而根本的原因盖在于此。

（2001年5月29日中央电视台"百家讲坛"，原载《耕耘记——流水年华》，文物出版社，2021年）